学术英语教学设计与发展

许晓元 ◎ 著

吉林出版集团股份有限公司

版权所有 侵权必究

图书在版编目（CIP）数据

学术英语教学设计与发展 / 许晓元著. -- 长春：吉林出版集团股份有限公司，2024.2
ISBN 978-7-5731-4648-9

Ⅰ. ①学… Ⅱ. ①许… Ⅲ. ①英语—教学研究—高等学校 Ⅳ. ①H319.3

中国国家版本馆 CIP 数据核字（2024）第 049794 号

学术英语教学设计与发展

XUESHU YINGYU JIAOXUE SHEJI YU FAZHAN

著　者	许晓元
出版策划	崔文辉
责任编辑	侯　帅
封面设计	文　一
出　版	吉林出版集团股份有限公司
	（长春市福祉大路 5788 号，邮政编码：130118）
发　行	吉林出版集团译文图书经营有限公司
	（http://shop34896900.taobao.com）
电　话	总编办：0431-81629909　营销部：0431-81629880/81629900
印　刷	廊坊市广阳区九洲印刷厂
开　本	710mm×1000mm　1/16
字　数	212 千字
印　张	13
版　次	2024 年 2 月第 1 版
印　次	2024 年 2 月第 1 次印刷
书　号	ISBN 978-7-5731-4648-9
定　价	78.00 元

如发现印装质量问题，影响阅读，请与印刷厂联系调换。电话 0316-2803040

前　言

随着改革开放的深入和全球化的加剧，教育国际化是全球化在教育方面的体现。专门用途英语（English for Specific Purposes, ESP）的主要分支学术英语（English for Academic Purposes, EAP），在国际化背景下扮演着日益重要的角色，其教学目的是帮助学习者用英语进行专业知识学习与开展学术研究，全面提高学术英语交流能力，促进学术国际合作，是以内容为依托的大学英语教学改革的重要方向。

教育是没有国界的，特别是在互联网日益发达的今天。在追随发达教育的路程当中，学术语言能力成为必不可少的一项基本要求。而作为国际语言或是通用语的英语，在这样一种文化与知识的追寻中发挥着媒介的作用。现在某些科学领域有超过90%的杂志文献是用英文来印刷出版的，最负盛名和被引用最多的杂志也是英文的。世界上无数的学生和学者必须熟练掌握英语学术话语，以便学习自己的专业，确定自己的职业，或者是成功地引导自己的学习和研究。

笔者在编写本书的过程中，查阅和参考了大量的文献资料，在此对相关资料的作者表示感谢。由于时间仓促，书中如有不妥之处，敬请各位同人和广大读者批评指正。

目　录

第一章　学术英语概述 ……………………………………………… 1
第一节　学术 ………………………………………………………… 1
第二节　学术英语 …………………………………………………… 3
第三节　学术英语能力 ……………………………………………… 8
第四节　学术英语教学要素 ………………………………………… 12

第二章　学术英语素养 ……………………………………………… 16
第一节　学术英语素养的概念 ……………………………………… 16
第二节　学术英语的定义和特征 …………………………………… 18

第三章　大学生的学术英语能力 …………………………………… 33
第一节　大学生学术英语能力的研究现状 ………………………… 33
第二节　大学生学术英语能力的影响因素 ………………………… 34

第四章　大学生学术英语能力发展理据 …………………………… 41
第一节　大学生学术英语能力发展的必然性 ……………………… 41
第二节　大学生学术英语能力发展的理论基础 …………………… 42
第三节　大学生学术英语能力发展的过程与原则 ………………… 50

第五章　我国学术英语教学现状 …………………………………… 53
第一节　学术英语课程开设背景 …………………………………… 53
第二节　学术英语教学现状 ………………………………………… 55
第三节　学术英语教学中存在的问题 ……………………………… 59

第六章　高校学术英语课程的建构 ················ 65
第一节　综合性大学学术英语课程方案 ············ 65
第二节　学术英语课程设置优化措施 ·············· 67
第三节　学术英语的不同教学大纲和课程设计 ······ 70
第四节　学术英语与大学英语后续课程建设 ········ 74

第七章　高校学术英语教学研究 ···················· 77
第一节　学术英语教学策略 ······················ 77
第二节　学术英语教学模式 ······················ 81
第三节　学术英语教学方法 ······················ 90

第八章　从通用英语转向学术英语 ·················· 93
第一节　从通用英语向学术英语转变的必要性 ······ 93
第二节　学术英语在我国大学英语教学中的定位 ···· 97
第三节　大学英语教学从通用英语向学术英语转变的建议 ········ 101
第四节　重构大学英语教学体系 ·················· 104

第九章　学术英语教师学术实践能力与学习者的要求 ·· 112
第一节　学术环境 ······························ 112
第二节　学科差异 ······························ 114
第三节　学术话语 ······························ 115
第四节　个人学习、发展和自主能力 ·············· 118
第五节　学习者需求 ···························· 121
第六节　学生的批判性思维 ······················ 123
第七节　自主学习 ······························ 125

第十章　学术英语教师课程发展能力要求 ············ 131
第一节　大纲和项目发展 ························ 131
第二节　文本处理和文本制作 ···················· 137

第十一章　学术英语教师项目执行能力要求 　140
第一节　教学实践 　140
第二节　评估实践 　142

第十二章　通用英语教师向学术英语教师转型 　149
第一节　基于学术英语的大学英语教师转型发展的价值和要求 　149
第二节　学术英语中大学英语教师的发展 　153
第三节　学术英语教师的素质与培养路径 　155

第十三章　学术英语共享资源库的开发和建设 　158
第一节　学术英语共享资源库的理论基础 　158
第二节　"互联网＋学术英语"教学探析 　160
第三节　资源库的校际互联 　163

第十四章　学术英语写作能力培养实践 　165
第一节　学术英语论文的特点与类型 　165
第二节　学术英语论文的主要组成部分 　166
第三节　学术英语论文的撰写准备能力 　167
第四节　学术英语论文的资料收集与组织能力 　174

第十五章　学术英语课程教学实践与发展 　186
第一节　教学环节 　186
第二节　主要教学内容 　187
第三节　学术英语在我国的发展状况 　192
第四节　学术英语的争议 　194

参考文献 　198

第一章 学术英语概述

当前，中国大学英语教学的发展受到多方面因素的影响，如世界经济全球化、高等教育国际化等。可以说，只有与时代发展的趋势相吻合，中国的大学英语教学才能获得如期的快速发展。换言之，只有对大学英语教学进行进一步的改革，即从通用型英语转向学术英语，将学习到的英语知识真正运用到实际中，才能激发起人们对英语的真正热爱。学术英语主要在于培养大学生专业的英语学习能力，这种学习过程与综合英语的学习过程存在很大差异。虽然目前我国学术英语的发展整体上比较滞后，但从长远来看，学术英语将是中国高校英语发展的一个大的趋势。本章作为全书开篇，首先将介绍一些学术英语的核心概念，包括学术、学术英语、学术英语能力。

第一节 学术

一、学术的概念

关于学术的概念，不同的学者研究的角度不同，提出的看法也存在一定差异。大致来看，目前关于学术的概念主要有三种观点。

第一，知识观。所谓知识观，即将学术看作一种知识，这种看法在当前是十分普及的。例如，《现代汉语词典》（修订本）中就将"学术"定义为"较为专门、有系统的学问"，并且提出了学术的两层含义：（1）正确反映客观事物的系统知识；（2）知识、学识。根据这两个解释可知，学术可以理解为一定意义上具有系统性、专门性的知识。

在英语中，"学术"对应的单词为academic，这一单词的含义十分广泛，其中就包括"知识"的含义。

第二，离散观。所谓离散观，指的是国内一些学者尝试将学、术分开了解释。"学"指的是学问，"术"则有"能力"的含义。例如，成语"不学无术"

指的就是"没有学问、没有能力这种观点突出了"学"的知识性与"术"的实践性,阐明了二者之间所具有的互动关系。然而,离散观突出了"学"与"术"的不同归属范畴,在一定程度上忽略了二者之间所具有的融合性。

第三,综合观。所谓综合观,即将"学"的知识性与"术"的实践性相结合。笔者倾向于这一观点,因为这一界定突出了学术所具有的知识性与实践性,将二者有机地融合在一起。换言之,学习者在学习知识、建构理论、发现规律的同时,还可以结合实践将规律应用其中,这明显体现出学以致用的看法。

综合上述看法,笔者认为,首先,学术包括系统的专业知识、专业理论,学习者通过认知建构这方面的知识,其次,学术还包括对理论与知识的概括、创新、思辨、应用等方面的能力。最后,学术还涉及研究方法,即相关学术研究的理念、规范等。

二、学术的原则

(一)规范性原则

规范性原则是高校师生从事学术研究活动中需要遵循的原则之一。通常而言,规范性可以从宏观与微观两个角度进行分析。宏观层面的规范性主要体现在学术规范的导向作用,而微观层面的规范则涉及学位论文格式的规范、引证的规范、文献资料的规范等。学术的规范性原则其实不只是体现在一些显性内容上,如论文开题、调查分析、数据收集、论文答辩等,而且还体现在一些隐性的内容层面上,如对学术的认知、治学的态度以及方法等,这些都属于内部因素。

(二)创新性原则

所谓创新,就是在头脑中创造新的意象、表象和形象的思维和意识的过程。创新思维的产物是在社会本质和发展规律的范畴内进行的,因此需要符合历史文化传统,达到引领社会历史与文化发展方向的作用。创新思维的产物也需要符合民众的审美需要、审美情趣和审美习惯,并引领民众的审美向前发展。创新思维的产物应该是在一定的目的引导下、符合规律性的成果,不仅应该具有可理解性、合理性,同时也需要带有一定的欣赏性和艺术性。

学术创新主要指的是个人学术能力发展过程中所体现出问题意识、探究意识、较强的逻辑归纳能力;能够对课题在研究的方法、内容、角度、结论等方面有所突破,在心理学意义上表现为创造性思维的运用。学术创新的突出表现是语言能力的提升及学术实践水平的提高。

（三）多元性原则

学术多元性原则指的是个体在学术研究的过程中充分发挥自己的主观能动性，从多个角度和层面展开对学术内容的研究，力争做到百花齐放、百家争鸣。践行这一原则的基础是自由平等，学术研究过程中只有做到自由平等，才能确保不同层面的发展实现多元化。

第二节　学术英语

一、学术英语的概念

学术用途英语（English for Academic Purposes，EAP）即学术英语，是专门用途英语（English for Specific Purposes，ESP）的一个分支，二者都属于英语语言教学领域中的一部分。通常而言，EAP 指的是学习者进行理论学习和学术研究所需的英语语言和相关的语言技能。由于 EAP 教学以及研究过程中往往会涉及学术层面的听、说、读、写、语篇类型、语篇组织、模糊限制语等学术英语的范畴，因而有关于学术领域的演讲、文章、调查报告、语篇、教科书、工作报告、学位论文、研究报告、经验总结等所使用的英语往往都被归于 EAP 研究的范畴中。

二、学术英语的基本话语特征

（一）时态及语态的使用特征

学术论文是对某项研究的过程和成果的呈现和总结，主要是从客观角度，用简练的语言陈述论文的主要内容。

对于时态的使用，比较常见的有一般现在时、一般过去时、现在完成时和一般将来时。在写论文时作者要根据表达的意图选择恰当的时态，如一般现在时可以用于表达对相关领域的关注、研究目的等；一般过去时和现在完成时可以用来回顾前人的研究成果、指出前人研究中存在的不足；陈述研究方法和步骤则通常使用一般过去时；描述研究的前景和方向则主要使用一般将来时等。

运用什么语态，一方面要考虑具体学术论文的特点，另一方面则要满足语言表达的需要。与其他文体相比，被动语态的使用是英文学术论文的一个突出特征，因为被动语态能够将所讨论的对象放在主语位置，这样可以引起注意。作者要注意的是，应该根据需要选择使用主动语态还是被动语态。主动语态主要用于描述动作，而被动语态则通常用于表达状态、结果和性质。此外，被动语态陈述的口吻更加客观，文体更为正式，所以其更符合英文学术论文这一特殊学术文体的需要。

（二）长句与状语的使用特征

英语动词共有16个时态，对于非英语专业的学生来说，要想自如地运用这些时态是有一定困难的。对此，他们可以尝试使用更多状语从句。在学术英语中，长句是一个突出的话语特征。长句的结构非常严密，所表达的信息十分丰富，层次也较为多样，但长句并不意味着复杂的语法句型，它可以通过添加状语或状语从句来实现，当然也可以加定语、定语从句以及名词性结构等来表达更为丰富的内容。

然而，在学术论文阅读与写作中，应该先确定主句，然后找到主句中的主语和谓语，最后将着眼点置于从句和其他成分上，这样对我们有效地解读和流畅地撰写英文学术论文有一定的帮助。英文学术论文应该突出科学性、严谨性、客观性，所以要避免使用文学性、艺术性和主观性的文字，但这并不是说英文学术论文不讲求文采。此处的文采是指语言流畅、段落分明、叙述简洁、逻辑严密等。

（三）学术语言特征实例

1. 段落展开实例

（1）例证

例证法是一种常见的段落展开办法，它是通过举出事例来阐述、证明某个观点，支持主题句。它经常和其他段落展开方式同时使用。但是必须注意，例子应准确、具体并与主题相关．这样才具有说服力。当然举的例子也不是越多越好，而且列举的例子要注意顺序的排列。例如：

I choose the private transporiation because cars have many advantages over subways. Cars are more convenient in carrying necessities. For example, it is likely that I can take whatever I need regardless of the weight of the luggage. Moreover, I can stop at any destination at anytime I want. However, subways cannot allow me to do that. Next, cars travelling can stimulate local economy. For instance, cars need petrol and parking spaces which will boost the local car related industry. Finally, private cars can save us from the trouble of reserving tickets which is the biggest plague in traveling. Therefore cars can help us spare more time and energy for more scenery. According to the above steps, I make a terminal decision of cars.

该段运用了两个例子具体说明主题句中提及的私家车的优点，用连接词

for example/instance 衔接。因此，段落开展中，例证的最佳手段，也是最有效的做法就是多使用相关连词，如 just take it as an example，for instance 等。

（2）比较和对照

比较和对照的方法主要指出两种或两种以上同类事物的相同之处或不同之处。比较侧重于，相似点的对比，而对照侧重于不同点的比较。常用的有整体比较和逐项比较两种方法。前者是先阐述一种事物的全部特点后，再阐述另一件事物的全部特点。后者是逐条比较、对照两个或两种事物的特点。下面以主题句 "X is a better car than Y in terms of the cost of maintenance performance and comfort." 为例来说明两种比较方式的特征。

整体比较 (block pattern)

Ⅰ.Car X

A.Cost of Maintenance

B.Performance

C.Comfort

Ⅱ.Car Y

A.Cost of Maintenance

B.Performance

C.Comfort

逐项比较 (point-by-point pattern)

Ⅰ.Cost of Maintenance

A.Car X

B.Car Y

Ⅱ.Performance

A.Car X

B.Car Y

Ⅲ.Comfort

A.Car X

B.Car Y

（3）分类

分类法是指依照一定的标准，将人物、事物的不同特点、性能进行分别归类而展开段落的写作方法。在分类时，要注意事物的不同类别，不能把类别不同的事物交错、混杂在一起。使用分类方法时要注意：依据一个原则分类；所分类别必须互不包容；分类必须完整。这种段落布局合理、类别分明、井然有序。

在分类段落中，典型的主题句要先给出较大类别的名称，然后说明分类的基础，即划分的原则和特点。主题句也可指出具体类别的名称，陈述写作目的。

采用分类的方法，如何分类十分关键，即范畴的选择，事物所具有的相同的特征是选择的标准，这些范畴不能有上下义或包含关系，必须是平行的。

（4）因果

因果法经常用以阐述原因，回答"为什么"这类问题，分析事物发展的前因后果，也多见于说明文和论述文。运用揭示因果关系的方法可以探索某种现象的成因，或预测和描述某种行为所产生的后果。

事物发生变化的原因与结果是紧密相连的。这样的段落可以分为两种情况：一种是摆出结果，再剖析原因；另一种是先摆出因由，再分析结果。

（5）下定义

给一个事物或概念下定义就是运用简明扼要的语言，对某事物的本质特征或一个概念的内涵和外延进行确切的说明，从而把这一事物与其他同类事物区别开来。下面看一看如何用定义法将它们扩展成段落。

（6）步骤法

步骤法是描写和叙述一系列导致某一特定结果的连续发生的过程。在使用这种方法时，应注意动词的时态和语态。

在叙述一个过程时，偶尔也用一般过去时的主动语态。注意在描述一个过程或报告一个程序时，次第顺序是非常重要的，信号词如 first，second，next，finally 等常用于这种类型的描述。

三、学术英语的基本结构

学术论文的基本结构为 IMRD 的框架模式，即 I（引言部分，Introdutlion）、M（Methodology，方法部分）、R（Resucs，结果部分）、D（Discussion，讨论部分）。另外，为了达到学术论文的交际目的，每个部分还由不同的写作要素构成，它们因为研究内容、方法、目的、性质、背景、对象、学科等因素的不同而呈现一定的差异。内在的构成要素一般可以分为两个部分，必须性部分（obligaiory）和选择性部分（optional）。因此，对每个部分的核心构成要素的正确了解，利于正确、有效地阅读和撰写英文学术论文。

（一）摘要的结构特征

一篇较为完整的摘要应该可以向读者准确、凝练、清晰地提供和介绍论文的主要内容，以便读者对论文的意义和价值有一个大致的判断。摘要主要包括如下要素：（1）论文主题；（2）研究背景；（3）研究目的；（4）研究方法；（5）研究结果；（6）研究结论。

（二）引言的结构特征

引言部分是英文学术论文的第一部分，它的写作不论对本族语者还是非本族语者来说都是有一定难度的。因此，充分了解引言的结构特征及构成要素对于有效、流畅的引言写作有着至关重要的作用。引言部分可以大致细分为三个部分：（1）研究现状；（2）研究中心；（3）研究的目的和意义。

每个部分内部还包括具体的要素。在写作过程中，作者可以根据自身研究的特点、性质对各个部分的具体要素进行选择和组合。通常，引言可以是一个段落的文字，也可以是多个段落的文字。其篇幅主要由研究的性质、特点和约稿的要求等因素决定。

（三）结论的结构特征

论文正文的最后就是结论。结论需要对论文中提及的内容进行概括、总结。结论一般包括如下构成要素：（1）总结和回顾；（2）讨论和评述；（3）建议和展望。

四、学术英语（EAP）与通用英语（EGP）的对比

学术英语（EAP）与通用英语（EGP）之间存在很大差异，下面将二者进行对比分析。

（一）教学目的不同

学术英语与通用英语二者的教学目的不同。前者的教学目的主要在于应用，学生学习之后应该可以为自己的专业打下扎实的基础，但后者的教学目的则主要是为了学生的英语学习打好基础。换言之，学术英语的学习不仅可以帮助学生提高自身的英语水平知识，而且还可以在很大程度上扩展他们的专业知识和能力，养成批判性思维能力，因而在实际运用过程中学术英语的作用是远远大过通用英语的。

（二）教学内容不同

学术英语与通用英语二者的教学内容存在明显差异。学术英语的教学内容主要体现在专业性方面，依托具体的语言教学方法，培养学生探索、学习的认知能力。相反，通用英语教学的内容往往具有基础性，即教授的内容往往是在学生自身知识体系内部已经存在的日常话题，这些话题通过教师的教授而被激活。相关学者提出，个体的语言能力往往包括两个部分：人际交流能力、学术认知能力。前者对语言使用能力的要求是比较低的，而后者则涉及很多专业性的知识，不仅要求个体具备良好的听、说、读、写、译能力，而且还要求个体

对知识进行整合、分类、推断，所以对于大学生而言，英语语言运用能力不应该只是停留在人际交流的基本技能层面，而是需要转向专业性、学术性方面。

（三）教学方法不同

学术英语与通用英语在教学过程中采用的教学方法是不同的。通用英语教授的一本都是基础知识和常识，因而教师大多数采用的都是灌输式的教学方法。如上所述，学术英语不仅需要培养学生的语言使用能力，而且还需要培养学生捕捉信息的能力，识别、总结作者观点的能力，尤其是以小组形式所展开的对知识性问题的研究，主要在于培养学生的批判性思维能力。所以，教师在学术英语教学时往往需要采用以学生为主体的教学方法，如自主学习法、合作学习法等。

第三节　学术英语能力

一、学术阅读能力

（一）阅读能力

在分析阅读能力之前，有必要了解一下什么是阅读。

阅读本身是一个复杂过程。语言学家与心理学家对阅读的概念进行了不同的描述，他们达成的共识是阅读本身掺杂了读者的认知和情感。

1975年，吉布森和利文较早对阅读进行了概念化研究，他们认为所谓阅读就是"从文本中提取意义的过程"。

2002年，西尔伯斯坦提出，阅读是信息处理能力，其特点是复杂性和互动性，也就是说读者可以与文字产生互动，生成新的语篇。这种读者与文字互动产生新的语篇信息和意义的过程即阅读。

根据上面的观点，我们可以看出，阅读本身不是孤立的，涉及文字、读者以及读者—文字间的联动效应，因此阅读是互动产生的。通常，影响我们阅读理解的因素有：文本的体裁、用词特点、写作的句法和语结构法、修辞手法等。事实上，读者本身也分为多种类型，对于不同的家、教育和文化背景的读者而言，即便是阅读相同的文字，他们篇章的理解最终也将产生不同的结果。此外，在阅和读之间，读者所运用的阅读技巧和方法也存在差异，因此更加造成了"同读却不同感"的情况。然而，无论是何种阅读技巧和方法，也不管是什么背景的读者，阅读的共性就是读者—文字的亲密互动，其结果可能是良性的也有可能的是不良的，即阅读障碍。

综合上述，本书将阅读概念定义为：阅读指读者对书面材料进行大脑和心理的提炼加工的过程。

阅读的特征体现在：阅读并不是一个被动孤立的过程，而是读者主动将文章的信息与自身知识结合起来，实现对整篇文章理解的过程；阅读未必都是良性的。有效积极的阅读是我们应该大力倡导和发扬的。

（二）学术阅读能力的培养

20世纪末期，英语研究者、教师在科研过程中开始关注英语学习者的学术能力。在高校的学习过程中，大学生难免会涉及学术研究课题或学术类写作。任何与学术相关的活动都离不开学术文献阅读。一般来说，我们所阅读的文献大致可分为以下几类：教材、学术论文或专著、工具书。显然阅读能力对大学生的学术能力发展起到至关重要的作用。文献的类型、篇幅、难度和侧重点不尽相同，但学术阅读能力培养的关键应该是建立在理解内容、读懂逻辑关系、学会批判性思维的基础上，并以此为理论根据产出科研成果。

相关学者认为，学术阅读能力具体包括三个方面的内容，即确定内容、应用技能、把握过程。下面将着重介绍这三点，从而对这三点有更加详细的了解。

以学术阅读技能为主题的学术英语阅读，应重视对学生的策略、方法、技巧等阅读方面的引导，提高学习与自身所具有的能动性（agency）。

以阅读内容为重心为主题的学术英语阅读，就是以文章为载体，给学习者搭建平台，并通过这一平台掌握相关学术研究用词、造句、语篇衔接的规范。这种形式的大纲可以采用主题式教学，也可以采用双语类教学形式。从本质上来看，这种方法对提升学习者的语言基础、夯实语言基本功产生缓慢但深远的影响，更强调语言的输入，而不是学生的语言输出过程。

以阅读过程为主的学术英语阅读较为重视学习者在学习过程中的认知能力，将学习者作为课程大纲的制定和参与者之一。在学术英语的学习过程中，当习得者出现语法或其他语言错误时，教师才会引导学生仔细查看文章的细节和语言障碍，并引导学生正确输出。这种模式的难点和重点是解决大纲制定的问题，大纲制定的可靠性和难易程度是较难把握的，尽管很多欧美国家均采用此种方式，但是在我国现有环境，仍较难达成。

二、学术写作能力

（一）写作能力

1. "写"与"作"

国内对写作的研究可谓历史悠久。关于"写",从古至今,我国有文献曾对此加以解读。如《说文解字》中就有"写置物也。谓去此注彼也"的说法。《曲礼》中也说"器之溉着不写,其余皆写。""写者,传己器中乃食之也。"《小雅》里提到:我心写兮。

因此可以证明,"写"古而有之。尽管当今各国存在各种文字和写法,但是无一不出自早期人类的原始图画和标记,古人也有"作字作画皆曰写"的说法。

"写"的内涵极为丰富,首先,"写"者写前带有强烈表达动机和意愿,也就是要将自己所感所想向外界传递,因此才会产生写的行为。其次,"写"者在创作过程中,无论是早期的画、符号还是现当代的文字,写都体现了自我对周围环境和客观世界的认知和重构,体现了"写"的个体对现实的理解和诉求。

所谓"作",《说文解字》认为:"作,起也……作,为也。……作,始也。……作,生也。"因此,"作"包含了创作、创新的含义。"写"与"作"是两个字,其产生年代并不相同,因此具体到其含义也难免存在差别。当我们把二字连在一起的时候,"写作"二字各自的意义得到了扩展。

2. 写作的定义

国外学者也对此展开相关研究。瑞密斯提出写作的两大用途:为学习语言而进行写作,目的是通过写作,学习者能巩固所学的语言知识,如词汇词组知识以及语法结构知识等;另一功用是学习者为写作而写作。在写作过程中,创作者将自己所学知识用于语言表达交际。

威廉姆斯指出,除口头表达外,写作是另外一种人们传达思想、交流情感的重要形式。写作是一种思维方式,这就决定了写作者需要掌握多种知识和技能,不同的作者的作品形式文字表现是不同的。

2006年,我国学者王俊菊也从认知心理学的角度对写作进行了解释,她认写作不仅是视觉上的编写和书写的复杂过程,而是解决问题的信息加工过程。

总体而言,写作是写作者运用书面语言来传达思想、交流信息的过程与结果的集合,其中涉及写作者多方面的知识和技能,还涉及对其意义的传达和信息的加工,因此写作既是语言运用的手段,也是学习运用语言的目的。

3. 写的过程

根据上述概念和理解,本书将写作的过程概括为以下几个环节。

（1）选题

选择恰当的主题是写作的第一步，良好的开端对写作至关重要。文章主题是一篇文章的核心要素。因此，教师在写作教学中应尽量选择学生熟悉并感兴趣的主题，让学生有话可说，有内容可写。

（2）搜集与选择材料

一旦明确主题后，第二步我们要做的是广泛搜集与主题相关的材料。只有具备了足够的材料，才可能写出好文章。当收集完成素材后，就可以对素材进行精心选择和批判思考了，那些脱离主题的材料理应被摒弃，而贴合主体的素材仍需进行下一轮的再加工再创作。

（3）组织文章结构

完成前两步之后，我们需要对整篇文章的结构做出合理安排。例如，如何开头，哪些材料先写，哪些后写，哪些详写，哪些略写，如何安排过渡，于何处伏笔，在哪里呼应，怎样结尾。写出一篇好文章需要构架、揣摩和组织语言。换句话说，一篇文章是对语言文字进行优化排列组合后的成品。

（4）润色加工

尽管文章的润色加工是写作的最后一步，但是非常重要和关键的一步。润色加工属于写作活动的终极阶段，经过细致修改润色的文章，文章品质才能有所保障。因此，要培养写作能力，无论是学术写作还是平常的一般性写作训练，既要讲究量多，更要讲究质高，多练多写，多润色。

上述步骤，仅是对写作环境进行了粗略的理论概述，事实上，在任何写作和创作的实践过程中，上述几个步骤之间的界限并非是清晰的，各环节之间并不是孤立的，而是杂糅且互补的。

（二）学术写作能力的界定

学术写作能力是利用文字进行语言交际的能力，相比口语，写作是一种以个人学科背景为依托、更高级的、更有形的文字表述能力，即"在约定俗成的社会情境下和在一定的专业学科文化相关的语篇实践中选择恰当语类来做事，达到交际目的的能力"。

国内学者肖川等认为，研究生的学术能力包括如下几个方面：（1）文献的收集与整理的能力；（2）做出学术命题的能力；（3）对学术前沿的敏感；（4）问题的发现与提出的能力；（5）概念的生成与特定的能力；（6）设计研究过程的能力。

具体训练方法包括广泛阅读、勤写论文以及课题参与，广泛阅读可以提高知识的跨度，是将学术文献进行大量的大脑输入的过程；勤写论文是一种语言输出行为，通过大脑思维的逻辑加工实现对某一主题的研究深度，是让对问题的思考更加深刻的阶段；而参与课题，意味着学生在学习过程中时刻应该保持学术敏感度，在课题的参与过程中既能积累学术写作素材，又能明确学术写作方向，是自我知识体系更新的一种途径。有学者认为在大学英语教学中培养学生的学术写作能力应着重培养学生用英语阅读专业资料和文献的能力、语篇构建能力、体裁知识及相应的专业学习能力。

第四节　学术英语教学要素

一、教学的语言环境

学术英语教学有别于通用英语教学的一个特点是，它不是一种广泛普及的语言教学，它的存在是为了满足特定的需求。学术英语的教学语言环境有以下四种：

1.在英语是母语的国家，比如英国、美国。对于母语不是英语的留学生而言，他们接触到的是不同的学习体系、社会文化和学术文化。

2.在英语是第二语言的国家和地区，比如英国的前殖民地。英语是官方语言和主要的教学语言，公共服务领域使用的也是英文，但居民在日常生活中大多使用母语。

3.在高等教育中使用英语进行教学的某些特定的科目。其他科目使用母语进行教学。

4.在高等教育中以母语为教学语言，但英语有重要的辅助功能。

二、教师

根据不同的教学背景，学术英语教师可以是以英语为第一语言的教师，比如在英国、美国等国家的高校教师；也可以是英语为第二语言的教师，比如在英国前殖民地国家和地区的高校教师和非英语国家承担学术英语课程教学的高校教师。学术英语教师的师资来源主要是通用英语教师，在经过学术英语教学培训后承担相关课程，他们的局限性在于对于学科专业课程的认知和了解有限，在处理专业性较强的教学内容时往往感到吃力；学术英语教师也可能是来自学科专业领域的老师，但这部分教师的比例不大，因为他们没有经过专门的语言教学培训，对于语言的学习过程缺乏系统的了解，从而在帮助学生获取语言能力方面有所欠缺。因此，在学术英语教学当中，语言教师与学科专业教师之间的合作成为一种常态。

目前，绝大部分学术英语教师均拥有应用语言学、对外英语教学（TESOL）、作为外语的英语教学（TEFL）或作为第二外语的英语教学（TESL）以及教育学背景。针对学术英语教师缺乏的现状，很多高校成立了专门的工作组，建设自己的学术英语教学团队。有些高校推出了学术英语硕士研究生课程，比如英国诺丁汉大学推出的网络课程，其教学目的不仅仅是使教师掌握课堂组织技巧和语言系统知识，更是为了提高教师在帮助学生提高学术素养方面的能力。该课程的主要学习内容包括二语习得理论、应用语言学 CESOL、心理学、教育社会学、认识论和哲学、观念学、文化研究、大众传媒学。此外，一些培训机构也推出了学术英语教师培训项目，比如 Oxford Tefl 推出的培训项目。该项目的目的是使参与者拥有在高校教授学术英语的知识背景和能力。对于大多数英语教师而言，从教授通用英语向教授学术英语转变是一个挑战，教学重点要从完善学生的语言能力转向提高学习技能和学术研究能力，同时还要像通用英语教师那样创造出动态的、有趣的课堂。该培训项目帮助参与者增长在学术学习技能、批判性思维、独立学习和研究技能方面的知识和能力，使他们可以在学术英语教学当中帮助学习者获得成功。其主要教学内容分为三个模块：①学术英语内容和学习者：EFL/ESL 和 EAP 比较；学术英语当中的学生需求；独立学习发展。②学术英语技能：技能介绍；听、说技能；读、写技能。③教学资源和评估：学术英语教学素材探索；学术英语评估；学术英语中的技术运用。

随着学术英语教学的重要性和地位的提高，对学术英语教师的要求也必将提高，学术英语教师培训平台也将普及和多样化。

三、教学对象

学术英语的教学对象主要为英语不是母语，但在求学中需要使用英语作为媒介语来进行学习活动的高校学生。大部分学生主要在英语国家参与学术英语学习，或是采用在母语国家学习和在英语国家学习相结合的方式。在国内也有部分高校尝试将学术英语教学融合到大学英语教学阶段，大学本科一、二年级的学生也成了学术英语的教学对象。目前，在某些国家和地区已经开始在高中开设学术英语课程，以期为学生在高校的学习深造打下基础。

四、教学方法

学术英语教学虽然与通用英语教学有诸多不同之处，但都离不开语言教学的基本理论和方法，因此学术英语的教学遵循语言教学的规律，大多采用语言教学的常规方法。学术英语教学强调学生的语言运用能力、学习技能以及学术能力的培养，注重学生在学术领域的语言沟通和表达能力以及学生独立学习和自主学习能力，包括设定学习目标、团队合作、自我评估，等等，教学方法也因教学目标、教学任务和学习者需求不同而灵活变动，以交际教学法和任务型教学法最为常用。

五、教材与教学内容

学术英语教材因其教学内容的特殊性，具有相对的灵活性。教师可以采用已经出版的教材，也可对已有教材进行改编或是补充教学素材。语言教师还可以从学科专业教师那里获取带有典型专业特征的教学材料。

在通用学术英语层面，教材主要以学术学习技能培养为主。以"Headway-Academic Study Skills"系列教材为例，教材内容分为"听、说和学习技能"以及"读、写和学习技能"两大系列，每一系列分为入门、一级、二级和三级共四个等级。该教材旨在搭起通用英语和学术英语之间的桥梁，其特色在于选择可以激发学生思考的与高校生活和学习相关的素材，发展学生的学术学习能力，教授诸如如何进行研究和处理陌生学术词汇等策略。例如《读、写和学习技能》第三级，教材以主题为单位分为十个单元，涵盖教育、科技、自然、体育和社会等方面。每一个单元包括阅读、写作语言或研究方法、写作和词汇四个部分，通过阅读和写作练习分别就阅读技巧、写作方法和策略、研究方法以及词汇的构成等进行讲解和训练。其最大的特点在于将学术技能与语言学习相结合，使学生在获取语言知识的同时语言能力和学习技能均得到锻炼和提高，提升学生的学术意识和学术能力。

学术英语课程的教学内容根据教学对象的不同需求而有所差异，但总的来说包括以下几大部分：学术词汇、语法、听（讲座、课堂教学、笔记）、说（课堂发言、小组讨论和会议发言）、学术写作、学术阅读和学术学习技能。

六、评估

学术英语的评估包括对教学过程和学习过程的评估，教学效果和学习成果的评估；评估方式多为形成性评估与总结性评估相结合。采用何种评估方式由教学目标、教学任务类型和评估目的来决定。评估的具体形式多种多样，可以是学生自我评估、教师反馈、期中测试、报告，也可以是论文、期末测试和第三方评估。评估是学术英语教学当中重要的一环，是提高教学和衡量教学质量的手段。评估的目的有两个：一个是做出诊断。通过评估了解教学状况，为下一阶段的教学提供改进依据，根据评估结果对教学计划和方法做出调整，扬长补短。另一个是做出决定。从教学的角度来说，评估结果将用来判断一个项目是否合格；从学习的角度来说，评估结果将直接决定学生是否有资格进入更高层次的学习。

第二章 学术英语素养

第一节 学术英语素养的概念

学术英语虽然说是一种英语变体,"学术人员为推进学科发展而进行知识建构、信息交流与学术传播所使用的英语变体"(卫乃兴,2016:271),但是从教学的角度来讲,学术英语的首要内容,与其说是一种英语语言训练课程,不如说是以英语为媒介的学术素养课程。美国加州 2002 年的学术素养能力报告中,规定了加州大学新生(包括 EL1 和 EL2 的新生,因为美国少数族裔学生的比例逐年增加)应该具备的学术素养包括:阅读、写作、听说、批判思维,甚至技术设备的使用、有助于学业成功的思维习惯,甚至还有 Seif-advocacy 的技能,为自己宣传,争取各种支持和资源、克服大学学术生活各种困难的能力。可见,学术素养并不简单,并不仅仅是语言本身而已。从具体学术技能的角度出发,以上部分学术素养的本质和内涵包括以下几点。首先,任何专业的学生都应学会批判性阅读的策略和技巧。学生要有批判思维,要学会彻底理解、综合、分析、比较、论述某个观点,而不仅仅是背诵或复述所学的内容。换句话说,必须学会深度理解和转化再用知识,而不是囫囵吞枣、反刍旧识(regurgitation)。其次,学生要学会写作,特别是分析性写作,并且要学会从多个来源整合不同的信息。学生应学会形成自己的观点并能够清楚准确表达自己的观点,寻求、评估和使用证据来支持或质疑某个观点,同时必须注意用词、句法和篇章结构。最后,学生要有批判性倾听和发言技巧,要习惯于在组内或班内发言。在美国加州学术素养概念是以高中生向本科生过渡为目的而提出的概念。

赵薇和李越(2019)概述了中国留英硕士生的四大身份转变:(1)从本科生到硕士生的转变;(2)从中国教育文化背景到西方背景下学习的文化身份转变;(3)从第一专业学习到第二专业学习的专业身份转变;(4)从用中文到用英文学习的语言身份转变。他们认为这四大身份转变并非是互相隔绝的,而是交互发生作用的。而要将这四大维度整合起来，就需要学术素养这个概念，即融合了自主学习、学科专业话语、批判性思维、同伴互动四个要素的概念。而这个概念的内涵，除了读写听说，还有掌握和应用学术话语体裁；更突出了社交活动和学术话语权的争夺这两个要素。首先，即使通过了雅思和托福等考试，留学生在英语环境中还是会无一例外地遭遇到学术话语的冲击。尤其是涉及书面学术话语的英语学科写作（即以专业沟通为目的，并非聚焦于语言本身的写作），自始至终都是留学生所面临的一大障碍。其次，学生必须学会增强自主学习，积极主动地与同伴和老师互动，促进自我的反思和改变。一句话，学习不仅仅是个人实践，同时还是社交活动。最后，要学会进行批判性论证，要捍卫自己的观点，或说服别人接受自己的观点，这个过程从实质上讲，是一个争夺知识所有权和学术话语权的过程。

赵薇和李越的以上三个观点也与本书观点相同：首先，EGP（通用英语）的定位已无法满足我国扩展学术影响力、实现学术国际化和高等教育国际化的需求；要实现这一目的，必须融入通用学术英语和英语论文写作与发表的内容，熟悉学术英语话语的种种要求。其次，研究生，尤其是我国的研究生必须要有自主学习能力，在各种师生、生生互动中学会设立、追求、坚持、实现自己的目标，而如果仅仅是俯首帖耳，绝难在研究生学术生涯中风生水起，甚至难以幸存。最后，将批判性论证等同于对知识所有权和学术话语权的争夺，这一点抹去了学术争论的象牙塔虚像，突出了知识的博弈性，也增强了学术论证的目的性和现实性。

Tang（2012）曾论述的观点是，和非英语母语的研究者和学者相比较，以英语为母语者并不天生就具有学术素养。学术话语是一种特殊的构建知识和表达意见的方式，是学术界所认可和重视的一种比较特殊的意义构建的方式。因此并不是属于任何人的"第一语言"。学术话语是需要学习的。同时，以英语为媒体的学术话语也是需要学习的，因为学术英语具有特殊的学术规范。Tang的学术素养理念是以帮助EFL/ESL学者的科研论文发表为目的而提出的，集中于书面学术语篇的教学和研究。

本书的写作是在中文情境下对研究生进行学术英语素养培养，以便进行学术英语交流，特别是以学术英语写作培训为目的。本书开宗明义，第一部分专门讲解和训练以英语为媒介的学术素养。这是进行英语论文写作的基础，无论是哪个学科都一样。不过，在本教材中，对学术素养的概念进行了限制，主要指批判性思维和元话语思维，强调学生在学术活动中分析和整合信息、逻辑性阐释和论述的技能。

第二节　学术英语的定义和特征

一、学术英语的定义

学术英语翻译成英文是 English for Academic Purposes（简称 EAP），其中很重要的一部分，或者说最终的目标之一是在有影响力的英语国际期刊上发表论文，另外是为了在大学学术环境中完成以英语为媒介的各种学业任务。换句话说，其实质是进行以英语为媒介的各种学术交流。

学术英语从本质上而言涉及两个方面：一个是语言和话语特征；另一个是学科内容。有学者提出，在提倡学术英语的教学中应推广语言学者和学科专家的合作和互动。比如 Dudley-Evans（2001）提出了三种合作：第一，学术英语课程的设计应基于学科专家所提供的本学科的特殊语言需求和任务目标；第二，在课堂教学之外，语言教师和学科专家一起讨论和及时设计特殊的课堂学习任务；第三，语言教师和学科老师一同为学生授课。目前在大部分情况下，虽然这种英语科研交流专家和学科专家合作教学的模式难以推广，但是这也说明了学术英语作为一门课程，必须要有配合意识，要有目标指向。但是，从教材的角度来讲，除了英语学术素养之外，本书强调两个方面的内容：（1）学术英语的语言和话语特色；（2）英语论文的写作和发表。前者力求各个学科之间的最大公约，而后者则限制在应用语言学的范围之内。因本书的目标读者是研究生英语教师，目的是为研究生学术英语教材的编写提供更详尽的见解和指导。

从英语教学的角度来讲，学术英语的语言教学属于 EGP（English for General Purposes，通用英语）的内容，包括基本英语语法和汉语母语者在英语书面及口语交流中的负面迁移等。而学术英语话语特色以及其所涉及的批判式学术思维，属于 EGAP（English for General Academic Purposes，通用学术英语）的内容。而英语论文的写作和发表则属于 ERPP（English for Research and Publication Purposes，英语科研论文写作和发表）的内容。根据研究生英语教育的现实需要，研究学术英语课程必然会涉及以上三个部分，各个部分的比例根据实际教学和科研的需要应有所不同。

二、学术英语写作的特色

学术英语写作是客观式、基于资源/文本的写作。除了经验或观察之外，更重要的是，要大量阅读、学会分析、整合信息、进行研究、追求知识和真理。学术英语写作，是一种学术对话，要对发表后的学术观点进行回应，而不能是捕风捉影，或者凭印象写作。

学术英语写作的内容包括但不限于以下三个方面：学术英语语言读写能力、批判性思维能力、元话语思维能力。首先，英语语言读写能力，所学的内容就是学术英语语体特征，比如句子的完整性、简洁性、连贯性、术语准确性、正式性、客观性、名词化倾向、高信息密度、多样性、模糊限制等。其次，批判性思维能力，逻辑严密，识别立场、证据等，识别偏见和客观性等问题。最后，元话语思维能力，反思语言的各种使用，了解语言使用的社会态度。笔者将在本章进行仔细阐释。

三、学术英语写作的常见问题

对于中国的学生和研究者而言，英语是外语，即他们是 EFL 人群。在 EFL 人群的学术英语写作中，包括中国的四六级英语考试，也包括托福、雅思之类的写作考试，除了基本的语法和拼写之外，还会出现论述方面的较多问题。但是在此框架之外，此类语言水平考试型英语写作并不是学术英语的全部，可以更多地定位为学术英语的预备。那么，与学生作文相比较，学术英语写作不是什么？

（1）学术英语写作不是印象式写作，不是模糊的、未经验证的意见，不是主观式写作。

（2）学术英语写作不仅仅包括四六级作文或雅思、托福作文。

（3）学术英语写作不是泛泛而谈。

（4）学术英语写作不是写个人经历或者写鸡汤文。

（5）学术英语写作不是写诗歌或散文。

（6）学术英语写作也不是写日记。

（7）学术英语写作不是口语交谈。

基于印象的写作风格举例：

（1）Our life is rarely easy, especially the process of finding good things.

（2）We are all envious of the lives of others.

（3）We all have the same goal, we all study and work hard, which makes most of us have the same understanding of happiness.

（4）Life is hard, everyone is struggling.

正如同赵薇、李越（2019）对中国留英硕士生进行有关学术素养的访谈时，有个学教育学的中国留学生被访者曾感叹："当我将自己的想法诉诸文字时，意义会产生曲解……"以上所举正是一些比较典型的实例,在一般日常交流的情境中,这些句子是没有什么问题的,是常见的说话方式,至少是可以接受的,但是在学术环境中,作者将需要证实的话语想当然地写下来,在读到这些句子的时候,学术导向的读者往往会不由自主地提问:谁是"我们"?谁是"每一个人"?其实,不只是在英国的中国留学生用英语写作会发生意义的曲解,无论学生是在英国或是在中国或其他国家和地区,只要是从小受中文教育,一旦开始之试用英语写作,也就是说,跨越了语言的界限,携带着中文的文化基因和思维方式用英文写作,都会出现意义的扭曲。而如何克服这一点,正是本书所要探讨的话题。

四、学术英语写作的十大原则

（一）知识性

1. 学术英语的知识性

学术英语是为了追求和传播知识而使用的英语变体。就学生而言,学术英语还意味着在学术环境下的写作,在大学环境中的各种写作任务。学术英语的知识性究竟意味着什么呢?根据 ICAS 学术素养能力报告,大学学术环境中的写作,其宗旨是加深和拓展知识,或者至少是展示专业知识。

拓展知识,就必须学习,必须进行大量阅读,成为某个话题或领域方面的专家,而这个知识不是常识,不是道听途说,也不是老生常谈。

学术英语写作是如何获取和传播知识的呢?首先,作者必须证明自己了解某个研究话题当前发展的最前沿状态以及优劣点所在。其次,要让自己写下的文字成为知识,就必须使用合适而系统化的方法来评估自己所选择的假设。

换句话说,要学好学术英语,就是要读文献,搞研究。读文献特别重要,可以让你了解有关某个领域的概念、范式、框架、方法、热点问题、未来趋势等。要做文献综述,画出知识的版图,发现知识缺口,创造新的知识。用 Graff & Birkenstein（2010）的话来说,这是 They say/I say,是学术英语写作中非常重要的一环。为什么 They say 这一点很重要呢?首先,你需要证明你的论文没有抄袭,具有独创性,是你自己思考和研究的成果,没有重复别人的研究,而这就需要列出别人的成果。其次,你需要将自己的 thesis 讲清楚,那么很大程度上你需要描述你的论文的学术对话背景。

总而言之,学术英语写作的知识性体现在三个方面:第一,要读大量的文献,做文献综述;第二,在绘制出知识版图的基础上,发现并尝试填补某一个知识缺口;第三,要使用适当的方法和策略来验证你的假设。

思考：

学术英语写作是和知识相关的写作。那么究竟什么是知识呢？怎样才能证实自己的作品构成了知识呢？

2. 学术英语的知识性要求对研究生英语教学现状的启示

学术英语的第一步，就是要认识到学术英语写作必定是基于文本的（source-based），写是建立在读的基础之上的；当然读也离不开写。大量阅读是大学环境下所涉及的科研教学人员，也包括学生的事业、学业的命脉所在。大学学术情境下，在老师给出命题作文的时候，就不能再是以往的基于自己经历或印象或意见的写作，而必须是基于文本的巧作。因此老师在布置作业的时候，就应要求学生必须检索相关文献，随后对文献进行综述，在进行文献综述的基础上，对命题进行论述。而所谓相关文献，就不能只是一篇文献、单个来源的信息，而是要学会比较、分析、整合多个来源的信息。

学术英语的第二步，就是学会搜索信息。一般情况下学生和教师是可以很顺利地搜索到相关信息的，但是少数情况下并非如此，尤其是在只有问题存在，而没有在学者中引起热议，或者存在较少学术性研究、缺乏学术性概念的情况下，就很可能找不到相关信息，特别是在 EFL 跨语言搜寻的情况下，更是如此。

比如在讲述 *Here's to a Long and Unhappy Life* 课文之中，老师对 Pollyanna 这个文化词进行阐释，即同名小说中的主人公 Pollyanna，以及她最喜欢玩的快乐游戏，即在任何情境下，即使在明显不利的、负面的情境下也能找到积极的一面，找到能让自己快乐的一面。这是一种思维方式，支持的人认为这种乐观情绪和思维能将个人带出困境，而反对的人则认为这是一种盲目乐观的做法，有时候不仅不会带来好处，反而是自欺欺人。老师针对这个话题：Is the glad game uplifting or misleading？要求学生写一篇文章。与一般作文不同的是，老师要求进行学术性文献检索，要求学生不仅仅依靠常识或自己的直觉或印象写作，更多依靠文献综述而发表自己的观点。

一周过后，学生反馈：他们以 glad game 为题进行检索，毫无结果。而老师审读部分学生所交的作业，发现有些作文完全跑题，因为以 glad game 检索，他们搜索出来的文献是幼儿教育中的游戏教学。为了应付这次作业，直接以游戏教学为题写成文章，当然完全跑题。

这就提出了一个问题，无论是在老师命题还是学生自命题的情况下，学生都必须凝练一个关键词来进行文献检索，而这个关键词必须是学者们之间进行讨论的专门术语，已经是将知识进行"压缩打包"的、在学者之间进行持续讨论和争论的术语和概念。学生首先必须学会凝练或搜寻相关概念和术语。

就刚才的命题而言，用 glad game 进行初步检索之后发现，glad game 并不具备专门术语的性质，必须另找一个关键词。尝试以 Pollyanna 为关键词，在 www.sciencedirect.com 上检索文献，很快就找到：相关性很强的、从心理学和语用学等角度来研究 gladgame 的学术文章。而要确保权威性，就要在平时非常关注相关论文检索和期刊口碑等。

学术英语的第三步，要意识到学术文献的检索必须注重相关性和权威性。要检索到相关、权威的学术文献，就要在检索到相关文献之后，进行信息的鉴别和分析。在做有关专业研究的时候，即使是在做公共英语课程的英语写作作业的时候，也要做到两点：第一，说明信息的来源；第二，证明信息的可靠性和权威性。一句话，知识不是道听途说、瞎拼乱凑的。

实例说明：比如，老师布置了一个英语作业，请学生从自己的专业角度出发，讲述大学所在城市的一个方面。要求分组合作，形成音频和 PPT，最后由各组组长或发言人在班内做研究报告。

这个作业是针对研究生而布置的，属于公共英语听说课程的作业。不过，其中所涉及的知识性，却一开始就被忽视了。

基本的拼写、句式和语法等暂且不提，这个文稿的问题在于：（1）没有注明信息的来源；（2）没有对信息进行任何鉴别和分析；（3）没有证明信息的可靠性；（4）组员合作完成的过程中，每一个人只顾自己的那一部分内容，而组长并没有负起全面整合的责任；（5）没有形成非常集中的清晰论点，只有胡拼乱凑的原始材料，而这样的原始材料并不能构成知识。因而，无法进行任何的答辩和解疑。一句话，不具备任何的知识性，属于道听途说。

可能会有人或者学生对此作业存疑：认为英语作业的目的，首先是学习语言本身。但是这一点早就在学界备受质疑。而以内容为基础的语言学习，将语言和学科内容相结合，甚至和学科研究相结合的学术英语教学，在我国已成必然之趋势。而没有任何知识性和资源性或者价值性的英语语言本身，也就失去了学习的价值。

学术英语的第四步，必须要回避学习的短期功利性目的。除了对信息来源以及信息本身的考证之外，在中文情境下，研究生学术英语的教学还体现在要破除学生对教师的功利性盲从，破除对标准答案、正确答案的功利性追求。

学生在向老师要正确答案，随后按照这个正确答案来写。这就是功利性盲从。这是对知识本身的功利性误解。学生必须了解的是：知识在老师那里，同时也是在自己的不断阅读，与同伴、老师还有其他学术团体等的互动中探讨出来的。知识不仅仅是接受和复制老师所传授的，也来自于自己对知识进行解构和重构。进行文献阅读和综述，是一个从自己的起点认知出发，走上知识探讨之旅的过程。这个过程可能会增进自己原有的观点，也可能会改变自己原有的观点。即便是为了获得学分，学生仍然可以拥有自己的观点，可以拥有学术话语权，而不是完全放弃自己的学术独立性、学术身份和学术话语权，完全给出老师或官方所期待的答案。这是知识性的一个方面。

以上是平时英语作业中所需要做到的知识性要求。但是到了论文写作之中，知识性还体现在很多方面，在讲述学术英语写作的知识性这一节，就只讲述文献综述这一部分的知识性。在英语论文的写作之中，文献综述是必不可少的一环。文献综述必须体现出知识性。所谓知识性，体现在两个方面。第一，论文写作者不能对已有的科研做简单的列举，而是需从第三方视角完成对文献的全局性审视和判断，梳理各种文献之间的关系，判断已有科研的得失优劣，按照逻辑对文献进行科研视角的述评。这样的文献综述才有学术价值，才会产生知识。第二，在文献综述的基础上，论文写作者还需要找到知识缺口，填补该知识缺口，换句话说，论文写作者必须确立自己论文的生态位，否则该论文必然会失败。

比如，在英专毕业论文的写作过程中，本科毕业生最常见的思路是找到一个自己感兴趣的话题，浏览一篇（通常只有一篇）自己有共鸣的学术论文（这种论文通常质量较低，缺乏抽象的理论思维），拿文中观点当作自己的观点，随后仔仔细细地进行文本研读，在文本的基础上进行论述，通常是直觉式地讲述剧情或者用最明显例子进行论述，就算完成了论文的写作。在这个过程中，本科生一般没有进行文献综述，阅读量很少，即使在导师要求下进行文献阅读，也无法掌控全局，一般情况下反而是放弃了全局，而追随某一个思路，给出一些例子。这其实应该算是某种程度上的剽窃。

（二）逻辑性

1. 逻辑性的重要性

徐昉（2012）援引祁寿华（2000）所概述的传统修辞学的论辩工具包括：（1）逻辑（logos）；（2）情感（pathos）；（3）伦理（ethos）。逻辑方面，需要解释概念、进行分析、展示证据、展开正反论证。情感上，所举出的事例应该真实、生动和具体，具有感染力。诉诸读者的情感，用情感来打动人，是直接、简单、强大的一种论辩方式，可诉诸热爱、恐惧、爱国情感、悲伤、欢乐等，不仅能让读者倾听，而且能促使读者采取行动。伦理上，则要诉诸读者有关好坏、对错和正反的判断原则。从读者的角度来讲，所谓ethos，和英文单词ethics相关，即伦理道德原则；如果具体化到文本之中，则体现为对作者本身的判断，即作者本身的可信度，包括权威性、真诚性、专业性、忠诚度等。比如，作者在论辩中是否能尊重对手，是否采用可靠的资源，是否能和读者建立共识等。

一般的论辩会采用逻辑、情感和伦理；不过与之相比较，学术英语写作更多倚重逻辑性，写作过程中不能东一榔头西一棒，必须一句接一句地展开论述。在现实教学中，学生不加思考和不顾逻辑地随意写，是很常见的情况。

实例说明：公共英语大班的研究生在搜索信息、以完成英语课后作业的过程中，如果没有老师以学术英语的标准来要求的话，非常容易形成堆砌信息而不进行任何辨析、分析、整合的习惯，也就是说，英语似乎形成了一种思维障碍，在英语学习中，他们在知识积累和批判思维的养成中似乎困难重重。

2. 学术英语的逻辑性体现

除了对信息不加以分辨、逻辑混乱之外，在英语写作中，尤其是学术英语写作中，中国 EFL 学生经常会犯的逻辑错误有两种：一是分不清事实（fact）和意见/观点（opinion/claim）；二是分不清事实和真理。

事实 vs 意见

事实和意见是不一样的，但是却经常被混淆。表达意见的时候，学生们往往会采取表达事实的英语句型。由于学生们有着不同的天赋，因此不同的科目对不同的学生来说可能非常困难，也可能非常容易。

这是个人的印象、意见和观点，往往因人而异。意见是无法证实或者证伪的。不过意见可以用事实和其他人的意见来进行论证和支持。

学术性写作中是可以表达个人意见的，但是需要意识到的是：大部分的意见属于肤浅的印象，是一种先入之见，是没有足够依据和证据的。正如 Sorenson（2010：103）给出的一个例子："现代住宅中用木头生火取暖是没有多大用的。"如果这个意见的论据就只是一种印象：大家围着一团燃烧的木头，手和脸已经烤得非常烫了，但是后背和脚仍然冰凉，那么这就是一个没有足够证据的意见。

在学术写作之中，在实际下笔之前，必须对所选论题做广泛的调研，以免读者比作者知道得还多的情况出现。如果没有充分的调研，写作者可能会出现非常明显的错误和疏漏，会导致写作者的学术威信受损。从这一点来说，逻辑性是建立在知识性基础之上的，没有足够的知识，就不会有清晰的逻辑。

Sorenson（2010：103-104）曾警告说，在提出自己意见的时候，要避免那些可以用数据、试验或调研证实或证伪的话题。

学术英语写作对各种陈述有理性、谨慎、客观的要求，不能依据模糊的印象就表达自己的观点，而是要用证据、事实、数据、试验等等来进行论证。

反之，如果将自己的模糊印象当作事实（一般现在时态）来进行表述，则可能会让读者产生疑惑或异议。这种段落的修改可以采取三种方式：（1）加入自己对所陈述现象的判断；体现出对自己所陈述现象的清醒认知：究竟是模糊印象、观察结果，还是科研成果，或者坚定信念，或者自己的担忧等，这是元思维的一种体现。（2）将非常泛化的概念改成具体的指称对象。

事实和意见的区别是什么？你有没有依据自己的模糊印象就表达自己的意见，同时也没有提供足够的事实、数据、试验结果、对比、因果论述、实例等进行论述？

学生英语习作中的基于偏见的英语句子很常见，往往是以偏概全、过度概括。EFL 英语写作者容易犯的另一个逻辑错误是混淆事实和真理，经常将事实当作真理来进行陈述。

事实 vs 真理

盲人摸象的故事中，盲人说的都是事实，但是都没有了解大象的全貌，更毋论有关大象的各种科学真理，柏拉图的洞穴理论在这里也具有非常强的解释性，囚徒看到影子，而这些影子距离真理又有多远？

将事实和真理相混淆的错误经常会以似是而非的因果关系出现。人类是非常善于进行模式识别的，在信息有限的情况下，人们会尽力利用以往已识别的模式来帮助自己做出决策，非常典型的例子是英美法强调要有先例可循。模式是一种因果关系，识别了模式之后，我们可以做出改变来控制结果或预期未来。

总结一下，正如同外甥会理发，舅舅会死去一样，外甥理发、舅舅死去是个事实，但是却不是真理，因为其中没有因果关系，从科学上而言，外甥理发不会导致舅舅死去。因果关系的逻辑谬误刚刚提到了虚假因果、逆转因果和第三变量效应。这些都说明：在写因果段落的时候，一定要考虑：原因是什么？结果是什么？其中应该强调原因还是结果？是单个原因呢还是多个原因？是单个结果呢还是多个结果？其中是否还涉及了连锁反应等。一句话，学术英语写作强调谨慎、理性和客观，而因果关系非常复杂，简单的印象式因果论述会导致逻辑错误的出现。

3. 以己度人的逻辑谬误

EFL 英语写作中经常会出现"we""people"等字样，但是细究起来，读者会问：我们究竟是什么人？无论是谁，可能不包括我。这里就涉及了客观性写作与主观性写作的混淆。EFL 英语写作者经常会犯的一个错误是用客观性写作的方式来写主观性的东西。

客观性写作 vs 主观性写作

主观性写作主要是写自己的感受、想法、判断、意见、偏好，如果体现在个人散文中，往往是写自己关于某个话题的观点并且使用个人经历来支持这个观点。客观性写作则关注观察到的事实和现象，指向外在的客观世界，即使涉及人，也指向一个人以上的共性经历，注重列举事实和数据，并不包括作者的感受或想法或者阐释，学术性写作属于客观性写作，而不是主观性写作。学术英语写作中最常见的错误是在进行客观性写作的时候，使用了主观性写作的句式。

在文学和创意写作等主观性写作的过程中，社会和自然现象/规律也会得到一定的反映；更是通过自己的主观思维而影响世人。但是在学术写作中，关注的重点在很多情况下不再是人本身，而是有关人/客观世界的现象和问题，因此就需要巧妙转换思维和说法，让陈述更具客观性和合理性，最终增强其说服性。一句话，论文的语言组织必须要非常清晰，学术英语写作者有责任将自己的逻辑讲得非常清楚，以客观、中立、负责任的方式来选择、安排并呈现自己的学术成果。在写作中要尽可能摒除自己的个人情感，因为信息和事实比个人意见或态度更重要。要实现学术英语的客观性，避免个人情感、态度、偏见的影响，实现写作中一定的分离性，其中的一个英语语言手段是被动句。

（三）准确性和具体性

学术英语写作必须准确，尤其是 EFL 写作。

信息一定要准确。王馥芳（2019：6-11）在从认知诗学的角度分析特朗普的政治话语的过程中，提出特朗普的政治话语的一个很重要的特色是模糊信息源。王引用 George Lakoff 的研究，指出特朗普高频使用的话语开头是"人们说""我听过很多次"。模糊信息源的效果往往是信马由缰、根本不为其所提供信息的真实性负责。但是这一点，在学术英语中是绝对必须避免的。

具体性是学术英语非常重要的一个特色，做到了具体确切，那么就不再是印象式写作，就更具备说服性了。

（四）批判性

学术英语写作非常重要的一点是要有批判思维。

首先，学术英语写作的思维过程涉及综合和分析，并不是单纯地接受、背诵、再现。要批判，则必然要有批判的对象。学术英语写作是一种基于阅读资源的写作，而不是如同英语考试中的作文题一样，按照自己平时的积累和思考来当堂写作，基于阅读资源的写作，不是简单地对某一个话题表达自己的意见，而是要对两个或两个以上来源的有关同一论题或近似论题的资料进行阅读、综合、分析、对比、批判等的写作。

基于阅读资源的英语写作题目，不会简单地给个话题，而是会给出有关某个话题的两个或两个以上来源的阅读资料，要求：第一，概述双方的观点；第二，比较双方的观点；第三，表述作者自己的意见和判断。根据上海市的《通用学术英语水平考试大纲（征求意见稿）》的规定，英语写作题包括综述题和评论题，综述题要求学生根据四篇同一主题材料写一篇 100 词左右的综述，发现异同点、优缺点、因果或者其他关联等。评论题目，根据四篇材料写一篇 150 词的作文，要引用相关观点来说明自己的观点。要求转写归纳（paraphrasing 和 Summary），并提供文内引用出处，只要引用中有四个在一起的词和原文一样就扣分。

其次，所谓批判性思维，还要能识别写作中的主观性和偏见，换句话说，即文字背后的假设。要经常问这样一个问题：究竟有哪些特别重要却没有明确提出的原理和方法或者思路呢？文章背后的假设究竟是什么？不仅针对所阅读的多来源文本，也针对自己的写作过程。

比如，在分析某个人的自我认同的时候，如果有人将这个人区分为：种族关系、亲子关系、手足关系以及最后和自我的关系，而且将"自我"设置为"核心"，定义为与其他人没有关系的关于自我的定义，那么，这个论述背后的假设就可能是：一个人的自我认同和他/她的社会角色是隔绝的，没有关系的。这个假设可能导致最终的论述的失败，以及对"自我认同"的错误认知。

最后，学术英语写作中一定要注意的一点是进行科学实验、哲学思辨、提出意见、观点等往往并不是寻求绝对的答案，事实上也并不能一劳永逸地找到绝对的答案，而是要质疑、检验、证实或证伪某个观点和意见或者知识和见解，从而实现认知上的进步。

因此，无论是完成作业的过程，还是写作论文的过程，学生作者都必须意识到：所阅读的文章或材料并非是绝对的答案，而在很大程度上是某个个人所提出的一种观点或假设，是需要进行验证、反思的，否则，很可能造成盲从。比较合理的做法是保持一种健康的合理的质疑态度，询问其研究的方法是否合理，探究其背后的假设是否合理，讨论其研究的动机。这就是学术英语写作的批判性。

以上是根据通用学术英语的教学目标和内容，对学术英语的批判性思维进行的解释。但是，从学科角度来讲，批判性思维不仅仅在于以上的内容，甚至可以说，不同的学科，批判性思维的内涵和价值观都是不一样的，这一点在教学中需要留意，并容留出学科性差异的空间。尽管如此，如果从跨学科的角度出发，则批判性思维还是有一些共性的。所谓批判性思维，学生需要做到以下几点：

（1）通过写作来澄清目的，增进对问题和文本的理解。

（2）通过写作来回应他人的思考，探索且解释自己对他人思考的回应。

（3）能分析性和批判性地阅读文本，在自己的写作中积极利用自己所阅读的内容。

（4）能够理解话语、结构与所研究问题之间的关系，能够选择合适的话语和结构（句子和语篇层面）来探讨所研究的问题。

（5）能够监控自己的学术英语写作过程中出现的语法和用法、语体风格等方面的问题，使其符合语法、适合所在学科的学术英语的风格。

（6）能够将文本材料用作自己的理解框架，就其他的文本、数据和经验来进行写作。

以上的总结是从学科现实的角度出发对批判性思维进行的阐释。

（五）分离性

所谓分离性，是指在语言表述中，将人的主观视角和因素尽量消除，描述客观发生的事物和过程。换句话说，也就是将主观自我从知识中剥离出来，从第三方的角度来俯视知识，进行客观的批判（赵薇、李越，2019：79-86）。体现在英文句子中，就是出现被动句和名词化的频繁使用的情况。

首先，被动句能巧妙隐去施动者/施事者，更多强调过程。

其次是名词化特征。名词化可以将过程和特征进行压缩和打包，往往大大提升句子的信息密度，同时这也是一个概念化的过程；在学术交流中，概念化会形成学者一致接受的学术术语，从而形成一个学术热点，使学术讨论不断持续下去。同时，名词化也能形成语法隐喻，使得过程或特征成为语法意义上代施事者。当然，名词化也会有效增强分离性，将主观的因素尽可能地从句子中消除。

（六）抽象性（信息密度高）

抽象与直觉是一组相对立的概念。概念语法隐喻理论（严世情，2003：51）指出有关人类经验意义的表述体现在语法层面上，有两个方式：（1）一致性（congruent）；（2）隐喻式。

如果名词、动词和形容词等的词汇意义、词汇语法和词汇功能一致，则是一致性表达。比如名词表达实体或参与者；动词表示动作或过程，形容词表示事物的特征或属性。在英语句子中实体用名词，动作或过程用动词来表示，事物的属性或特征用形容词来表示。这样的表达方式和人类的直觉非常相似。

所谓隐喻式，是指名词、动词、形容词等的词语意义、词汇语法和词汇功能并不一致。比如，过程和动作不用动词，反而用名词来表述，从动作或过程变成了动作的参与者；或者事物的特征或属性不用形容词，而用名词来表述。这就是隐喻式表达，换个词语的话，则是不一致的表达。

（七）交流性

学术英语的交流性意味着任何的成果绝不能闭门造车，也不能根据印象写作，不是创意写作。学术英语的交流性意味着和其他研究者进行对话、交流。学术交流的形式可以是研讨会、讲座、短期研修或者网络讲座、网络课程等，不过除了这些实际的面对面的或者网络交流之外，学术英语的交流性还在于存在更广泛的一种交流，即发生在阅读和写作过程中的交流。这是一种思想碰撞、冲突、创新的过程。Matsuda（2015：272-278）认为，为出版目的而进行的写作是一种和谈话非常相似的过程，即便是在走廊上的闲聊，学者之间经常会讨论彼此的科研兴趣、已有的科研成果、尚未解决的科研问题、科研界内的新资讯或新见解。无论是闲聊还是出版，都是一种交流的过程，是知识创造和分享的过程；二者之间的区别在于在为出版而进行写作的过程中，学者的交流方式必须更正式、更系统化、更彻底和周详，达到学术出版机构对证据的期待水准；而且和闲聊只面对一个或少数几个同行的情况不同的是，出版会面对更多的同行读者，或者说面对一个学术社区，而这个学术社区对于某个科研话题的所有信息已有了共同的认知和了解。这就是 Matsuda 所提出的非常有趣的会客室理论。因此，要成功发表作品，就必然要了解学界目前已经解决了的问题、尚有待解决的问题，要熟知如何通过数据收集和分析来解决或回答科研问题、最后如何以最有效的方式来沟通自己的科研成果。总而言之，这个过程涉及三个方面的专业知识和技能：（1）内容性知识；（2）方法性知识；（3）体裁或语篇类型知识。这是学术写作，尤其是论文写作过程中必然要涉及的三个方面。当然，如果要出版的话，则还涉及程序性知识，即如何为自己的论文选择合适的发表渠道。

以汉语为母语的学生作者往往对学术英语的交流性认识不足，在进行学术英语写作的过程中，往往会出现以下三种情况：（1）阅读不足，缺乏对所讨论话题的内容性知识（当然，这也是许多以汉语为母语的学者和大学教师可能会面临的一个问题）。如此，就很可能不了解学界已经解决的问题或者仍然存在的问题，导致文献综述不当或不全，或者甚至没有文献综述的习惯，或者在文献综述时无法找到比较有价值的知识空缺，或者找不到有价值的学术生态位。（2）不了解学术研究的方法。学生作者在学术研究的过程中，往往会不自觉地采取两种方法：①拿来主义和利用主义。学生作者往往将已有的科研成果当成自己的，直接按照毕业论文的格式编写成一篇材料，往往不考虑自己的创新。②盲从和追随，换句话说，对所阅读的资料持崇拜和追随的态度，往往缺乏批判性思考，导致无法进行有意义的讨论和答辩。笔者所教授的研究生公共英语课程中，研究生在进行报告的时候，往往会编写非常漂亮详尽的PPT，但是对某个话题本身却没有足够彻底的了解，无法真正掌握话题相关知识。换句话说，所有的资料都是"借来的（borrowed）"，而不是学生自己已真正"拥有的（owned）"。也就是说，学生在准备PPT、进行报告的时候，鲜有能成为"知识的主人"。（3）语篇类型知识不足，因阅读量不够，或者英语语法掌握较差，对各类英语写作作业和论文本身的语言特征没有足够的认知和了解，往往英语作业中会出现较多的各种语言错误。

高一虹教授2019年在云南师范大学外国语学院所做的讲座，将中国英语学习者，也是国际大型活动（北京奥运会、上海世博会、广州亚运会和深圳世界大学生运动会）的志愿者的英语学习态度和身份认同分成了四类：（1）忠实模仿者。（2）为本国英语变体争取权利的英语人士。（3）活泼创造者，包括那些喜欢中英混杂、并列的双语人士，比如他们会打造一些比较新奇前卫的词语Smile nce（笑而不语）等，不过高一虹教授的意见是，这些活泼创造者往往是年轻人，而年轻人并不具备话语权，所以这些新奇前卫的表达方式往往停留在网络上，停留在年轻人之间。（4）能进行对话的沟通者。高一虹教授的主张是中国的英语学习者，从教育教学的角度出发，可以逐步从模仿者向沟通者靠拢。这一主张恰好与学术英语的交流性相对应，英语学习者从EG（通用英语）向EGAP（通用学术英语）甚至ERPP（英语科研论文写作和发表）过渡的过程，正是从模仿者向沟通者身份转换的过程，通过强调沟通、对话，就必然强调英语学习者向学生作者的身份转换，从盲从、追随向独立思考、自有主张转换。

（八）元思维性

如果对学术英语的交流性没有概念，那么在写作过程中，就必然会缺乏元思维性。以汉语为母语的EFL学生作者往往在写作中缺乏元认知或元思维，也就是说，对认知的认知，对思考的思考，换句话说，也就是在写作中缺乏元话语，缺乏对自己所写内容的反省、质疑、认知和思考。一句话，缺乏了读者意识和交流意识，就必然不会尽力做到"读者友好性"，也不会预期读者可能有的质疑和批判，可见学术英语写作的各个原则之间是相互紧密关联的。

蔡基刚教授（2018：10-15）在设计为研究生开设的英语论文写作和发表课程时，将元话语理论列为非常重要的课程内容，可见元话语的重要性。Hyland（2005：175）认为元话语是任何沟通的核心要素，因为只有正确评估了读者阐释文本时所可能用到的资源、读者对文本可能的反应，才能进行有效的沟通。Hyland（2005：175）提出以英语为母语的孩子从小是在与本族语社区的其他人进行不断对话，而在写作过程中也是在读者（包括老师和家长）的不断帮忙和反馈中学会了写作。但是 EFL 学生、以英语为外语的学生却因为缺乏读者的反馈而无法预期读者的反应，经常会导致其英语写作不合逻辑、不合时宜，比如在学术英语写作中直接套用口语，用一种非常个人化、直接、介入的面对面谈话的方式来写作。

根据 Hyland（2005：48）提出的理论，元话语是一种进行自我反省的表达形式，可以帮助作者在语篇中协商与读者的互动意义。元话语涉及三个方面：（1）有关文本发展的语言表达形式；（2）有关作者自身的语言表达方式；（3）有关（想象中）读者的语言表达方式。元话语分为两种，一种是语篇内部功能，包括过渡词语、框架标记词语、内指标记、言据标记、语码注释。另一种是人际功能，包括模糊限制语、增强语、态度标记语、自称语、介入标记。

EFL 学生作者应该对英语中元话语的使用习惯，尤其是学术英语元话语有一定的认知和了解，通过正确使用学术英语中的元话语，学会对自己的陈述表达一定的立场，以一种学术社区所接受的方式来和读者进行对话。具体而言，除了以上所提出的英语写作中的口语化倾向外，汉语母语者的 EFL 学术英语写作和英语本族语的学术英语写作中所用的元话语相对比，前者在读者友好性、模糊限制语等方面的文本表现都相对较弱，也都是需要认真学习和提高的一面。比如本节所分析的段落，就可以在连贯性和模糊限制语以及正式语体方面有所提高。

（九）话语权的争夺性

Johns（1997：62）提出，学术英语的写作中应采用不同的语体特征来呈现出作者的社会关系和权威关系，并极力争取更多的权利。但是 EFL、ESL 的学生对于学术英语接触极少，对于这一点往往茫然无知，甚至没有任何有关话语权的意识和认知。

Swales（2012：31）在研究生学术英语写作教程的第一章简要介绍了他心目中学术英语写作最重要的特色：读者、目的、组织、风格、流畅性、语法拼写等，而在所有这些特色的基础之上，他提出了一个概念：定位。前者的诸多要素皆服务于定位的目的。

作为 EFL 研究生，在熟悉了所有的学术英语写作最重要的特色之后，就能够在自己的专业领域内将自己定位为年轻一代研究者/学者，为自己争得一定的学术话语权。很显然，Swales 认为 EFL 研究生，即便仍然是学生，还是需要在学术写作 UI 体现自己的学术定位，甚至确立自己的学术地位是学习英语学术写作的最终目的。

第三章 大学生的学术英语能力

在了解学术、学术英语等基础概念与知识的基础上，本节主要探讨大学生的学术英语能力，具体涉及大学生学术英语能力的研究现状与影响因素两个方面，从而为学术英语能力的提高与发展提供一定的依据。

第一节 大学生学术英语能力的研究现状

从国内外研究看，还没有专门针对大学生学术能力的论著或陈述。下面主要从其他相关论述中获取有关大学生学术英语能力的研究。

（1）从历史的角度来说，在对大学的学术理念、学术宗旨层面是有些独立的研究的。通过分析可知，大学要追求学问、研究学问，为学术研究提供服务。也就是说，高等教育与研究机构的目标就是对真理的追求，这是大学的一个基本元素。所以，为学生奠定学术研究的基础，提升学生的学术能力是大学的主要任务之一。

（2）从大学与教师的角度来说，对大学学术自由与学术水平展开探讨，关于大学教师学术水平与科研水平的论述有很多。这是因为，教师、学者、学生是学术共同体。教师学术能力对学生学术能力的内涵、构成等具有重要的参考价值。

（3）从大学生的角度看，这类研究主要从多个角度对大学生学术现状进行反映。

通过调查和研究学术论文，以及对大学生学风分析、对他们的科研活动展开调查等，总结出大学生的学术能力表现差强人意。

总之，对大学生学术能力的论述主要基于大学与教师的学术水平研究，目前更多关注于他们的学术开展问题与学术素养。另外，研究中还存在一些问题，如对学术能力的概念研究不清晰，未形成一个统一的界定；对于大学生学术能力的提升问题，研究很少。

第二节 大学生学术英语能力的影响因素

一、内部因素与大学生学术英语能力的发展

下面结合学习风格、学习策略、学习动机、个人性格四个内部因素探讨其与大学生学术英语能力发展的关系。

（一）学习风格

在语言学习的过程中，学习风格发挥着十分重要的影响。很多学者都对学习风格进行了界定，下面是一些有影响力的观点。

帕斯克指出，"学习风格即学生采用何种策略来进行学习。"

我国学者谭顶良先生（1995）也指出，"对于学生来说，学习风格是持久的，是一种个性化学习方式与策略，是学习倾向与学习策略的融合体。"

概括来说，它可以按照以下标准来进行划分。

（1）以认知方式为标准。根据认知方式，学习风格可以分为以下几种。

第一，以学生接受信息的方式划分为整体型与细节型。整体型学生具有较高的直觉性和模糊性，善于从全面、整体的角度来解决问题，但准确性与深刻性较低，遇到学习困难时会从他人处寻求帮助。细节型学生从细节上着手分析和思考，善于对具体信息的把握和记忆进而发现不同实体间的差异性，理解具体信息时常采取精细的形式，遇到问题时会将其切分成细节来理解。

第二，以学生对自身情况是否依赖划分为场依赖型与场独立型。场依赖型学生习惯于从整体上进行思考，由于易受外界干扰，常常离不开教师或其他学生的帮助。此外，场依赖型学生也不善于独立地思考和解决问题。相比较而言，场独立型学生善于独立思考和解决问题，通常不需要教师和他人的帮助，也不会受到外界干扰。实际上，无论是场依赖型还是场独立型，二者都是截然不同的信息处理倾向，大多数学生的状态都是介于二者之间的。

第三，以学生处理左右脑信息的强弱划分为左脑主导型与右脑主导型。左脑主导型学生擅长逻辑性分析，更加关注细节信息，取得的学习效果通常比较理想；右脑主导型学生十分确信自己的自觉，习惯抓主旨大意，灵活性较强。

（2）以个性特点为标准。按照个性特点的不同，学习风格可以划分为以下几种类型。

第一，开放型与封闭型。开放型学生不受实践和规则的限制，习惯顺其自然，

他们善于收集和总结外部的信息，而且常常在收集足够的资料之后才会做出结论，属于发现式的学习。封闭型学生希望能够得到明确的指令和解释，不能接受模糊式学习，因此他们习惯于制定计划，并且在规定的期限之内完成任务。

第二，外向型与内向型。外向型学生兴趣广泛，善于交往。在课堂上能够积极参与讨论、回答问题。一旦有接触英语的机会，他们会克服困难，勇敢表达自己的思想。内向型学生兴趣较少，善于独处，比较惧怕学习过程中遇到的问题，在课堂上不愿意参与问题的讨论，而是更习惯于独立思考问题。

第二，直接型与程序型。直接型学生习惯于从抽象思维、推测的视角出发，对事物的规律性展开研究。程序型学生习惯于按照规章办事，即遵循规定的指令，往往从传统技艺出发对事物的规律展开研究。

（3）以感知方式为标准。不同的学生，其感知偏好也不同，因此在学习中，学生必然会应用到感知。按照感知方式的不同，学习风格通常可以分为以下三个类别。

第一，动觉型学生主要采取实践学习的方式。具体来说，学生主要在实践过程中获取新的知识和信息。在亲身的实践过程中，这类学生能体会到无比的快乐，而且他们习惯于挑战性的活动，并愿意去执行计划。

第二，听觉型学生主要通过耳朵来进行学习。因此，他们不擅长书面表达，而是更习惯于教师的口头传授。

第三，视觉型学生主要运用眼睛来进行学习。所以，他们不习惯口头传授的形式，而是更习惯于教师利用板书或者多媒体工具展开教学。

（二）学习策略

1.学习策略简述

陈琦教授指出学习策略是一个包含主动意识的过程。她的观点具体如下。

（1）学习策略对学习方法、学习行为先后、学习程度等起着决定性作用。

（2）学生需要对自己的特点、学习任务有清晰的了解，然后根据自身特点、学习任务等制订学习计划，并通过对计划加以实施，实现自身的自动化。

（3）学习策略是目标与效率达成的计划与方案。

（4）有效学习必须要将学习策略作为条件与支撑。

蒯超英指出，学习策略就是为了减少资源消耗而对英语学习情景的监控，涉及认识学习任务、选择学习方法、调整学习进程。

鲁宾强调，学习策略就是发展语言系统的促进因素。

比亚韦斯托克则认为提高二语习得能力有多种方法，学习策略作为提高二语习得能力的方法，是一种理想的选择。

学习策略包含三种构成要素,它们是认知策略、元认知策略和学科基础知识。

(1)认知策略。在运用认知策略时,大学生应该主动思考课堂中刚提出的问题,并对这些问题加以解答。通过做笔记,记录教师课堂中所讲授的重点,这对于注意力的集中非常有帮助。

(2)元认知策略。在学习中,学生仅仅对认知策略加以了解是远远不够的,还需要选择恰当的策略,这就是我们这里所说的元认知策略研究的问题。具体来说,其包含如下几点。

①在英语学习过程中,不仅利用语言信息,还应擅长利用非语言信息理解知识如图表。

②明确学习目标,制定详细的学习计划。

③分析自我学习特点,取长补短。

④创造学习观摩机会,利用多场合、多手段进行各种语言理论学习和实践。

⑤应该及时解决英语道路上的拦路虎,勿忘向老师或同学寻求帮助。

⑥加强师生或生生互动,注重与教师或同学的学习交流。

⑦善于总结学习内容。能够自我批判思考学习过程,查缺补漏,避免盲目学习,无思考无效率的死学。

既然学生的自主学习不仅受认知策略的影响,还受元认知策略的影响,那么教师就需要让学生了解这两大策略,即让学生不仅明确认知策略的使用了解,调动他们的积极性,训练他们对该策略的运用,还需要让他们基于自身使用的策略去尝试其他策略,从而提升自身的学习水平。

2. 学习策略与大学生学术英语能力的发展

对于学习策略与语言学习的研究,主要集中如下几个层面。

(1)学习策略的使用与学习成就之间有何关系?

(2)成功的学生与不成功的学生使用策略有何差异?

(3)如何进行学习策略的培训?

(4)学习策略的影响因素有哪些?

根据相关研究,学习策略对大学生学习英语能力的发展有如下几点作用。

(1)根据章兼中、俞红珍(1998)研究,元认知策略包含:元认知知识、元认知体验、元认知监控。其中核心是元认知监控,其高低直接影响着学生的学业水平。

(2)学习策略主要研究善于学习的学生与不善于学习学生的学习策略。有助于分析和探究学习策略与语言学习的关系,对教师的教学理念进行梳理,从而提升大学的学术能力。

(三)学习动机

J.布罗菲对动机策略进行了大鼠研究,以下是其研究结论。

学生自信心对学习动机有巨大影响,可以从以下几个方面树立学生的信心。

(1)帮助水平低的学生树立有适当挑战性的目标。
(2)重视学习过程的评估和指导性的反馈。
(3)帮助学生正确对待失败综合征。
(4)为水平较低的学生提供额外的帮助。
(5)帮助学生树立正确的学习目标,并认识到努力与成果之间的关联性。
(6)教师制订切实可行的,能够促进学生学业进步的教学计划。

J.布罗菲指出,教师在教学实践中首先要遵守一般性的教学原则,主要包括以下几点。

(1)重视学习动机中的期望和价值因素。
(2)教学的目的是使学生理解、欣赏和应用所学知识。
(3)将课堂打造成为一名学生共同参与合作性学习活动的社区。
(4)使用权威管理和社交策略。
(5)尽可能增加自身和课堂对学生的吸引力。
(6)首先注重培养学生的学习动机。

关于动机与学业成就之间的关系,并未形成统一的认识。但学界普遍认同激发学习者学习动机对学业提升具有促进作,而且一般说来,内在型的融入型的动机相对比较持久。

(四)个人性格

1.性格简述

(1)性格的定义

艾森克(Eysenck,1970)最早将性格定义为个体或多或少比较稳定持久的特点、性情、智力和体格等,这些因素决定了个体对环境的适应性。关于性格的界定,不同学者具有不同的看法。

(2)性格所涉及的层面

至于性格所涉及的层面,王立非(2000)主要探讨了自尊/自明、外向/内向、移情/自傲、焦虑/放松、抑制/冒险等五对个性因素。

布朗(2002)则从语言学习角度提出,自尊、压抑、焦虑、冒险、移情、外向等是影响二语习得的重要因素。

其中,内向/外向对学术能力的发展具有显著的影响,因此下面主要从这一角度着手,探讨其对大学生学术能力发展的启示。

2. 内向/外向与学术能力

早在20世纪80年代,迈尔斯-布里格斯基于荣格的研究,对内向/外向的不同特点做了区分。具体如表3-1所示。

表3-1 Myers-Briggs内向/外向对比

Extrovesion	Introversion
sociability	territoriality
interaction	concentration
external	internal
breadth	depth
extensive	intensive
Multiplicity of relationships	Limited relationships
Expenditure of energies	Conservation of energies
Interest in external events	Interest in internal reaction

根据表3-1,内向/外向的学习者在人际交往、阅读范围、思考内容,处事方式,学习兴趣等都有所不同。而且内向/外向的差别在一定程度上表现为学习的某种倾向性。据此,在学术英语教学中,我们应该做到:

(1)教师不能简单地根据学习者的性格判断其是否适合进行学术研究。也不能根据其语言水平如口语、写作能力对其学术英语能力进行评估。

(2)学习者自身应反思个性特点对学术学习的影响,同时应该积极巩固和提高S业水平,积极参加学生交流和拓展活动,了解学术前沿,拓宽学术视野,建立良好的学术人际关系,获得全面发展。

二、外部因素与大学生学术英语能力的发展

这里主要从教材、评估层面分析对大学生学术英语能力的发展。

(一)教材

1. 教材的定义

从学生学术能力发展角度对教材进行描述,教材指"任何编选汇总的.有助于增强语言能力、拓展专业知识、提升研究能力的教学材料"(王雪梅,2009)。

2. 教材与大学学术英语能力的发展

一般说来,我国课堂教材以出版社的纸质教材为主。在教材的实际运用中,可以基于评估来考虑改编、补充等。学术英语的教材既有出版社印刷品,也有教师融会贯通自我改编的讲义或资料,总之以发展学习者的学术能力为目的的资料均可作为学术英语教材。

（二）评估

1. 评估的定义

评估这一概念是由泰勒提出的。在很多学者眼中，评估是人类认知活动中的一部分。关于教学评估学界有四种观点：

（1）教学评估是与教学研究有关联但目的不同。教学评估的最终目的是指导教学实践活动。教学研究的目的是得出研究结论

（2）教学评估是在教学设想和教学实践之间进行对比。这种看法具有较强的合理性。但是，这一观点对于教学效果的评估过分侧重，未考虑教学过程。因此，这一评估观点较为宽泛，让测评者很难把控评估内容的主次.因此也不可取。

（3）教学评估等同于专业判断。这种观点考虑到评估人员的主观性这一因素，认为教学评估的目的在于分清好与坏。但是，这一观点也是错误的、片面的，因为教学评估不仅是为了分清楚好与坏，还是为了找寻恰当的因素，对评估进行指导。

（4）教学评估等同于教学测验。这种观点是当前学者在教学测验的辅助下做出的认知。但是，教学评估与测验在本质上存在差异，因此将二者进行等同是错误的、片面的。

2. 评估与大学生学术英语能力的发展

大学生学术能力的测量和评估既可以通过质性的也可以通过运用定量方法来评估学术水平。大学生学术英语能力评估的维度应包括学习者的学术态度、学术信念、成绩测评等。学生的学术英语能力评估原则应该是客观的，大学生学术英语能力的评估应遵循如下两条原则。

第一，客观公正原则。客观公正的原则具体涉及两个方面的内容：一是指在评估过程中不受自己的学术观点、学术倾向、主观偏见等的负面影响。二是注重学术能力发展的内涵。

为了实现对学生学习评价的过程性，教师要把评价对象当前的状况与其发展变化的过程联系起来，并将一次性评价改为多次性评价。教师要明白，评价是一个连续性的过程，且有一定的规律可循。因此，教师要将对学生的评价纳入正常的教学过程之中，使其对学生的学习和教师的教学真正起到实时监控的作用。

教学过程强调发展，是指教学评价为了改进教学质量以及促进学生的发展，观察学生的表现。因此，教学评价强调用质量评价去统整定量评价，不错过情感、态度等对评价对象的发展影响较大的因素；强调对人性的关怀以及个体的全面发展。

第二，全纳原则。一般而言，教师为评估主体，学生为评估客体。随着人本主义教育理念的普及和现代教育技术的发展，教学评估逐渐从单一、单向的转变为多方向的、动态。具体涉及教师评估、学生自评、同伴评估、计算机评估等。同时，评估方式逐渐转变为动态的形成性评估和客观的终结性评估的结合，而不再是传统的、静态的测试。

第四章 大学生学术英语能力发展理据

随着科技经济全球化的发展，国际性的学术交流日益频繁，科研工作突飞猛进，大学生逐渐崛起在科研工作中扮演重要角色。培养大学生的学术英语能力对我国科研工作的可持续发展和创新性提高，增强文化自信和国家软实力有至关重要的作用。本章将对大学生学术英语能力的发展理据进行详细探究。

第一节 大学生学术英语能力发展的必然性

随着我国对创新教育重视程度的提高和大力提倡，科研机构和各高校也愈发重视科研发展和研究人才的培养，我国学者的学术能力也随之有了显著的提高。现在，大学生已经发展成为学术研究的重要组成部分，因此其学术能力的培养和提升受到了广泛的关注。总体而言，发展大学生的学术英语能力是非常重要且必然的。

一、发展大学生学术能力是建立创新型社会的需求

创新是民族进步的灵魂，是一个国家兴旺发达的不竭动力。而具有学科交叉性教研融合性的高校肩负知识传播、创新和人才培养的重要功能，是国家创新体系的重要组成部分。营造有利于人才培养的环境，培养大批具有创新精神和科学术能力的人才，对国家人才队伍的建设、国家科研创新的持续发展有着直接的影响。因此，有必要采取有效措施倡导创新教育，切实培养富有创新能力的大学生。

二、发展大学生学术能力是大学生教育本身的需要

大学生教育作为高层次教育，具有研究性、专业性、学科广泛性和交叉性等特点，其应用性很强，而且有着规模化、国际性和多元化特征。目前，我国

的大学生教育应适应新型人才培养需求，将研究性、专门性和实践性融为一体，培养学生的探究精神和实践能力，最终提高学生的学术研究水平。实际上，大学生的创新意识、学术精神、学术能力是评价大学生教育质量的重要指标。

三、发展大学生的学术能力也是学习者的个体需求

发展大学生的学术能力一方面有助于大学生建构知识、提高自主学习意识、创新研究能力等；另一方面有助于提高其就业竞争力。有研究表明，一半以上的大学生认为就业问题最困惑自己，而大部分大学生认为心理压力主要来自就业。近年来随着高校的不断扩招以及社会要求的不断提高，大学生就业形势比较严峻。张士英和朱伟光（2008）曾尝试从部分专业结构设置不合理、大学生培养质量：降低、用人单位人才消费观念变化、大学生自身期望值过高等不同角度分析大学生就业困难的问题。如何拓展个人专业领域、找到比较满意的工作已经成为大学生所面临的现实问题。目前，高校对大学生的综合素质要求较高，社会用人单位也十分重视应聘者的创新能力、探索精神等.因此无论从个人发展还是从就业需求来看，大学生都有必要提升学术能力。

第二节 大学生学术英语能力发展的理论基础

大学生学术英语能力的发展要以一定的理论为指导，这样才会更加有方向性。具体而言，大学生学术英语能力发展的理论基础有自主学习理论、意义学习理论、协作探究理论和儒家学说中的知行观与修身观。

一、自主学习理论

人本主义和建构主义理念的发展使得外语教学从"以教师为本"转向"以学生为本"。随之，学习自主性培养研究也逐步成为热点，但是将其与大学生自身专业发展结合起来的研究还非常少。实际上，对于大学生学术英语能力发展而言，自主学习理论发挥着重要的启示作用，具体表现为：大学生的认知情感水平有利于自主学习，大学生的自主学习能力决定了其研究能力的强弱。

（一）自主学习的内涵

关于对自主学习内涵的解释，不同的学者有着不同的观点，可谓见仁见智。

首先是对自主的界定。迪金森认为，在自主情况下，学习者做出并实施所有与学习有关的决定。肯尼从自主的性质入手，提出它不仅是一种学习自由，

还是发展为全人的机会。

其次是对自主学习能力的界定。霍莱克指出，自主学习能力是一种"把握自己学习的能力"；利特尔则指出，它是学习者能够独立地确定自己的学习目的、学习目标以及学习内容和方法，并确定自己的一套评估体系的能力。

最后是对自主学习者的阐述。加德纳和米勒认为，自主学习者是规划并实施学习的人。

虽然不同的学者提出了不同的观点和看法，但对于自主学习的本质认识是一致的，都强调了自主学习的自主性，认为自主学习包括自主地确定学习口标、选择学习内容和方法、监控学习过程、确定评估方式等。

（二）自主学习中的师生角色

在自主学习中，教师的角色并不局限于单纯的讲授者，而是呈现多元化，内涵也更为丰富。加德纳和米勒（2002）认为，在自主学习中，教师承担着辅导学生学习、评估学生学习情况、向学生提供信息、深度开发教材、组织教学活动等责任。

教师的角色发生了转变，所承担的责任也有所不同，教师的任务不仅仅局限于向学生传授知识，而在于为学生提供更多的学习机会，促进学生自主建构知识，全方位提高学生的学习能力。

在自主学习中，学生的角色也发生了转变，学生不再是被动的知识接受者，而变为了自主的学习者。在自主学习中，学生承担着学习计划、评估、自我激励、自我管理、自我学习安排等方面的责任。

实际上，语言学习中教师与学生角色的转变，对大学生学术英语能力的发展也有着明显的启示作用。目前，很多大学生在学术动机、学术规划以及学术评估方面都缺乏一定的主观能动性。

有些大学生对于自身学术发展缺乏明确的目标和方向，常常临近论文开题时，还不清楚学术兴趣所在；甚至到论文校稿时，还会变换题目。之所以会发生这种情况，原因就在于学生学习能力发展的自主性不足。对此，大学生能着眼于自主学习能力发展的过程，对自己的角色重新进行定位。具体而言，他们需要明确发展的目标与途径，实施发展计划，同时对实施结果进行评价和反思。在此过程中，教师应对学生的目标制定和计划实时进行指导和监督，为学生提供丰富的学术资源，并对学生的实施情况做出客观的评价。

（三）自主学习者与环境之间的关系

加德纳和米勒（2002）指出，自主学习由各种要素综合组成，如人员、观点、学习形式、学习条件等，这些形成了学习环境。自主学习者与学习环境中的各要素之间的关系为互动关系。

作者从大学生学习能力的内涵与发展出发，对相关的因素进行梳理与整合，进一步探讨在自主学习过程中，学习者与学术能力发展各相关因素之间的关系。作者将影响学生学术能力发展的外部因素分为两个部分，分别是动态人力资源和静态教学资源。其中，动态人力资源包括任课教师、导师和同学等。静态教学资源包括课程设置、教材等。这两个因素之间是互评评估的关系，即动态人力资源对静态教学资源做出客观评价，静态教学资源是对动态人力资源学术能力和观点等的检验。学生与这两个外部因素的关系呈现为互动评估关系，即学生可以对教师的教学、导师的指导以及同学的观点进行反思评估，也可以发挥主观能动性，对相关课程和教材的质量进行评估。

（四）自主学习理论在学术能力发展中的应用

由上述理论可知，大学生可以自主发展自己的学习能力，即可以自主确定学术目标，掌握学习时间和内容，实施计划和评估结果。学生在确定学习目标时，应注意目标要明确，要具有动态性，也就是所确定的目标要随着自身能力的发展和外部环境的变化而变化。同时，计划的实施和结果的评估不能孤立、封闭，要有一定的互动性。可见，自主进行学术发展并不倡导主观性的自主，而是以反思和交流为基础。下面将着眼于学术能力的内涵，探索自主学习理论在大学生学术能力发展中的具体应用。

（1）在语言能力强化方面，目前高校多侧重专业理论课的开设。虽然有些高校开设了论文写作、翻译实践等课程，但也是强调理论与实践的结合。对此，学生应根据自身的情况和具体需求，设定长期或短期的目标，按照计划进行语言实践活动，不断增强语感，夯实语言技术。同时注重听说的训练，积极创造机会进行语言交际。

（2）在专业知识拓展方面，学生可以基于教师的指导、同学的建议，并结合自己的专业，研究本专业方向的经典著作与相关的学术论文。同时积极思考，撰写读书报告、学术论文等，以培养学术研究能力。此外，学生还可以在教师的帮助下建立小型个人学术资料库，收集并储存各类学术资源，辅助自己的学术研究。

（3）在学术研究能力提升方面，学生可以进行一定的案例研究。学生在阅读学术论文时，可以寻找多篇与之相关的专业学术论文，并加以分析。在分析过程中，不仅要反思这些论文的内容观点，还要考虑它们的谋篇布局、措辞结构等。一方面为自己论文的撰写奠定基础，另一方面培养自己的批判性思维和学术规范意识。案例不仅仅包括一些专业学术论文，还包括一些教学录像、教学观摩活动等，学生可以在仔细观察反思的基础上撰写学习日志、学术文章等，将自己的感性认识和理性思考结合起来，培养学术兴趣和学术意识。

通过上述内容可以看出，将自主学习理论应用于大学生学术能力发展，可有效激发学生的学习动机，充分发挥学生的潜能，促使学生积极自主地建构知识和培养自身的学术能力。

二、意义学习理论

（一）意义学习理论的内涵

教育心理学家奥苏贝尔和人本主义倡导者罗杰斯都提出了意义学习，但两位学者提出的意义学习的内涵并不相同。奥苏贝尔提出的意义学习强调知识本身的意义，罗杰斯提出的意义学习注重效果。此外，两位学者所提出的意义学习在学习动机、意义学习发生条件和学习形式等方面也存在差异。

针对学习动机，奥苏贝尔提出了影响学习者学习成就动机的三大驱力，即认知驱力、自我增强驱力和附属驱力。认知驱力表明学习者有想要掌握知识和解决问题的倾向，自我增强驱力和附属驱力表明学习者希望获得一定的社会地位，同时想要获得别人的赞赏。罗杰斯则认为，学习者的学习是由其自身发起的，也就是意义学习既源于外部环境的刺激，也源于学习者发自内心想要学习的感觉。

针对意义学习的发生条件，奥苏贝尔和罗杰斯都从学习者、学习两个方面提出了各自的观点。奥苏贝尔既注重学习者表现出的意义学习倾向，又强调所要学习的材料对学习者来说具有潜在的意义。罗杰斯则提出，意义学习具有个体渗透性和个人参与性。奥苏贝尔更加强调知识的认知特点，注重新旧知识之间的逻辑关系，罗杰斯则强调学习的情感因素及其对学习者学习的影响。就意义学习理论对外语学习的意义而言，奥苏贝尔的意义学习适用于那些固定的、有规律的联系的知识，如语音、词汇、语法等，也适用于理论研究；罗杰斯的意义学习更适用于那些学习者情感参与较多的活动,如诗歌赏析、文化对比等。对于大学生学术能力的发展而言，知识建构与情感培养同等重要，两种不同类型的意义学习都发挥着巨大作用。

针对意义学习的形式，奥苏贝尔提出先行组织者的概念，并将这一概念分为两种类型：说明性组织者和比较性组织者。说明性组织者以抽象概念的知识为支架，适用于对陌生知识的学习；比较性组织者强调辨别新旧知识之间的异同，适用于对不完全陌生知识的学习。罗杰斯则认为，意义学习的进行有赖于学生的自我评价，因为学生对哪一种学习能满足自身的需求最为清楚。奥苏贝尔强调教学中教师的主体作用，认为课堂教学应以教师为主，进而促进学生的知识建构；罗杰斯则更强调学生的主体地位，认为教学应以学生为主，应充分发挥学生的主观能动性。在外语教学中，对于比较抽象的理论性知识的分析，奥苏贝尔的先行组织者将发挥较大作用；而以学生为中心的课堂教学中，罗杰斯的意义学习将发挥较大作用。

由上述可以看出，奥苏贝尔的意义学习和罗杰斯的意义学习在诸多方面存在差异，并且在外语教学中发挥着不同的功能，有着各自的使用范围，但随着外语学科对人文素质要求的提升，两者相互交融将成为一种发展趋势。

（二）认知情感意义学习的内涵

意义学习是一种学习活动，通过这一学习活动，学习者的知识、能力、情感等会发生稳步持续的良性变化。之所以发生稳步持续和良性变化，是因为意义学习遵循一定的认知规律，坚持渐进原则，同时意义学习可以对学习者产生正向反拨作用，有助学习者的整体发展。

关于意义学习在学术能力发展中的应用，可从学习动机、学习条件、学习形式三个方面来阐释。就学习动机而言，意义学习强调教师和学生都有积极利用学术资源建构知识体系的强烈动机，进而提升自身的整体素质。就发生条件而言，意义学习强调新旧知识的联系，帮助学习者学习新知识和建构完善的认知结构，同时主张学习与个人需求的融合，提倡学习者不断优化本身，提升学习能力和学术研究能力。就学习途径而言，意义学习主张利用丰富多样的学习资源，通过新颖多样的教学方法，不断学习和积累知识，提高自身能力。

可以看出，认知情感意义学习不仅注重认知建构，而且强调情感培养；不仅考虑知识间的内在关系，激发学习者形成良好的认知结构，而且关注学习者的个体需求，激发学习者的主观能动性。从需求分析角度而言，认知情感意义学习更适用于高校教学，尤其适用于大学生的学习能力发展。

据有关研究，认知情感意义学习通常包括四种形态：知识型活动，如课堂教学；体验型活动，如讲座、参观等；研究型活动，如课题研究；不定型学习。这一分类也适用于英语专业大学生学术能力发展过程。在这一过程中的意义学习活动，无论侧重于知识积累、能力培养还是课题研究，都应包括在学生学术能力发展过程中，首先要进行需求分析，从而确定相关的学习目标、学习动机、学习环境、学习者的认知风格以及水平等。在进行需求分析时，不仅要分析学生的需求，还要考虑教师的需求。教师一方面反思自我从而确定教学目标、教学方式和教学风格等，另一方面要分析学生的学习需求，并据此进行意义教学。

认知情感意义学习与学术环境相结合，一方面利于教师引导学生将新旧知识建立联系，促使学生掌握新的知识；另一方面利于学生根据自身情况创设利于学习研究的环境，进而尝试解决某一问题。在意义学习活动结束之后，就需要对学习的效果进行评估，进而了解学生对知识的建构和情感的提升情况，教师和学生根据反馈的信息可做进一步的调整。

（三）学术环境下认知情感意义学习的应用

下面以应用语言学方向的学生为例，并结合具体教学实例，来对认知情感意义在英语专业大学生学习能力发展中的具体应用进行具体说明。

首先，教师可以通过不同的方式，如反思、访谈、问卷等，对学生进行需求分析，了解学生的具体需求，即希望能够结合教学实际，阅读一些关于任务教学法内涵操作程序、评估等的论述。然后，在此基础上从两个方面组织学生进行意义学习：一方面从认知角度出发引导学生掌握"任务"的含义，说明交际教学法与任务型教学法之间的传承关系，并引导学生结合实际教学活动加深对概念的理解；另一方面考虑学生的情感需求，培养学生探索合作、创新研究的能力。在学生对任务型教学法的特点、原则、实施、优缺点等相关问题有所思考之后，教师可以组织学生围绕这些问题通过报纸、杂志、著作或者丰富的网络资源搜集材料，并进行阅读分析、撰写论文等活动。

实际上，将意义学习与网络环境相结合，更有利于意义学习优势的发挥，也更能促进学生学术能力的发展。意义学习一直都在不断发展变化，而且会随着现代教育技术的发展而变化，并更好地适应学生个体认知和情感方面的差异。例如，"播客"为学生听力、口语能力的锻炼提供了更多的机会和方式，利于学生语言能力的提升。简而言之，现代先进的教育技术为学生的学习提供了更多的选择和更好的学习氛围，是促进其学习能力发展的巨大推动力。

三、协作探究理论

（一）协作探究理论的内涵

协作探究理论与学术能力发展也有着密切的联系。学者王雪梅在考虑协作探究式学术能力发展过程的基础上，提出该理论主要包括合作学习、探究学习和群体动力理论。其中合作学习决定了学术能力的发展形式，探究学习限定了学术能力发展程序，群体动力理论则界定了学术能力发展的情感氛围。

20世纪70年代，合作学习在美国兴起。合作学习实际上是一种教学方法体系，其目的是为学习者创设良好的学习环境，指导学生在异质小组中合作学习，促进个人学习的进步同时达到共同学习的目标。合作学习以具体的问题为引导，将学生划分为不同小组，小组成员明确分工，各司其职，同时相互协作。在合作学习中，教师的角色有所变化，变为了学生学习活动的组织者、参与者和监督者。学生是学习的主体，他们通过不同的形式合作学习。合作学习理论注重学生的主体性，强调发挥学生的主观能动性，促进学生自主建构和应用知识。

探究学习是在"探究发现"说和小组探究理念基础上发展起来的。"探究发现"说是由美国教育家布鲁纳（1968）提出的，他认为知识的习得过程就是一种积极的认知过程，新知识的获取需要学生积极独立思考，而探究有助于知识的习得和问题的解决。小组探究理念是美国芝加济大学教授西伦（Thelen）提出。该理念主张学生以小组为单位，运用相关的知识和研究方法对某一课题进行系统研究，进而得出相对科学的结论。其强调学生的主体性，认为教师应有意识地激发学生的好奇心，培养学生的问题意识和分析能力。

20世纪初，群体动力理论开始产生并迅速发展。群体是一个动力整体，其中成员之间的互赖性可以变化，成员之间紧张的内在状态，即强烈的（学习）动机，可以激励群体达成共同的预期目标。群体动力理论决定了协作探究理论对成员之间情感关系的要求，即学习者在合作的过程中互相依赖、激励和促进，并且共同提高。

在大学英语教学中，有必要以任务为前提、以小组合作为形式、以完成任务为主要目的，培养学生的合作精神、团队意识和实践能力。

依据这一理论，协作探究式学术能力发展过程主要包括设计、探究和反思三阶段，分别与问题的提出、探索和解决相对应。这一学习过程不仅符合认知的规律，也有助于学生建构知识能力的提升，还有助于激发学生的学术兴趣和研究动机。

（二）协作探究理论在学术能力发展中的应用

将协作探究理论应用于大学生学术能力发展过程中，与具体的语言认知习得、理论知识拓展和学术研究相结合，可以发现在该理论基础上的协作探究式学术能力发展对于语言能力发展知识建构以及研究能力提升具有显著意义。

1. 语言认知习得能力发展

通常，英语专业大学生已经打下了比较扎实的语言基本功，但这并不表明就可以忽视相关语言技能的训练。大学生不仅要积累理论知识，也要强化语言基本功，特别是听、说、读、写、译等能力。出色的口语和流畅的文笔作为英语专业能力的集中体现，不仅对于学生日后的就业至关重要，而且也是研生入学考试的重要评价指标。因此，在英语大学生学术能力发展过程中应注重培养其语言技能及学习策略运用能力等。

学习策略运用能力则主要包括运用元认知策略、认知策略和社会情感策略等的能力。学习策略训练既可以作为一个专题进行探究，也可与其他专题研究同步交融进行，旨在增强学生的策略意识，培养他们的学习策略运用能力。

2. 理论知识建构

虽然我国大学英语教学一直都在不断发展，并提倡摒弃陈旧的教学理念和方式，但以教师讲解为主的授课方式依然存在，这在一定程度上限制了学生思辨能力的培养和发展。但将协作探究理论运用于大学英语教学，可有效改变这一现状。协作探究理论主张学生根据自己的兴趣，从不同层面提出意义的研究问题，并以小组合作的形式搜集各种文本和电子资料。在搜集资料的过程中，学生可以接触丰富的语言信息，拓宽知识面，同时借助相关理论有效解决问题，提高归纳和思辨能力。

3. 学术研究能力提升

语言能力的发展、理论知识的积累必然会带动学术能力和层次的提升，这是一个从量变到质变的过程。可以说学术能力的提升与语言能力的发展和理论知识的积累是相辅相成的。

在某种程度上，一个协作探究小组就相当于一个科研课题组，学生在教师指导下与其他组员（教师或者同学）密切合作，逐步熟悉学术过程，了解学术规范，培养学术感，提升研究能力、合作能力。合作能力又是跨学科性学术研究和团队研究所必需的能力。学生在协作探究式学术能力发展过程中，能够通过参与不同专题、不同形式、不同内容的研究活动，从不同角度培养学术研究能力。

四、知行观与修身观

英语专业大学生的学术能力发展不仅能从人本主义、建构主义等西方教育理论中获得一定启迪，从我国传统的先秦儒学中也能汲取一定启示。下面仅从先秦儒学的知行观、修身观等着手，探索两者对学术能力发展作用。

（一）儒学的知行观与学术能力发展

从知识建构角度来看，儒家学说对学术能力发展的启迪主要体现在知行观上。儒家的知行观对知识的来源、获得知识的途径等都有明确阐述，这一点从其代表人物孔子的论点中可见一斑。总体上儒家主张读书人要做知行合一的"君子儒"。

这一观点与西方"做中学"的理念相一致，对于英语专业学生建构知识、拓宽视野具有很大的启示意义。中国的发展以及对外交流需要高素质的跨文化交际人才。英语专业学生无论将来从事翻译、外校、外贸等工作，都必须在学习中不断积累知识，了解不同了领域的相关信息，并将所学运用于具体的语言互动，这样才能确实适应社会的需求。而这一过程就是儒家学说所主张的知行合一的过程。儒家学说倡导通过阅读典籍、求教问学、反省思索、分辨辨别和实施行动等五个环节来学习。

阅读典籍—求教问学—反省思索—分辨辨别—实施行动

实际上，英语专业学生在学习语言知识和专业理论时，也通常经历了上述过程。以此为基础，综合考虑学生学术环境的丰富性和所学知识的广博性。这个知识建构过程是稳步发展、循环上升的。这一过程也是语言运用能力不断增强的过程，学生可以在此过程中拓宽视野，增强变通能力，培养创新思维和知行合一的实践精神。

（二）儒学的修身观与学术能力发展

随着对教育和谐发展理念的提倡，现在社会越来越关注师生道德渎职方面的问题。英语专业大学生作为高层次外语人才，一方面要注重专业知识的建构，另一方面要积极提高道德修养，促进学术能力的可持续发展。而对于大学生自身道德修养的提升、诚信美德的培养，儒学的修身观具有很大的启示作用。知行观和修身观对英语专业大学生能力提升的启迪，但并不主张照单全收，而应该吸纳先秦儒家学说的合理内核，取其精华，去其糟粕。一方面要正确理解相应哲学理念的内涵；另一方面结合研究生学术能力发展的方式、途径、专业特色等适当调整，从而做到全面提升，稳步发展。

第三节　大学生学术英语能力发展的过程与原则

一、大学生学术英语能力发展的过程

要想有效发展学术能力，就要充分了解影响学生学术能力发展的各个因素之间的关系。下面结合英语专业大学生学术能力的内涵，解析其学术能力发展过程，剖析相关影响因素。

英语专业大学生在内外因素的共同作用下，通过教学互动去学习、实践、研究和发展自身学术能力。在此过程中，他们同时受到个体内在因素和外部因

素的影响。其中,个体内部因素主要涉及一些非智力因素,如认知风格、学习策略、动机、内向/外向等,虽然非智力因素很重要,但大学生的智力并无太大差别,因此这里不做整点探讨。外部因素主要涉及课程、教材、评估、教师、学术环境等内容,其对学生能力也具有一定的影响,如浓厚的学术氛围、良好的学术环境将有助于学术能力发展。此外,语言的认知习得有助于专业理论的拓展,而专业理论的拓展有利于学术研究能力的提升;同时随着学术研究水平的增强,语言水平也能得到提高。

二、大学生学术英语能力发展的原则

针对大学生作为高水平外语学习者和研究者的特点,并考虑学术能力发展的过程,大学生学术能力的发展应遵循以下几项原则。

(一)目标导向原则

遵循目标导向原则,是指大学生学术能力发展应目的明确,规划合理,具有宏观定位和微观调控作用。首先,各级教育管理部门要制订整体战略规划,各学校、院系要积极设置科学系统的培养方案。其次,大学生自身要明确在语言、专业和研究等方面的具体发展目标。只有在科学、明确的目标导向下,才能促进学术能力的有效发展。

(二)认知情感原则

坚持认知情感原则,是指在学习能力培养过程中既要重视知识的建构,也要主张积极情感因素的激发,也就是做到认知与情感两个方面的提升。这一原则综合了奥苏贝尔和罗杰斯意义学习理论的观点,遵循这一原则,可以将学生综合的认知与情感,进行意义学习,促进学习能力发展。

(三)互动反馈原则

遵循互动反馈原则,是指在发展学术能力的过程中要注重教师与学生、学生与学生之间的互动关系,做到彼此交互影响。在具体的教学过程中,教师要向学生强调学术交流的重要性,营造浓厚的学术氛围,学生则积极参与课题研究、课堂讨论、学术论坛等活动,从而建构知识,发展学术能力。

(四)协作探究原则

协作探究原则是基于探究性学习和合作学习理论提出的原则。大学生遵循这一原则就要积极独立思考,通过自主探究获取知识,同时要与同学通过小组活动相互合作,提高个人学习效果,同时达到共同学习目标,进而在知识建构和学术研究中发挥自身潜能,培养探究精神与合作意识。

总体而言，鉴于社会发展、教育本身以及学生个体的需要，很有必要发展大学生的学习能力。在发展大学生学术英语能力时，要依据科学的理论，明确发展的过程，同时遵循一定的原则。

第五章 我国学术英语教学现状

第一节 学术英语课程开设背景

一、大学英语课程的转型背景

大学英语课程历经 1982—1994 年、1994—2001 年、2002 年至今三次大的改革以后,

正面临向"学术英语"（English for Academic Purposes, EAP）课程的转型。之前三次课程大纲改革均将大学英语定位为以语言基础和"听、说、读、写、译"语言技能训练为中心的教学。然而，正如部分学者指出的，随着国家的发展、国力的增强以及国际交往的日渐频繁，这样的大纲逐渐导致语言学习与学习者需求相脱节，费时低效，无法较好地为专业、学生个性化发展服务，学生所需的是使用英语寻求专业领域的更好发展并进行跨文化交际和国际学术交流。实际上，当前全国大部分高校仍然沿用"通用英语"的课程设置进行大学英语必修课的教学。对于这种现状，外语学界多有讨论，众多学者在探讨"通识英语与学术英语"的课程转型选择时指出，大学英语教学应依托学生的专业所学，倡导学术英语的课程设置。

二、国内外大学学术英语课程设置背景

学术英语属于专门用途英语（ESP）的一种，即具有特殊目的的英语教学，旨在为学生"用英语进行专业学习"提供语言支撑，以帮助其完成专业学习和参加相关的学术活动。根据学习内容侧重点的不同，学术英语大致可分为通用学术英语和专业学术英语。通用学术英语侧重各学科专业学习和研究共同需要的学术英语书面语和口语能力培养，所培养的能力可用于听讲座、参与研讨、参加国际会议以及搜集资料、撰写论文等学术活动；专业学术英语侧重特定学科（如医科、理工科等）的专业词汇、句法结构、语篇体裁学习及口头交流能

力培养，为专业英语课程学习打下基础。

在美国，1996年制定的涵盖中小学和大学外语教育的标准将通识英语、学术英语、专业英语确定为教学的三个层次，分别培养学生的人文素养与批判性思维能力，与学科密切相关的听、说、读、写等学术交流能力，行业与工作中的实用英语交流能力。

在英国，诺丁汉大学的课程设置强调基于学科内容的学术英语学习：第一阶段核心课程为学术写作、学术阅读、学术听说、学术语法与词汇（6周），第二阶段为书面学术交流与研究Ⅰ、学术口头交流与研究Ⅰ、定量分析方法等（11周），第三阶段为书面学术交流与研究Ⅱ、学术口头交流与研究Ⅱ、定性研究方法等（11周）。课程训练学生开展项目和分析案例的能力、区分事实和观点的学术批评能力以及遵循学术规范的能力等。

我国香港大学的学生第一学年必修6个学分40个学时的通用学术英语，第二学年修读6个学分的专用学术英语。学校的分科英语课程多达40多门，涵盖人文学科、法学、社会学学科等，为学生"提供讨论、口头陈述、论文和报告写作等专业交际技能训练"。与香港大学类似，香港科技大学、香港中文大学等在课时数和课程层级上也都强调学术英语的课程设置。蔡基刚对香港地区主要高校的大学英语课程设置进行调查后发现，这几所高校在第一学年均集中训练非英语专业学生学术英语的基本技能，第二学年侧重于学科或与专业相关的课程，结合专业传授学术英语交流技能，涉及学术论文、商业计划写作能力以及小组讨论、公共演讲、学术研讨等口头交流能力。

上海部分高校也开始尝试学术英语课程转型。《上海市大学英语教学参考框架（征求意见稿）》将大学英语教学目标规定位为："培养学生口头和书面的学术英语交流能力，使他们能够用英语直接从事自己的专业学习和今后的工作，在自己专业领域具有较强的国际交往能力。同时，拓展其国际视野，提升跨文化交流、沟通和合作的能力以及参与国际竞争的能力，以适应上海市和国家的经济和社会发展需要。"该参考框架建议将通用学术英语课程设置为必修课程，以保证学生通过足够的学分学习得到有效的训练，而专业学术英语课程则由学校自行决定必修与否，重点是让学生"通晓国外文化与社会，懂得本专业的国际规则，掌握学术交往中的跨文化交流、合作和沟通的技能，培养他们对不同文化的理解和容忍态度以及对本民族的认同感，提高他们的科学和人文素质"。

综上所述，国内外学术英语课程设置具有共同特点，即兼顾口头和书面学术语境中的英语交流能力培养，注意按能力要求高低梯度设置通用和专业学术英语课程。

三、教育国际化背景

随着改革开放的深入和全球化的加速,教育国际化是全球化在教育方面的重要体现。

专门用途英语的主要分支 学术英语在教育国际化背景下扮演着日益重要的角色,其教学目的是帮助学习者用英语进行专业知识学习和开展学术研究,全面提高学术英语交流能力,促进学术国际合作,是以内容为依托的大学英语教学改革的重要方向。学术英语又可以分为通用学术英语和专业学术英语。Jordan 指出,专业学术英语课程涉及规范的、学术性的、使用英语教学的不同学科专业,如商务英语、计算机英语、工程英语等;通用学术英语开设学习者英语学习所需的技巧课程,如英语听力技巧、速记技巧、学术写作、阅读速度、演说论坛技巧等。现阶段,越来越多的学者与教育工作者呼吁"大学英语教学改革应从通用英语的教学转为学术英语(EAP)的教学"。

第二节　学术英语教学现状

一、概述

学术英语教学一直是我国大学英语教学的重要组成部分。《大学英语课程教学要求》将学生的英语能力分为三个层次,分别提出三个要求,即一般要求、较高要求和更高要求。根据《关于＜大学英语课程教学要求(试行)＞的修订说明》:项目组在讨论"更高要求"的标准时,认为在确定英语能力的具体要求时,要突出与专业学习的联系,体现学以致用,以此来区别于"一般要求"与"较高要求"。因此,《大学英语课程教学要求》关于"更高要求"听、说、读、写、译等方面能力的描述较原文更为简洁,从实际需要出发,要求学生"能听懂用英语讲授的专业课程和英语讲座""能在国际会议和专业交流中宣读论文并参加讨论""能比较顺利地阅读所学专业的英语文献和资料""能借助词典翻译所学专业的文献资料"等。

不少高校在构建大学英语课程体系时,将学术英语作为重要的组成部分进行开发建设。特别是教育部近年来推出"一拔尖、四卓越"(拔尖创新人才、卓越工程师、卓越医生、卓越农林人才、卓越法律人才)人才培养计划之后,相关院校推进教学改革,对课程设置进行调整。例如,南京工程学院作为"卓越计划"试点学校之一,顺应该计划的要求,将大学阶段的英语教学分为四个模块，其中第三个模块为"学科英语模块"，主要涉及相关学科学术英语通用规范和基本知识，也包括国际通行的工程师必备知识和技能，如 FIDIC 条款、说明书翻译以及科技文献阅读等。

专门学术英语也受到了人们的重视，特别是在专业类院校，课程建设取得显著成绩，如上海中医药大学的"中医英语"是上海市精品课程，解放军理工大学围绕军事英语进行大学英语教学改革，形成特色，入选第三批大学英语教学改革示范点项目学校。2010 年北京外国语大学创办《中国 ESP 研究》期刊，主要发表有关专门用途英语，包括学术英语的理论和教学实践研究成果。

在我国高校中，大学英语全面实施"学业用途英语"教学的是宁波诺丁汉大学。该大学作为一所中外合作大学，采用全英文教学，教材从英国诺丁汉大学引进，教师全部由英国诺丁汉大学选聘，采用英国诺丁汉大学教学质量保障体系，共享英国诺丁汉大学网络教学资源。学生进校后第一年即学习学术英语（EAP）课程，第一学期是"学术阅读和写作""本科生的学术听力和口语"，第二学期是"本科生在特定环境中的学术英语运用"（分为人文科学类和科学工程类）、"本科生学术口语演讲"。学术英语课程的宗旨是，培养学生的学术英语能力和专业学习技巧，为高年级的专业课程的学习提供英语学术语言支持"。

总体而言，由于不同高校的办学层次、定位、类别、生源等差异较大，学术英语教学在我国的发展十分不平衡，这在人们对学术英语的认识上也得到了印证。根据教育部高等学校大学外语教学指导委员会年对全国 530 所高校所做的大学英语教学现状调查，对于"培养学生学术英语应用能力"选项，有 29.7% 的"985 工程"高校认为"重要"，有 11.7% 的非"985 工程"和"211 工程"高校认为"重要这一比例与学术英语课程在现有大学英语课程体系中所占的比例有密切的联系，在一定程度上反映了我国学术英语教学的现状。

二、我国学术英语教学的具体现状分析

从学科设置上来看，当前，国内大部分高校都已经将学术英语作为一个重要的课程来进行设置。例如，现在比较常见的学术英语有旅游英语、商务英语、医学英语、法律英语等。开设这些课程的基本出发点是引导英语学习者将英语学习与应用的方向更多地朝向于术业有专攻。但是，从具体的教学实践来看，当前的学术英语教学还存在着比较突出的问题。

(一)学术英语教师的专业性还需提升

学术英语作为普通英语的延伸与发展,英语教师不仅要具备普通英语的专业知识储备与教学技能,而且应该在专业英语的教学方面有一定程度研究。因为学术英语与普通英语在词汇及表达结构上的差异比较大,这就对英语教师的专业性提出了比较高的要求。但是,在一些高校的英语教学中,其中比较典型的是通过公共英语的教师来进行专业英语的授课,这种无论是出于何种原因的师资安排,十分不利于提升学术英语的教学效果。

(二)在学术英语的教学方面实践性不足

作为一种专业的英语应用,学术英语对应用性的要求非常高。但是,从目前学术英语的教学现状来看,大部分学生仍然停留在语言层面的识记和掌握,由于缺乏具体的应用环境进行实操,学生的语言应用水平和能力与社会的预期存在比较大的差距。此外,因为学术英语的教学带有非常强的应试色彩,因此在教学内容的选择方面,更多的是从考试大纲的要求出发,偏重于学生对于学术英语知识的认知与记忆,而忽视了学习者在语言应用方面的提升。因此,从这个层面上来看,在今后的学术英语的教学中,不断创设有利的教学环境来提升学术英语学习者的语言综合应用技能是一个重要的教学研究方向。

(三)学术英语教学理论研究相对不足

作为一门专业的课程,学术英语在教学实践的过程中,离不开专业的教学理论与教学方法来进行理论指导和支撑。但是,从当前大学英语教学研究的方向来看,关于学术英语教学方法及理论的研究仍然比较少。由于缺乏必要的学术理论来予以支撑,我国的学术英语教学还存在非常大的提升空间。

三、学术英语教学的发展方向

(一)做好学术英语的专业定位

在任何专业的发展过程当中,定位都是一个十分重要的工作内容。只有定位准确,才不会在今后的发展与应用中走太多的弯路。在学术英语专业的课程设置方面,要从客观环境的需求出发,及时进行课程的补充、修订甚至是替换。要避免以前出现的,培养单位有什么课程教授什么课程。相反,学校要根据大众对于学术英语专业的要求而进行调整,这种定位的客体化是当下新时期的一个主要的诉求表达。因此,在今后学术英语的专业定位上,应该从应试的思想中解放出来,不断提升学习者的语言应用能力,引导其在语言的具体应用中,感受并领略英语的魅力,从而进一步提升学习者的学习动力和学习兴趣。

长期以来，学校在进行学术英语专业定位时，存在着过于单一的问题。大众对于学术英语的从业要求更加全面，这就意味着在定位的过程中，要本着一个主线、四处开花的精神来符合时代的发展需要。这种定位的泛化并不是对原有专业培养路线的摒弃，相反，其是在继续发扬已有的专业优势的基础上，将专业知识面进行进一步的开阔。这就要求：一方面，在学术英语的理论方面，要立足于国际发展视野，对于行业发展的理论与观点则要积极地进行对接与借鉴；另一方面，在学术英语的具体实操方面，要避免闭门造车的狭隘主义，从而在国际领域进行有效的互动和经验的借鉴。

（二）做好学术英语教师的水平提升工作

学术英语的开展离不开雄厚的师资力量，因此，在学术英语的未来发展中，应该从学术英语教师的招募、考核及培训等诸多方面来不断提升学术英语教师队伍的整体素质与水平。要在新时期的发展要求下，引导学术英语教师按照行业的要求来不断提升自己的综合素养。此外，搭建一个良好的学术英语教师培训体系与平台，在这个平台中，学术英语教师可以更全面、更深入地认识到自身在职业发展方面存在的不足，从而明确今后的提升和发展方向。同时，为了更好地做好学术英语教师教育工作，官方在学术英语教师教育的制度方面也应该不断地进行规范与完善。一方面，在全国范围内成立学术英语教师职业发展的研究机构，从学术理论层面不断为学术英语教师职业的发展指明方向。另一方面，通过创办学术杂志以及定期举办学术英语教师论坛等方式，来围绕当前学术英语教师在教学过程中出现的问题进行讨论以及经验的交流，这种学术层面的碰撞与交流已经成为推进学术英语教师专业水平向前发展的重要推进器。

（三）做好学术英语的交流与合作工作

一方面，不断地从学术英语学科发展的基本规律出发，探究其在今后的发展中所要面临的挑战以及问题的解决路径。在理论层面，可以尝试在高等院校及科研学术机构中，建立定期的学术交流机制，从学术层面进行更多的有价值的探讨。另一方面，在师资队伍的引进方面做好体制机制的协商，从而建立一个良好的学术英语教师资源互动平台。同时，在不断发展与完善的基础上，还可建立国际学术互动组织，更好地将学术英语教学方法的相关标准与国际层面的标准接轨。基于此，围绕学术英语应用领域的研究还存在着非常大的提升空间，这是对学术英语教学提出的严峻考验，也是理论研究领域未来发展的主要方向之一。

第三节 学术英语教学中存在的问题

一、学术英语教学中存在的问题及对策

（一）学术英语教学中存在的问题

1. 教学内容不够全面，实用性不强

学术英语是指为学生完成全英课程所提供的英语语言训练，其中听、说、读、写、译等各项技能的教学和训练均不可缺少。但在实际教学中，许多院校将绝大部分时间、精力投入到学术英语阅读以及写作内容的教学方面，而学生学术英语听、说等交际能力的培养则遭到了忽略。此外，大部分院校在进行学术英语教学时采用的方法是选择一本教科书作为学生的指定教材，根据教材内容以及编排顺序（有些院校对其稍加整合、调整）进行授课。尽管我国现有的大多数学术英语教材在内容选取、编排设计等方面都比较科学、合理，但是一本教材从编辑、出版到投入使用都需要一定的周期，而科技领域的进步日新月异。结果常常是学生拿到学术英语教材时感觉书中的内容已经"过时"了，对自己的专业学习帮助不大，因此对教师的授课内容不感兴趣，参与度不高。

2. 教学方法较保守，缺乏创新性

目前，多数学校的学术英语教学仍然沿用大学英语课程的教学模式及方法，学术英语教学多在大班范围内进行，教师授课以课堂讲授为主，对教学材料的处理通常采用生词讲解、句子结构分析、语法解释、英汉互译等传统的教学方法，形式上与以往的科技英语精读、翻译课类似。课堂的大部分时间里，学生都在被动地听老师讲课，师生互动较少。陈旧的授课模式和教学方法无法有效地调动学生学术英语学习的积极性，预期的教学效果难以得到保障。

3. 测试手段较单一，缺少多样化评价

当前，开展学术英语教学的院校对学生学术英语能力的测试大多采用终结性测试的方式，即在学术英语教学活动结束后，以一次考试、一张试卷的模式考查教学效果，考核学生对知识技能的掌握情况。学生对这种以终结性评价为主要评价手段的课程采用的学习方法往往是：课堂学习很随意；课后几乎不复习；考前临时搞突击；考试及格是目标。单一的测试方法及评价手段无法对学生的学术英语学习起到切实的督促、激励以及检查作用，学生的英语学术素养难以得到提高。

（二）学术英语教学问题的对策

1. 完善教学内容，增强实用性

（1）合理选取教学内容，突出教学重点

学术英语教学内容的选取应有利于提高学生听、说、读、写、译等各项技能，不能顾此失彼。各项技能的教学要突出重点，例如，学术阅读侧重原著选读；学术英语写作重点介绍学术论文写作中的引用、参考文献、如何防止剽窃等学术规范相关知识；学术翻译培养学生运用翻译技巧翻译所学专业的文献资料；学术听力主要训练和培养学生对学术英语讲座的理解能力；学术口语以模拟国际学术会议等形式为参与学术讨论打基础等。各项技能之间联系紧密、相互依托，只有全方位的教学与训练才能提高学生的学术英语综合运用能力。

（2）及时更新教学素材，激发学生学习兴趣

学术英语教学要打破一本教科书垄断课堂的问题，教学基本内容与框架可以以一本教材为指导，但教学材料应及时补充和更新。授课教师可以通过到图书馆查阅资料、向专业课教师请教、参加大型开放式网络课程（慕课）的学习等多种渠道获取教学资源。同时，要调动学生收集、查阅所学专业领域的学术期刊、杂志；搜索与其专业相关的英语课程或讲座的音频、视频，进一步丰富和补充教学内容。这样既能为学术英语教学增加"鲜活"的教学素材，又能调动学生学习的主动性，实现英语学习与专业学习的有效结合。

2. 丰富教学方法，使学生成为教学的主体

（1）采用多种教学方法，更新教学理念

在学术英语课堂中，单一的"讲授法"已无法满足学生的学习需求。教师要更新教学理念，大胆尝试翻转课堂、任务式、合作式、项目式、探究式等教学模式与方法，实现教学活动由"教"向"学"的转变。课堂教学要做到精讲、多练：知识、技巧等的讲授要言简意赅，给学生留出充足的时间练习、吸收。教师可根据讲授内容布置任务，将学生分成若干小组，通过团队形式使学生在小组内以分工协作、共同协商的形式完成任务，逐步培养学生批判性思维能力和独立的学术研究能力。

（2）加入实践教学，开展课外活动

学术英语的教学重点是培养与专业相关的英语能力。要实现学生学术英语知识与技能的内化，实践活动必不可少。除了传统的、固定的课堂外，学术英语的教学场所还可以转移到图书馆、学术报告厅以及会议室等常见的学术活动场所，通过实践教学，引导并指导学生将学术英语的理论知识应用到专业学科知识的学习之中。同时，加强与各院系之间的合作，开展丰富多彩的课外活动，

如"学术英语活动周""学术英语能力竞赛"等。充分利用校园内相关社团开展学术英语交流活动，进而将学术英语的学习延伸到课堂以外，强化学术英语的工具性。

3. 开发科学、系统的学生学术英语能力测试及评价体系

《大学英语教学指南（征求意见稿）》中指出："大学生英语能力测试应实现'对学习结果的终结式测试'与'促进学生学习的形成式测试'的有机结合。"以提高学生英语实际应用能力为目标的学术英语教学，更应重视形成式测试在课程评价以及学生能力测试中的作用。技能的获取与强化需要通过长期的练习来实现，为了帮助学生将学术英语学习培养成为一种习惯，教师可以把整个学术英语的教学内容分为若干阶段，每一阶段教学过程中均对学生的学习情况、任务完成情况进行考核，加大阶段性考核成绩在课程最终成绩构成中的比例，督促学生将功夫下在平时。此外，授课教师要接受评价知识和技能的培训，处理好测试与教学的关系，掌握先进的评价与测试手段，报告更具价值的评价与测试结果，逐步开发科学、系统的学生学术英语能力测试以及评价体系，为教学提供有力的保障。

二、地方高校学术英语教学中存在的问题及对策

（一）地方高校学术英语教学中存在的问题

1. 学校方面

地方高校以服务区域经济社会发展为目标，着力为地方培养高素质人才。因此，教育国际化在地方高校的参与度并不普遍。

首先，地方高校的认识问题。学校的工作重心是面向地方培养人才，部分地方高校的管理层没有高度重视国际化人才的教育与培养，认为学术英语教学在地方高校可有可无；再加上多年来盛行的通用英语教学，使得学术英语在地方高校的开展举步维艰。

其次，地方高校缺乏相应的管理办法。虽然一些地方高校顺应国家发展战略的要求，开设了学术英语课程来培养国际化人才，但只是将其设定为选修课性质，学生修课意愿不强，重视程度不够；而学校也缺乏相应的管理制度来规范大学生们的学习，这导致学习效果与开课初衷相去甚远。

最后，地方高校对教师新的教学课程缺乏鼓励与支持。个别教师凭自己的兴趣或者部分学生的需求而开设学术英语教学，却因势单力薄，孤军奋战，导致效果不明显。加上学术英语由于其用途的特殊性和内容的高难度，因而在教学内容、教学方法和教学效果上都对教师提出了挑战，而学校相关奖励政策的空白则势必会影响教师开设此门课程的积极性。

2. 教师方面

首先，从教师背景来看，我国绝大多数教师都是英美文学和语言学出身，而在大学英语课堂上主要是通用基础英语教学，教师的学历背景知识足以使得他们在课堂上驾轻就熟。而学术英语教学则是很多教师从未接触过的领域，再加上有些教师固执于自己的专业出身，不愿意再去改变，也就不愿意接触新的教学领域。目前，很多教师都存在理解上的偏差，认为学术英语教学需要非常强的专业知识，需要重新学习一门新的学科，甚至去跨学科读博，这种误解使得很多教师望而生畏，不敢开设学术英语课程。

其次，很多教师对学术英语的教学方法不清楚。目前通用基础英语的教学多采用课堂输入为主，花大量精力讲解生词，分析句子结构，分析篇章大意，做英汉互译，学生口语和写作输出训练的机会并不多。部分教师在大学英语课堂尝试新的教学方法，如项目教学法（PBL）、"输出驱动"教学法等，但也遇到诸多挑战。而大多数教师仍旧采用传统的教学方法，如果将这种教学方法用于学术英语教学之中，讲解几个学术英语单词、分析文章的结构、讲解篇章的大意，必然不会引起学生的兴趣，更别说培养学生的学术素养。

最后，学术英语教学对教师本身的学术素养有比较高的要求。学术素养的基本能力包括搜索相关资料和文献的能力，描述事物过程程序、界定现象和物体的能力，分析、综合和评价各种信息的能力，分析事物因果关系、提出问题、解决问题的能力，进行信息或成果汇报的演示陈述的能力以及参加学术讨论的能力等。教师要教会学生这些能力，自身首先要具备这些基本功，才能在教学中有针对性地培养学生的学术素养。

3. 学生方面

目前已经开设学术英语的高校，大多对学生的国际化需求较高，或需要阅读英语文献，或需要撰写英语论文，或需要在国际会议上做主题发言，抑或是留学海外。因此，学术英语教学的开展在这些高校就显得格外重要。而在普通本科高校，学生个人发展或职业规划对学术英语的需求低于"985"或"211"这些高校。由此可知，地方高校甚至边远地区高校对学术英语的需求会更低。当然，并不是说这些高校学生的需求较低，就不开设学术英语课程，而是要结合本校现有资源去合理开设。

此外，地方高校学生的英语基础水平相对较弱。目前很多高校只开设了一个学期的课程，由于学术英语本身的难度再加上学生本身的英语水平限制，学习效果并不那么理想。而地方高校的学生英语水平并不高，基础词汇量的欠缺再加上学术词汇的空白，学生的听说读写基本功较为薄弱，势必会在阅读英文文献时耗费大量时间却抓不住重点，难以理解文章大意；听全英文讲座时由于语速过快而不能获取信息；写英语摘要、文献综述、实验报告或小论文时不能熟练和有逻辑地组织观点；至于用英语陈述学术观点，对他们来说更是难上加难。所有这些困难累积，会导致他们没有信心攻读学术英语课程。

（二）地方高校学术英语教学问题的对策

1. 学校方面

（1）正确定位学术英语教学

地方高校要找准定位，在面向地方培养人才的同时，可将具有本校特色和优势的专业定位于国际化视域，培养具有国际学术交流能力的人才。高度重视学术英语在培养国际人才中所起的作用，成立专门的领导小组，出台相关政策，确立学术英语的必要性和重要性，并制定规章制度规范教学管理。

（2）将学术英语规定为限定选修课

学术英语如果只是以选修课的形式开设，学生心理上会产生懈怠；再加上课程内容难度较高，学生疲于应付，学习效果会大打折扣。学校可将该课程设置为限定选修课，只有具备了一定英语水平的学生才能选修该课程，并加大修读该课程的要求，使学生真正学有所获。或者将部分学院的学术英语课程设置为专业必修课，使学生高度重视、认真修读、学有所得，能为以后继续深造或学术交流打下基础。

（3）鼓励并支持教师开展学术英语教学

要加大经费投入力度，全力支持学术英语课程的建设。要建立卓有有效的奖励机制，鼓励教师积极开展该课程的教学。在绩效考核、职称评审、评优评先和进修深造等方面对开设该课程的教师应有所倾斜。对教学方法独到、教学效果良好的教师应给予适当奖励。

2. 教师方面

（1）教师要正确认识学术英语教学的困难与作用

由于教师的学历背景再加上对学术英语的误解，很多高校教师不愿意甚至不敢开设该门课程。学院可举行讲座，向教师宣传学术英语教学的理念，包括学术英语教学存在的困难与作用，让他们认识到学术英语教学并不要求有较强的专业知识，只需要帮助学生获得各学科共通的学术能力，获得在专业领域中能够进行口头和书面交流的语言能力，而不是知识或内容。同时，还要打消教师们的顾虑，鼓励他们开设该门课程并给予政策支持，形成学术英语教研团队，为教师的职业发展提供出路。

（2）加强教师培训，提高教学实效

至于学术英语教学方法，教师可参加外研社、高教社或其他学术机构举行的学术英语课程设计和教学方法研修班，获取该领域的前沿信息，拓宽视野，学习专家学者的先进理念，借鉴其他教师的教学经验，促进自身的学术英语教学与研究。此外，已经有成功经验的高校可充分利用现代化信息技术，开发学术英语慕课，供其他高校的教师和学生学习，减少资源浪费的同时，更能提高教与学的效率。

3 学生方面

（1）学生要正确认识学术英语的重要性

地方高校对学术英语的需求并没有"985"或"211"高校学生的需求高，但学术英语不仅是为考研、读博或出国留学做准备，同时还要培养学生的批评性思维能力。在学术英语教学中，教师要培养学生各个学科共通的能力，如描述事物过程程序、界定现象和物体的能力，分析、综合和评价各种信息的能力，分析事物因果关系、提出问题和解决问题的能力以及挑战权威和创新思维的能力等。此外，现在的四六级英语和考研英语正逐渐接近雅思考试、托福考试，尤其是篇章阅读方面，文章较长且学术性比较强。如果教师向学生宣传学术英语会对他们这些方面具有促进作用，并考虑到学生的这些需求，再结合学生的实际情况开展学术英语教学，学生就会更有动力，学习效果也会更好。

（2）学生要根据自己的实际情况选择学习内容

学术英语越来越多地被看作是一种教学法，不一定针对某一特定专业，而是跨学科学术能力的训练，并不一定要从中高级英语学习者开始。这表明，对语言水平较弱的学生同样可以开设学术英语，只是要降低难度。具体而言，教学材料可选取容易理解且篇幅较短的人文社科类学术文献，可以让学生将学术讲座进行录音并放慢速度反复去听，让学生模仿学术英语语言结构去撰写简短的摘要、文献综述、报告和小论文，给学生充足的时间去准备学术成果的展示并给予适当的帮助。

高等教育国际化使得学术英语教学势必会成为大学英语教学中十分重要的一个模块，地方高校在实施过程中不能因为各方面因素的限制而故步自封、裹足不前。学术英语教学在深化大学英语教学改革、推动高等教育国际化的进程中，真正的受益者是学生、是教师、学校乃至整个国家。目前学术英语教学仍然处于摸索经验的阶段，且面临诸多问题与挑战。然而，只要意识到该课程的重要性，各方协同作用，必将打开外语教学的新局面。

第六章 高校学术英语课程的建构

第一节 综合性大学学术英语课程方案

综合性大学的大学英语课程大多实行分级教学。不少高起点学生已具备较好的英语综合能力，有继续深造或出国学习的愿望。这些学生不满足于基础英语的学习，他们更希望在大学英语学习阶段获得使他们胜任专业学习和工作的英语能力。但由于各种原因，专业英语在学生当中的满意率普遍偏低，并且对学习双语课程的学生来说，专业英语实际上是重复课程。在双语课程和全英课程成为趋势的背景下，专业英语被逐渐边缘化。但从基础英语直接进入以专业知识为教学重点的双语课程或全英课程，学生会感到无所适从。他们希望能够有一门过渡性的课程让他们掌握进行双语课程或全英课程学习所需要的技能。

一、学术英语课程需求分析

随着高中英语课程标准的推广和实施，大学生必须达到的"一般要求的"学习任务正在或在未来的几年里有望在高中大部分完成或全部完成。而在大学阶段，学术英语可以为学生用英语进行专业学习做好语言、内容和学习技能上的准备，帮助他们顺利过渡到双语课程或全英课程的学习。进行学术英语教学考虑到了学生的目标需求和学习需求，对于非英语专业的学生来说，他们需要掌握相关语域的话语，熟悉专业英语文献中的句式结构、篇章构成，了解英语文献的修辞特征等。

二、学术英语课程内容

学术英语和专业英语最大的区别是前者是以各学术交流所共核的英语能力为研究对象，旨在培养学生的学术交流能力，以满足他们使用英语进行专业课程学习的要求；后者则是基于某一学术领域，以该学科领域知识为主要学习内容的语言课程，如工程英语、法律英语等。具体说来，英语学术能力包括：

第一，听懂英语授课，听懂英语新闻、英文学术讲座和报告的能力。

第二，搜索英文资料，查阅英文文献，英文报刊阅读和学术语篇阅读的能力。

第三，在研讨课中用英文描述前人理论，表达自己的观点和与他人讨论、交流学术问题以及做英文各式文体的口头陈述，包括学术口头陈述的能力。

第四，引用资料为自己观点论述的能力。

相比基础英语的语言学习和技能训练，EAP 课程培训体现了更加明确的目标和方向。课程安排在确保实现目标的同时，也考虑到技能难度的循序渐进。为此，我们制定了切实可行的分阶段的教学目标和实施步骤。第一阶段：培养听记英文材料结构要点的能力，了解英语新闻结构、听懂英语新闻的能力，复述英文听读材料，进行小组讨论和做英文口头评价的能力。阅读英文报刊和阅读一般性学术文体的能力，归纳性英文写作的能力以及段落翻译的能力；第二阶段：培养听懂英文学术讲座的能力学术口语陈述能力，阅读有一定专业词汇的学术语篇和查阅英语文献的能力，撰写一般性英语学术报告和英语论文摘要的能力，口译和短文笔译的能力等。

三、学术英语课程方案的实施

为了尽快适应新形势的需要，为地区发展培养懂语言、懂专业的复合型人才，教师可以在学生中开设学术英语课程。课程开始之初，教师对试点学生进行需求调查，基于需求分析制定教学大纲，就课程目标、课时安排、教材选用、教学方法和课程评估方式进行规划。为了确保教学目标的顺利实现，可以按照以下几条实施方案：第一，强调培养英语综合应用能力和学术表达能力。开设讲座听力、会议英语、口头陈述、论文写作、文献阅读与检索等课程，培养他们进行专业学习所必备的英语技能。第二，实施基于多媒体和网络的任务型、项目型、协作型的教学模式。教师建立网络电子学档，论坛中回答学生的疑惑。通过网络监督、检查学生的任务完成情况，让学生在学当中完成作业自评和任务互评。第三，更新教学方法，强调学生在学习中的主体地位。教师采取以学生为中心的体验、互动式的教学方式，设置符合教学目标的研究合作型任务，协作完成研究报告或课堂陈述。第四，改进评估方式，提倡评估手段的多样化。采用形成性评估体制，量化学生在课内及课外的学习任务。第五，教师引入包括口语互评和写作互评的同伴互评学习机制，建立并完善一系列的互评制度和文件。鼓励学生反思技能掌握状况，鼓励学生对技能实践相互评价，并为他人提供经验或意见。第六，鼓励教师编写、整合、更新教材。将语言教学、技能培训与专业知识学习相互衔接起来。根据学生的学习需求整合教材内容和目标培训技能，依托学校已具规模的大学英语学科网站和课程教材开发团队，搭建包括课前调研、课内实践和课后发展的任务型、项目型的教材利用模式。第七，提高英语教师的专业素质和水平。学术英语课堂应该本着以内容为依托的教学理念、以学生为中心的教学理念、边缘发展区域理论以及社会建构教学理论，鼓励学生将自己对所学内容的理解、对其他同学的评判以及对教师所教内容的看法有机地结合起来，积极主动地置身于教学活动之中，以掌握知识、发展能力。

第二节　学术英语课程设置优化措施

一、学术英语课程设置的具体优化措施

（一）建立英语课程免修与选修制度

学术英语专业学员数量不断增多，学员的英语基础存在比较大的差异。一些学生在高中学习阶段就已经超过了四级的水准，但是也有一些学生的英语基础非常差。创建英语课程免修制度，能够满足多层次学术英语教学的实际需求，为不同层次的学生提供相应的发展空间。英语基础较为良好的学生，可以不用再进行基础课程的学习，直接进入到高层次学术英语学习阶段，不仅能够满足学生的个性化需求，同时还能将学生对学术英语学习的积极性充分调动起来，为学生全面发展奠定良好基础。这一学术英语课程设置模式在我国众多高校都有着十分广泛的应用，其中最为主要的就是学生英语基础的考核，可以应用学生英语四六级考试成绩、学生雅思等英语成绩作为参照，教育工作人员在实际教学中对学生进行深入了解，避免"拔高"教学的存在，保障学术英语教学成效。

（二）创建多元化的学术英语教学体系

高校在对学术英语课程设置进行优化和改良的过程中，可以对国外高校学术英语课程设置进行深入调查，找寻其课程设置体系中存在的众多优点，并且结合高校学术英语教学的实际情况，借鉴国外高校学术英语课程设置的精髓，创建多元化的学术英语教学体系。相关人员需要明确借鉴其中的精髓，并不是一味地进行"拿来主义"，而是需要考虑学校学生的特点以及学术英语教学的实际需求，有针对性地进行学术英语课程设置，提升课程体系的可行性。

高校对学术英语课程设置可以应用模块化，如基础英语教学模块、通用学术英语模块、专业英语教学模块，有层次地进行学术英语教学活动的开展。具体就是完成基础英语教学模块学习的学生，或者是英语基础较好获得课程免修

资格的学生，可以直接进入到通用学术英语教学模块，英语教学的层次递进取决于学生学习的实际成效。通用学术英语教学模块与基础教学模块有着很大的差异性，在教学内容方面更加面向相关专业的需求，要求学生具备英语基础素质的前提下，让学生更多学习外语领域的前沿内容，加强学生对于专业词汇的掌握。

（三）开设第二学术英语教学课堂

课堂学习时间毕竟十分有限，高校需要积极开设第二学术英语教学课堂，为学生提供更为广阔的学习空间。现阶段信息技术和网络技术的发展速度十分迅速，相关教育人员可以借用互联网络平台具有的优势，扩展学术英语教学阵地。此外，也可以积极地组织多种学术英语教学活动，教师可以开展英语演讲比赛、英语翻译竞赛以及英语话剧表演等多种形式，丰富学生的课余生活，将学生对学术英语学习的积极性和主动性充分调动起来，促进学生英语素养的提升。

学术英语教学属于高层次的外语语言教学，对其教学成效必须给予高度重视。高校需要积极地借鉴国外高校英语课程设置的精髓，结合本院校学术英语教学的实际情况以及学生的实际特点对学术英语课程设置进行优化和改良，促进我国学术英语教学的改革发展。

积极地扩展学术英语教学第二课堂，应用多种活动激发学生对于学术英语学习的积极性，满足学生学习的实际需求，为促进学生全面发展奠定良好的基础。

二、学术英语课程优化设置的原则

（一）目标定位

同基础英语课程相比，学术英语课程的目标定位于让学生在学术活动过程中学英语，将英语学习与学术活动有机结合起来，这既是目标，也是过程，更是结果。要有目的地把英语的听、说、读、写分别集中在学术活动层面，内容与学术相关，方法与学术技能训练结合，要做到课程本身就是学术示范。在选题、选材、选文、选例、选范式、选作者等方面都必须规范经典、层次高端，真正达到国际标准化，以防误导。

（二）教育理念

学术英语课程建构首先是教育理念的与时俱进。秉承以学生为中心，倡导以方法为导向的理念，努力保证课程效益达到"四育"：高等教育、外语教育、人文通识教育、学术思维教育；"四性"：思想性、工具性、人文性、教育性；"五能"：语言能力、交际能力、学术能力、文化交流能力、国际社会竞争能力。

（三）教学方法

在先进的教育理念指导下，教学方法更要体现国际导向。国际上现代教育倡导的"干中学习"原则可以分别体现在以下这些教学方法或模式或路径："主题法或内容法"（theme-based/content-based）、"难题法"（problem-based）、"任务法"（task-based）、"项目法"（project-based）、"探究法"（inquiry-based）、"案例法"（case study）、"过程法"（process oriented）、"合作法"（cooperative）、"互动法"（interactive）、"归纳法"（inductive）、"交际法"（communicative）、"对比法"（comparative）、"反思法"（reflective）、"建构法"（constructive）、"真实法"（authentic）、"体验法"（experiential）、"功能法"（functional）、"语境法"（situational/contextual）等。要真正做到在教与学的过程中应用这些方法，才能真正培养学生的创新思维能力、哲学思辨能力、探究问题的能力、处理问题的能力、自主发展的能力以及合作发展的能力等。与此同时，教师也才能在这样的教学过程中获得专业发展，师生共同成为会思考、会学习、会应用、会生存、会交流、可持续发展的高质量人才。国际上已经有许多教育研究成果证明"灌输法""讲授法""示范法""先知后行法"的教学效果不如以上提到的教法科学。中国古训"博学、审问、慎思、明辨、笃行"也追求有效的学问和思辨。简言之，"学问"就是会学善问，"学术"就是学而有术，"知行"应该是先行后知，边行边知，学术英语应当遵循古今中外的教学良方。

（四）教学内容

随着高校越来越热衷通识教育，通用性学术英语教学内容最好与此相互匹配，提供广博的通识内容与适宜的通用体裁。例如，取材以人类共同关注的问题为主，不论大学生主修什么专业，都是必须了解、思考和需要触类旁通、学科交叉的通识内容。选文涉及的观点应取自世界多学科学者，例如教育学、心理学、交际学、语言学、语用学、社会学、民俗学、人类学、经济学、传播学、性别学、政治科学、人生哲学、环境科学、信息科学以及跨文化交流学等领域。选文体裁应包括讲座、论文、研讨等学术界的基本活动形式。

（五）教学设计

教材是将教学理念、教学方法以及教学内容融为一体的教材、学材、用材、研材，是显现教学设计质量与水平的作品，是课程建构的首要部件。学术英语教材要全方位地推介、引领、指导、实施学术英语教学，使教师和学生共同在学术英语的规范活动中提高国际交流的能力和水平，为真实的国际学术交流打下扎实的基础。因此，学术英语教材不宜"散打"式地呈现内容，不能再以灌输型方式提供知识，要为"干中学习"提供条件。特别是教学设计的任务要与学术英语的功能匹配，真实适用。例如，教材的每个单元都要有明确的学术阶段以及需要应用的具体学术"微技能"。对中国学生来说，如何进行学术性阅读和笔记，特别是批判性阅读、选择性阅读、检索性阅读等微技能，尤其需要操作性培养。再如，如何做学术发言与演示，语言能力要与学术交流能力紧密结合，包括如何准备和应对不同意见与观点的碰撞，如何主持研讨会，如何根据文本、数据、争论点进行陈述等。教材除了提供具体、规范、标准的操作要领和实施技巧以外，也要对英语语言的学习进行"微型处理"，如必要的语法、句法、语音、语调以及语用规律教学等。在大学学术英语习得阶段，这五个"语言基础"点应该提高到"跨文化学术交流"的应用水平。因此，对其进行的学习任务的设计同样重要。在教学设计方面，还有一个十分重要的途径，就是巧妙地与专业"双语课程"相结。高校本科教学质量工程包括"双语课程"开设的质与量，外语教学应该为此做贡献。

综上所述，学术英语课程建构涉及教育理念、教学目标、教学方法、教学内容、教学设计，哪一个环节都要统一为"四维目标"服务，即努力有效地将语言、文化、思维、学术综合地体现与应用。

最后，学术英语课程的评价标准要具备权威性，需要在目的与手段、机制与体系、信度与效度、时机与结构上达成一致。在系统设计方面，必须打破陈规、敢于创新，制定一系列对学术英语应用能力验收的可操作的细化标准，特别是要通过有效的评价反馈作用，形成一种不为考试成绩而为交流实效的学习风气。

第三节 学术英语的不同教学大纲和课程设计

一、概述

EAP，即学术英语，是应用语言学的一个分支，涉及与学习目的有关的英语教学，包括专业学术英语和一般学术英语，本节主要探讨一般学术英语教学。一般学术英语教学主要帮助学习者提高学术写作、学术讨论以及文献查阅等各个专业通用的语言知识和技能。学术英语"专注于正式教育体系下进行学习所需的英语交际技能"，旨在满足特定学习者的学习需求。多数研究者认为学术外语能力不同于外语语言能力，但对学术外语能力的内涵却没有深入剖析，只是较笼统地将其等同于英语应用能力或国际交流能力。然而，庞继贤和叶宁认为，学术外语能力并不等同于语言交际能力，而是一种具体的学术语类能力，即在约定俗成的社会情境下和在一定的专业学科文化相关的语篇实践中，选择恰当语类来做事，以达到交际目的的能力，因此教师应为不同的学习者量身设计出不同的教学大纲和课程，而这无疑是一项艰巨而重要的任务。教学大纲是对一门语言课程中所需包含内容的具体陈述，是工作计划和指导方针。Jordan 认为设计学术英语教学大纲时需考虑"需求、目的、方法、变量或局限性"。课程设计则是将教学大纲运用于具体的教学情景，学术英语的课程设计是需求分析、设计者采用的大纲和教学法以及现有的教学材料共同合成的结果，所有的这些因素又因受语境制约而需要进行调整。本节对学术英语教学使用的不同大纲和课程设计进行综述，我们认为每一种大纲和课程设计在一定的环境中都有其特点和用途。在进行课程和大纲设计时，教师应对学生的需求、文化背景、学习风格、课程目标以及教师自身的教学风格等因素予以综合考虑，才能更好地完成教学任务，实现教学目标。

二、内容或成果教学设计

内容或成果教学法关注教学的最终结果，强调目标情景分析和课程内容的紧密联系。此教学法的课程大纲有语法、结构、语言形式教学大纲，概念、功能教学大纲，情景教学大纲，话题教学大纲以及内容、基础教学大纲等类型。语法、结构、语言形式教学大纲深受盛行于 20 世纪六七十年代语域分析的影响，为广大英语教师所熟悉。此类大纲的内容是一组按预想的学习难度排列的有序的语法、结构、语言项目，其因为有较多缺陷而招致各种批评。Hutchinson 和 Waters 认为它"基于一个错误的观点，即对语言数据进行系统分析和陈列就能导致学习者系统地学习语言"。此外，人们认为该大纲缺乏对学习者需求的考虑。有些 EAP 教师在教学中之所以采用语法、结构、语言形式教学大纲，是因为他们相信"在任何语域中都有一个占支配地位的语法和词汇的共同核心"。然而，Flowerdew 和 Peacock 指出："共同的核心是一个正式的系统，其脱离意义和使用。"再者，这类大纲"忽略了语言技能"，因而无法提高学习者在目标语环境中所需要的学术技能。

概念、功能教学大纲的出现是对语法、结构、语言形式教学大纲的部分修正，曾被视为英语教学中的一大创新，这两类大纲的相似之处在于它们非常适用于教师缺乏信心且需要大量支持的情境。概念、功能教学大纲普遍运用于 EAP，究其原因是很多学生不满足于仅仅学习基本语法，他们更想学会如何运用语法知识。但这类大纲缺乏自身系统的概念框架，因此无法帮助学习者整理语言知识。

情景教学大纲和话题教学大纲是对某一特定情景中所发生的事进行分析后设计而成的，设计者对学习者在学术情景中所需语言进行分析，然后对这类大纲的内容做出抉择。然而，Hutchinson 和 Waters 认为，所有以上提及的教学大纲只考虑到目标需求，其分析停留于表面，没有注意到语言运用背后的语言能力。此外，这些大纲也没有考虑到学习者自身的因素以及其他影响学习的因素。

内容、基础教学大纲是基于 Mohan 的观点："语言教学不应也不能脱离内容，真实的内容为语言教学提供了最丰富和最自然的情境。"这种教学大纲旨在"教会学生与他们特定学科和内容有关的语言、技能和学术规范"。此类大纲围绕内容进行设计，融语言教学和课程教学于一体。其设计理念是"以真实内容所呈现的可理解性输入有助于语言习得"。在学术英语教学中存在不同种类的内容教学，最基本的种类是主题式教学，融学科教学与外语作为学习目的语为一体的学科式双语教学以及附加内容的教学。Black 和 Kiehnhoff 认为内容教学在帮助学生获取某一课程知识的同时，也为学生提供了运用语言技能的种种契机。但是，内容教学大纲的主要问题是语言和内容之间的紧张关系，在教学过程中，教师总是觉得难以决定"何时以及如何甚至是否应该进行语言教学"。教师因经常需要花费大量的时间帮助学生理解课程内容而不得不放弃语言教学，因此内容教学几乎取代了语言教学。无论可理解性内容输入多么有趣或有用，它并不一定能加强语言输出，从而实现提高学生总体语言能力的教学目标。

三、技能教学设计

技能教学大纲经常只聚焦于四种传统语言技能的一种或几种学习技能，它基于两个基本原则：理论原则和实用原则。Hutchinson 和 Waters 认为，基本的理论假设是学习者使用某些和语言行为有关的技能和策略来理解和产出话语。技能教学大纲旨在透过语言行为来发现语言能力，教会学习者如何学习。此大纲着重 EAP 情景中的学习技能，例如记笔记、阅读策略以及学术性写作等。按照实用原则，实际使用中的课程时间有限和学生缺乏经验等诸多因素可能会妨碍师生达到所设定的目标，因此，学术英语课程的目标应是"使学习者成为优秀的信息处理者，帮助学习者掌握一些在课程结束后继续提高的技能和策略"。Collier 所写的研究综述显示学生学术上的成功并不依赖于他们英语的语法水平，而是依赖于他们对学术材料背景知识的掌握以及学术技能。Saville-Troike 研究发现，学生的学术水平和他们的语言水平没有相关性。这个研究结果支持了 Cummins 和 Collier 的观点：英语水平并不是学习成功的最重要因素，与学习有关的知识和学习技能更加重要。与以语言为中心的教学法相比，以技能为中心的教学法将学习者作为一个重大因素予以考虑，"它看语言的视角是学习者在脑中是如何处理语言,并不将语言看成是实体"。但是 Hutchinson 和 Waters 坚持主张技能教学大纲依旧"将学习者视为语言的使用者,而不是语言的学习者,它关注语言的使用而非语言学习,语言学习环境过于依赖于目标环境。Cummins 和 Swain 认为,记笔记和查用词典这类技能和学习成功的关联只限于表面,使用具有学术文章特点的目标语语言结构的能力、使用一般的目标语语言结构的能力以及推理论证的能力是取得学术成功的三大重要能力。我们赞同以上学者的观点,认为学习技能在学术英语中发挥着十分重要的作用。除了在学术英语教材中所强调的诸如记笔记和文章撰写等一些学习技能外,教学成功的标志应该是培养学生自信、自我意识,培养学生的批评性和创新性思考、独立思考以及自主学习等方面的能力,这些能力的培养必须在教学大纲和课程设计中给予重视和体现。此外,批判性地评判学术资料和独立学习对广大中国学生具有一定的挑战性,应在技能教学大纲中给予特别重视和强调。

四、过程教学设计

这类教学大纲包括过程大纲、任务型大纲以及以学习为中心的大纲。Robinson 认为此类教学大纲的主要特点是课堂中的教学是基于学生和教师的协商,其强调学习环境以及学习者对学习过程的贡献。过程教学法与成果教学法完全不同,其将教学中心从语言体系转到了学习者的认知过程,大纲、教学内容和教学法之间没有明确的分工。此类大纲内容不是针对"目标语方面的选择,学习过程赋予了学习的内容和意义",中心也从"所学内容转至学习方法"。学习过程决定了教学法,学习者参与了决策,"师生商谈的过程组成部分的教学大纲,最终的选择权掌握在学习者手中"。我们认为:只有少数学习者能够明确知道如何选择所学的内容以及学习的方法和时机。教师往往对学习过程有更加深刻的认识,因此教师而非学生才应对所学的内容和学习方法做出最后的决定,这样才能确保教学效果,当然教师应适当考虑学生的需求和爱好以缩短教与学之间的距离。

任务型大纲的设计原理是当学习者专注于任务的完成,而不是专注完成任务所用的语言时,语言习得就会产生。换言之,任务决定了内容。学术英语教学往往要求学生完成一项和学术有关的任务,如撰写学术小论文,这样就能使学生有机会去习得相关的学习技巧和策略,而这些技巧和策略将来也可用于真实的学术活动。任务型大纲能使学生意识到自己使用语言时的优势和劣势,提高他们使用语言策略的能力,增强他们独立学习的意识。

以学习为中心的大纲主张在设计大纲的每一步时,都必须对学习者的情况予以考虑。但是学习者并不是需要考虑的唯一因素,和学习有关的各种因素都必须予以重视。此大纲和课程设计是一个动态的过程,着眼于如何最大程度地提高学习效能。Nunan 认为此大纲旨在提高学习者自主性和独立学习的能力。Nunan 相信,以学习为中心的大纲能帮助学习者掌握他们所需要的技能和知识,学习者能够对他们想学的知识和所用的学习方法做出明智的选择。尽管此类大纲的设计由于复杂的学习过程而"复杂和耗时",但我们认为学习的成功取决于学习者和学习环境等多种因素,因而这些付出是必要的,也是值得的。因此,必须对所有的相关因素加以考虑。

第四节　学术英语与大学英语后续课程建设

一、大学英语后续课程研究现状

　　大学英语后续课程泛指各高校在完成大学英语基础阶段(通用英语)的教学后给学生开设的基于内容的大学英语课程。近年来,对于大学英语后续课程的研究主要是从理论和实证研究两个方面展开。前者是对课程设置、教学模式等方面进行的自上而下的理论研究,后者是根据教学实践和调查分析做的实证研究和实践探索。而有关大学英语后续课程应该如何定位的论题,则一直是理论界争论的焦点,各方学者对此众说纷纭。蔡基刚认为学术英语将成为我国大学英语教学的主流课程,是连接通用英语和双语教学的桥梁课程,王哲等则坚持大学英语通识教育。殷和素等认为大学英语通识教育和专门用途英语是新一轮大学英语教学的改革发展方向,文秋芳力推通用英语与专用英语并存的大学英语教学体系。

　　大学英语后续课程定位不明确是直接影响其教学效果的重要原因之一。在相当长的时间内,由于缺乏统一而明确的课程定位,各高校在开设大学英语后续课程时缺乏科学性和系统性。学校通常依照学生的需求和本校师资力量开设两到三门选修课程供学生选择,而大多数英语教师受自身专业知识的限制,特别是相关教材匮乏的限制,无法开设一些对学生日后专业学习和职业发展有重要意义的课程,后续课程因此仅仅成为学生英语时间上的延续,而无法真正提高学生实际的英语应用能力。随着理论研究和实践探索的不断深入,越来越多的学者和教师认为大学英语进入后续阶段,必须以基于学生专业的以内容为基础的学术英语为教学重点。束定芳认为:"要扎扎实实地做好 ESP 教学的设计与实施工作,为学生真正打好外语应用能力基础。"章振邦教授曾指出:"高校英语教学迟迟不与专业挂钩,怎能要求学生毕业后走上需要专业英语的工作岗位能够胜任愉快？"《上海高校大学英语教学参考框架》把学术英语规定为必修课程，并且规定了较高的学分数比例。Krashen 也认为基于内容的学术英语教学能够同时提高学生的专业知识和语言能力。大量的研究已证实基于内容的学术英语能促进学生语言水平和专业知识能力的提高，虽然各个大学的学生生源大不相同，培养目标和办学理念也各有特色，但都有一个共同的目标，就是培养一批适应社会需求，拥有较高素质的专业人才。大学英语作为高等院校课程体系中的重要组成部分，应服务于高等教育的社会目的和教育目的，大学英语教学应当具备学术性和工具性的特征，而学术英语则能很好地实现其学术性和工具性。

二、学术英语与大学英语后续课程建设分析

尽管专门用途英语和学术英语的理念日渐深入人心，但推动 ESP 教学在我国高校的全面发展还面临着许多问题，要在短时间内用学术英语代替现行的大学英语课程难度比较大，因而将学术英语列入大学英语后续课程的必修课程，逐步推动大学英语从通用英语向学术英语的过渡是一条切实可行的道路。

如何将学术英语融入大学英语后续阶段，学者们已有了一些研究和探索。马武林将 ESP、学科英语和大学英语通识教育课程共同作为学生完成通用英语之后的选修课程，以供学生自由选择，并为后一阶段的全英语课程或双语课程打下基础。根据马武林的分析，非英语专业大学英语学习可以分为三个阶段：即通用英语阶段、桥梁英语阶段（ESP、学科英语或大学英语通识教育课程）和全英语或双语专业课程阶段。

殷和素等则认为，在大学英语基础阶段之后应该同时发展大学英语通识教育和专门用途英语，"必须先强化学生的核心英语学习（基础阶段英语），继而开展通识英语教育，最后由学生所在院系进行专门用途英语教学"。

这些研究都将专门用途英语纳入了大学英语后续课程之内，但却没有明确学术英语的教学内容，也没有充分认识到学术英语的重要性。学术英语不应该成为后续课程中的选修课，而应被列为学生完成相应的通用英语课程后的必修课；对于英语基础较好的学生，可免修通用英语，直接进入学术英语课程的学习。学术英语不同于专业英语，它是基于专业内容的语言学习，"它的学习重点是这些学科的语篇、体裁，尤其是这些领域的交流策略和技能，而不是内容"，大学英语老师完全可以胜任学术英语的教学。因此，大学英语后续课程的设置应充分体现学术英语的重要性，帮助学生认识学术英语的内容和含义，鼓励英语教师参与学术英语的教学和研究，为大学英语从通用英语向学术英语的回归做好准备。首先，逐渐减少通用英语的学时，直至将其变为学生弥补基础英

能力的选修课；其次，将学术英语作为后续阶段的主要必修课程，分级进行，并细化学术英语相关课程；最后，开设与英语相关的通识课程，供学生选修，扩大知识面，完善学科课程。

现阶段将通用学术英语课程作为大学英语教学内容改革方向之一的呼声越来越高，甚至很多高校已经用通用学术英语课程取代了大学英语课程。但是由于大学生的英语基础、对英语的学习兴趣以及通用学术英语课程的需求等因素，在本科院校中，学术英语课程作为大学英语后续选修课程开设，供有一定英语基础并有学习需求的学生选修学习更为恰当。

EAP在过去的几年里发展缓慢，这与我国大学英语教学改革的政策、学生的英语基础、对EAP的需求（学生的需求、社会的需求、国家的需求）、教材开发和师资力量等都有关系。随着基础教育课程改革的推进，第一轮基础教育课程改革已经显出成效，学生的英语水平逐步提高，企事业单位对EAP人才的需求实现量化，大学英语师资力量逐步壮大，教材开发实力逐步加强。总之，大学英语朝EAP方向改革的时机已经基本成熟。

学术英语是以培养学生在大学环境中为学术发展所需的语言知识和技能为目的的语言学，旨在帮助大学生提高专业课程学习所需要的语言综合能力和学术口语、学术写作能力。根据学校实际情况，我们将学术英语的教学目标定位为通过学术英语课程的学习，着重培养学生专业学习中所需要的英语能力：听懂英语讲座和讲课的听力技能；搜索、汲取、评价和组织信息的阅读技能；引用原文、转写原文段落和句子等规避剽窃的语言技能；口头陈述和演示学术观点以及研究成果的技能；学术说明文、文献综述和小论文等写作技能；参加和组织学术讨论，进行有效问答的口头技能和以独立和合作形式开展学术研究的技能。

第七章 高校学术英语教学研究

第一节 学术英语教学策略

一、学术英语具体教学策略分析

学术英语教学的最大挑战是它的动态性：不同的语境、不同的教学模式、不同的教学者、不同的学习目的、不同的学习期望值等因素，导致教学过程经常处于动态状况。Johns将学术英语教学法描述为：为满足新的特定语境要求，完善教学实践和教学大纲，必须考虑学习者的学习方式、学习策略、期望值、需求和语言使用的语境。因为其特定性，近年来学术英语教学应用策略不断得到更新，围绕着以学生为中心的教学理念、交际教学理念、基于内容教学理念、边缘发展区域理念以及社会建构教学理念等指导思想，主要应用以下几种基本教学策略，来推动开放、创新、反思、交往、自主以及复合型语言教学氛围的形成。

（一）主动参与策略

受到以学生为中心教学理念的指导，阐述教学过程中教并不等同于学，课堂内不能只是教师传道，应将学生参与置于同等重要地位，教师和学生是课堂中平等的两方面主体；不同学生及其学习方法在本质上存在区别，课堂内应鼓励学生将自己对所学内容的理解、对其他同学的评判和对教师所教内容的看法有机地结合起来，积极主动地置身于教学活动中，以掌握知识、发展能力。该策略主要引导从以教师掌控课堂转变到师生共同协商决定课堂内容，提供给学生自主判断、自主选择以及自主承担学习责任的机会，帮助学生树立一种信念——自己是学习的掌握者，要增强学习内在动力，提高自主学习能力。

（二）语言专业兼顾策略

基于交际教学和基于内容教学的理念，强调不同学科有自己语言表述的独特之处，它们在形式和功能上都存在差异。学生很难在外语课上习得这些差异，只能在相关学科的学习中去体验、模仿和学习。人们学习外语的最终目的是能够在真正的交际场合进行有实际内容、实际意义的交际，提倡专业知识学习和语言学习相互兼顾。该策略集教学内容、教学领域与语言教学于一体，在各类学术语境中用真实的、富有挑战性的英语语料进行交流学习，用英语将传授知识和培训语言技能有机地结合起来，让学习者用英语来完成专业课程学习，从不同的渠道获得知识、提取信息，通过各学科协调一致，提高综合思维能力和外语学习效率，加深对外语学习目的的认识，最终成为复合型人才。

（三）支架教学策略

根据边缘发展区域理论以及社会建构教学理念的要求建立起概念框架，侧重为学生提供适当的支持和社会互动，使他们能够完成超出他们能力之上的任务。首先，该策略将学生的学看作是一个不断地、积极地建构知识的过程，而教师的教则是一个必要的脚手架，在教学过程中启发、引导、提示、帮助学生沿概念框架逐步攀升、自主求索、凸显个性、加强合作、弥补不足、不断建构、发展自我，从一个智能水平发展到另一个更高的水平，提高独立创新思维能力和团队合作学习能力，逐步完成对所学知识的意义建构。其次，学术英语教学坚持运用该策略为学生在开始正规专业学习前或在刚开始阶段提供语言学习的各类技巧课程，如英语辩论演说技巧、语法技巧、学术阅读技巧、倾听笔记技巧、论文写作技巧等课程，引导学生反思探究自己的认知过程，找出语言学习的本质特点和语言学习中内在的、有规律性联系的技巧，发展抽象思维探索能力，获得自主学习管理技能，为进行系统的专业学习构建牢固的英语技能基础支架。

二、支架式教学策略在学术英语论文写作教学中的应用

所谓"支架"，就是指建筑物外的"脚手架"。作为一种隐喻，该词在教育领域的最初定义是"一个过程"，一个"小孩或新手在他人的协助下能够解决一个自己难以解决的问题，完成一个自己难以完成的任务或者实现一个自己难以实现的目标"的过程。它的提出得到了人们广泛的关注和研究并被用来指导各种层次、各种学科的教学。常用的教学支架包括步骤、问题、例子、建议、指导、图表、解释说明以及对话等。按照教学支架应用的两个步骤（制定和执行教学策略计划），首先精心设计整体策略计划，然后在教学过程中让学生逐步实施。

（一）学术英语论文写作教学中支架式教学策略的制定与协商

上课之前，教师应就课程目的、目标、内容重点以及要求、测试方法等与

学生进行充分讨论、协商并达成共识，以帮助学生了解并理解课程大纲及要求。例如，在内容方面，应基于学生的需求，重点讨论选题、资料收集与评估、篇章组织、文献使用等问题；教学过程中要将反思报告策略（对每周专题内容的反思式写作）作为一项每周必须完成的课外任务，并将其纳入总评成绩的有机组成部分，以促使学生课堂上保持注意力，课后对所学专题内容知识进行梳理、反思及对疑惑问题、难点做进一步的自我探寻和学习；将2000字左右的小论文写作作为考核方式来促进学生应用、尝试所学知识与技能进行写作体验，以内化相关知识与技能，并促使学生了解自己未达到要求的学习目标；采用互评策略解决学生小论文中难以发现的语言表达、拼写等方面的错误以及不合理的逻辑问题等。在课堂讲授过程中，要针对不同的专题内容，采用不同的支架式策略教学，如对图书资料的检索与查询专题，应采用演示、行动、反馈、再演示的教学模式；对选题讲解应采用示例分析法；对关键概念的解释，应采用类比方式；对文献引用及篇章结构、段落展开应采用模板分析法；对于整篇文章的框架，应提供模板供学生课外参考和对比写作等等。笔者认为，支架式教学策略计划主要涉及任务、内容、资料、方法四个维度的支架。

（二）英语学术论文写作教学中支架式教学策略的实施过程

1. 科学选题

（1）选题范围的确定

笔者通常引导学生思考适合英语专业学生的选题范围有哪些，如英美文学评论、文学文化比较、英语教学、英语语言学及应用语言学、英语国家文化、跨文化交际、翻译理论与实践等。

（2）选题可行性分析

运用案例分析法，要求学生在选题时，除考虑兴趣之外，还要考虑选题主题的恰当性（与专业的相关度、自己的能力）、复杂程度（即可行性：资料来源及充分性、时间、资金等）、意义、目的。

（3）题目的修改

选题过程中学生最容易出现的问题是"题目太宽泛"。针对这个问题，可以采用启发、演示等方法解释如何对其进行缩放修改并使其成为合适的、可操作的选题。

2. 资料的检索、收集与评估

在学生选定主题、确定目的之后，应进行资料检索收集与评估。一是鼓励并教会学生使用互联网浏览与自己选题主题相关的信息。笔者建议学生使用普遍得到用户公认的、信息来源可信的搜索引擎，键入关键词，在其出现的信息列表中尽可能选择以网址"gov.org.eduw"结尾的网站进行资料检索，这些网站通常比网址以".com"结尾的网站更可靠。同时，提醒学生分析、评估、鉴别材料内容的真伪和来源的可靠性，一旦发现有价值的文章或信息，要及时下载保存。二是教会学生充分使用学校图书馆的杂志索引，提高检索的效率。教师在向学生示范检索步骤与方法后，让学生自己动手检索，以便帮助学生及时发现、解决检索中遇到的问题。另外，要提醒学生注意在输入关键词的时候，应确定其选择的是"全文"而不是"标题"。三是给学生提供一些免费英文资料网站的地址。教师可以结合自己的经验，给学生提供一些具有较好学术价值的免费论文网址以及英文图书全书免费下载网址。四是教会学生如何评估资料来源的可靠性和权威性。由于资料是作为论文的证据（其形式多样：或为术语定义，或为具体例证，或为统计数据，或为证明性论据，或为解释说明等等）使用的，因而要尽可能保证其来源的可靠性和权威性；五是提醒学生做笔记。在图书馆查找资料十分耗时，因而要提醒学生在阅读的同时做好笔记，并明确要记录的项目。对于期刊来说，要记下作者的全名、文章标题、期刊名、发表时间、刊号、文章所在页码、引用段或数据及其所在页码，以便在做注释及列参考书目时使用。

3. 篇章结构与内容的组织—

在这个阶段，除了要指导学生列出提纲外，关键还要通过对优秀论文的分析、讨论，让学生更好地领会、掌握英语论文的篇章结构、行文特点。教学中，教师可采用对比分析策略，让学生明白英文文章段落是按照演绎方式展开，其结构呈"倒金字塔"形，即由概括到具体。一个好段落的结构是：主题句，关键概念意义界定、解释或语境化、举例、暗含的相关性说明、拓展、总结。

此外，针对学生论文中内容组织的逻辑混乱、连贯性差以及思维跳跃性大等问题，笔者基于范例分析及举例说明，与学生共同讨论诸如比较、对比、因、果、顺序、历史、优先次序、条件等英文篇章组织常用的逻辑关系的特点及使用方法。

4. 文献使用

为使学生写作时能较规范地使用文献，在这个专题的内容上，笔者常用类比法，或基于范例让学生进行小组讨论，侧重阐明和强调文献的性质与功能，文献的三种使用方法即直接引用法、释义法、概要法以及对比 APA 与 MLA 两种方法在文献引用（文中加注、参考书目列举）格式方面的异同等。

5. 其他方面

学生初稿完成后，教师要先进行互评互阅，即找两三个同伴读者对自己的文章进行阅读并指出其中存在的语法错误、逻辑等问题并提出建议，修改后再交给指导教师评阅。为使该项活动真正发挥出预期作用，教师可以给学生提供有关评阅项目的清单，方便学生参考或对照使用。

第二节　学术英语教学模式

一、分层式教学模式

我国经济社会快速发展以及与国际间合作交流的迅猛增加，给大学英语教学带来了新的机遇和挑战。单一的外语语言类毕业生已经无法适应社会的需求，外语教学如何以英语语言为工具，培养具备外交、科技、经贸、法律、翻译等相关学科专业知识，同时又能随着社交语境的变化得体地运用不同体裁进行交际的复合型人才，已经成为外语教学与研究人员普遍关注的问题。EAP 分层教学模式作为集英语语言、技能、专业知识、文化背景、应用能力学习为一体的开放式、多层次英语教学体系，为培养复合型人才探索出了一条有效的教学途径。该模式根据大学不同阶段对学习的不同需求，分别开设一般学术英语课程、专业学术英语课程和体裁能力运用课程。

（一）基础层：语言 + 技能

随着双语教学在我国高校逐步展开，大学校园开始倚重英语原版书作为授课教材。然而，大一新生虽然具备一定的英语语言基础，但面对全英文环境，往往因语言知识和技巧不足，在解读专业教材时遭遇困难应适时开设一般学术英语课程，如英语辩论技巧、语法技巧、学术阅读技巧、笔记技巧、听力技巧、速记技巧、学术写作等课程，引导学生找出语言学习中内在的、有规律性联系的技巧和自我认知过程的规律，运用支架学习策略，提高自主学习管理技巧，为进入系统的专业学习建构牢固的英语学习技能支架。

（二）核心层：语言 + 专业

该层次依据大二、大三学生所学专业的特点和学生的兴趣爱好等实际需要，围绕"外语 + 专业方向，外语 + 专业，外语 + 宽厚知识，双学位"等实践模式，开设大学期间各相关专业必修的专业学术英语课程，如语言学、教育学、心理学、翻译学、文学、医学英语、计算机英语、工程学英语、法律英语、科技英语、经贸英语、商务英语以及财经英语等课程。要求学生不仅要运用英语学习各专业知识，还要找出不同学科语言在形式和功能上存在的差异以及表述的独特之处，提高自我反思、发现问题、研究问题、解决问题等综合认知能力、自我评价能力和自主学习能力，为今后的发展打下坚实的基础。

(三)质变层：体裁 + 应用

经历了前两个层次的学习积累，质变层侧重集中力量实现学生英语学习质的飞跃，即具有精湛的英语写作能力和流畅的口语能力。该层次从语言的社会文化的角度开设话语分析、语篇分析、语境分析、体裁分析以及文化研究等学术英语课程，帮助学生实现语言学习的长期目标——体裁能力，从而获得根据相应语境恰当而得体地使用语言的能力。这样，我国高校大学英语教学就能培养出具有扎实英语语言功底和广博专业知识，在各行各业能熟练得体地运用英语工作的宽口径、复合型人才。

二、项目式教学模式

(一)项目式教学的定义及特征

关于项目式教学，巴克教育研究所界定的标准化项目式学习的定义具有高度的代表性，即项目式教学旨在督促学生通过广泛深入地探究复杂真实的问题和精心设计的产品与任务而获得知识和技能的一种系统性教学方式。Thomas 和 Mc-Gregor 提出并阐述了项目内容的 5 个标准：核心、驱动性问题、建设性调查、自主性和真实性。巴克教育研究所强调项目式学习的特性，即承认学生内在的学习驱动心理，促使学生关注学科的核心概念和原理，注重能够引发学生对真实而重要的主题进行深刻思考的挑战性问题，督促学生使用基本的工具和技能进行学习、自我管理和项目管理，形成产品并强调解决问题、解释难题以及演示通过调查、研究和推理所获得的信息。

根据以上关于项目式学习的定义、标准和特性的论述，可以归纳出项目式学习具有如下显著特征：第一，项目式学习是一种系统性的融教与学于一体的教学模式；第二，项目式学习重视学科核心概念和基础性知识与技能等学习内容；第三，项目式学习强调面对现实世界的真实复杂性问题；第四，项目式学习专注于学生的主体性和自主性；第五，项目式学习注重探究问题并提出解决方案。

关于英语作为二语和外语的项目式学习，Stoller 根据相关案例研究提出了 6 个特征，突出强调了合作学习、过程取向和产品取向并重、语言等综合技能的应用和提高。

(二)项目式学习与学术英语写作

项目式学习和学术英语具有紧密的内在联系，项目研究是学术英语的核心和基础，而学术英语则是项目研究的目标和导向，两者之间在很大程度上具有原因与结果、内容与形式以及过程与产品等逻辑关系。学术英语有赖于项目研究的真实性和意义性，而项目研究的最终成果则要通过学术英语的实用性和有效性得以体现，国外一些教学实践比较充分地证明了这一点。例如，澳大利亚的学术英语教学偏重学生写作能力的培养，采用与学术语篇相关的"真实语篇"与"真实任务"来实施教学；美国的学术英语写作教学主要表现为内容和形式、过程和结果的有机结合，注重以写作的过程评价推动写作结果的提高。

学术英语写作是学术英语的重要组成部分，是学术英语教学的根本目标之一。开展学术英语写作教学不仅可以满足大学生的一般英语学习需求，而且能够增强他们的学术交流能力。将项目式学习和学术英语写作相结合应用于我国的大学英语教学之中，以真实语料和研究数据促进大学生开展研究性和实践性写作，形成一种实用有效的大学英语写作教学模式，可以为培养学生的英语综合应用能力提供新的思路和选择。

（三）研究方法

1. 研究目的

本研究探讨基于项目式学习模式的大学英语学术写作教学的内容、方式、过程和结果等，尝试通过定性和定量分析论述该模式对大学生英语实际应用能力培养的驱动作用以及开展学术性大学英语教学的导向意义。

2. 研究对象

研究对象为某高校10个不同学院和专业的267名非英语专业大学一年级学生，根据是否进行基于项目式学习模式的学术英语写作教学将他们分为实验组和对照组。实验组和对照组各为3个班，分别有127名和140名学生。

3. 研究设计

本研究的设计主要基于一年级大学英语教学的统一要求，即教师在学期初向学生布置一项项目式大作业，要求学生根据建议选题或自选题目在课后开展文献研读、实地调研和数据分析以及讨论等活动，完成一项项目研究并最终提交一篇项目研究论文。实验组的教学设计如下所述：

（1）项目研究选题：以读写教程各单元的主题为基本选题，但特别强调学生可以自主选择与校园生活、社会现实密切相关的真实性和普遍性主题。

（2）项目研究过程：教师布置项目研究任务和要求、学生分组讨论并确定项目研究题目、制定并展示开题计划、查阅、研读并展示相关文献、设计并展示调研提纲或调查问卷、开展实地调研并做阶段性展示报告、进行数据分析并做展示报告、小组成员根据前期调研结果各自撰写并提交项目研究论文、教师评阅论文并给出修改建议、学生修改论文后提交论文终稿。

（3）项目研究模式：教师主导与学生主体相结合，即学生在教师的指导、辅导、协助和督促下自主、合作、实地开展调查研究和论文写作活动。

（4）项目研究方式：以实地调研、讨论交流、口头展示和论文撰写为主要活动方式，以文献研读、问卷设计、数据分析和讨论为基本研究方式，以一般学术论文写作格式为基本的写作框架，进行一系列项目研究活动并最终完成学术论文。

（5）项目研究目的：以过程取向为主，兼顾成果取向，注重提高学生的讨论交流、文献研读、实地调查、资料分析、口头展示和写作等能力，注重培养学生的一般学术交流意识和基本的学术英语写作能力。

对照组的教学设计与实验组有所不同。对于自选主题的强调程度和鼓励不如实验组；关于研究过程的布置和辅导的明确、细致程度不如实验组；关于项目研究模式，对于项目研究过程的互动性和实践性的强调不足；关于项目研究方式，小组辅导、小组讨论、报告展示、教师点评和反馈次数偏少；关于项目研究目的，以成果取向为主，对于研究和写作的过程取向强调不足。

4. 数据分析

本研究对实验组和对照组学生的项目研究论文、问卷调查结果和大学英语四级考试成绩等进行了对比分析。论文分析包括选题、过程、方法、数据、语言运用以及写作规范等方面。问卷调查结果分析包括学生对于开展项目研究学习的态度、观点、体验和感受等方面。四级考试成绩分析包括总成绩、通过率和笔试成绩。研究使用SPSSI5.0软件对收集到的数据进行统计分析，包括频数、描述和独立样本检验等，以探究两组学生的项目研究活动、论文写作与作为英语水平评估工具的四级考试的成绩之间是否存在相关关系，他们的英语水平和语言应用能力是否存在差异以及开展项目式学习模式的大学英语学术写作教学的效果如何等。

三、CBI 教学模式

（一）CBI 教学模式的内涵与特征

作为以内容为依托的教学模式，CBI 因其全新的教学理念而成为国内外教育界研究的热点。20 世纪 60 年代加拿大推行的中、小学双语教学形式多样，其中一个教学方法就是通过使用目标语来进行自然科学和历史科学的教学，甚至是大学的某门学科的教学。CBI 教学模式由此产生，其是融合某一学科特定主题和语言教学，以内容为依托的语言教学方法。

作为语言教学领域的新概念，Leaver 和 Stryker 认为 CBI 教学模式具有四个显著特征：第一，教学内容的学科性（disciplines）。教学内容不再以语言的形式和技能为重点，而是始终围绕某一学科知识，通过内容学习获得语言知识，提高交际能力。换言之，如果学生将英语作为了解信息的工具或途径，而非为了语言本身而学习，这样可以将其注意力集中在语言学习的内容上，同时还可以最大限度地降低学习过程中产生的焦虑感。第二，语言材料的真实性（authenticity）。在以内容为依托的教学环境下，学习者不再局限于较小的文本分析，而是基于学科主题接触大量真实的文本材料，以便提高其阅读信息量、词汇密度以及阅读语言结构复杂学术性文本的能力。而且内容的原生态可营造真实的学术英语环境，对语言习得大有益处，使得学习者有机会接触到地道的语言结构和学术词汇，而不是基于语法和词汇知识的本土化语言。第三，获取新的信息。CBI教学模式引入学科内容有助于激发学习者的求知欲望和动力，通过英语语言的学习可以帮助他们探索未知的学科知识，构建系统的专业信息框架，体验崭新的研究领域和前沿性课题。第四，满足不同层次的需求，提升认知学术语言的能力。如果学习者具有良好的英语语言基础和较强的专业认知能力，通过参与具有挑战性的学术主题的语言交流和高层次的学术认知活动，这样不仅能够增强其在本学科内的语言意识和语言技能，提高分析、评价和推断能力，而且有助于语言水平的进一步提升。综上所述，以内容为依托的英语教学在降低焦虑、提高学习动机、激发兴趣、保证输入量、感受真实的语言环境和消除内容与文化的隔阂等方面具有非常大的优势。

（二）CBI教学模式在学术英语教学中的应用

CBI教学模式是将教学重心从语言形式的学习转移到以学科内容为导向的语言交际能力的培养，从而弥补学生在语言技能和语言应用能力之间存在的差异，其主要目的是让学习者掌握各种学科中所需要的学术素质能力和体裁知识。然而，EAP教学作为一种手段，通过对其教材建设、教学方法和师资培养等方面的改革，以达到学生使用英语达到专业课程学习和学术交际能力的需求。

1. 加强教材建设

教材建设具有十分重要的作用，通过教学内容可以向教师传递一种教学理念、教学方法和教学模式。以内容为依托的EAP教材编写与建设，首先注重教材内容应以学科知识为依托，强调其材料的学科性、知识的最新性和理论的探索性，以便激发学习者对学科知识内容的求知欲望。其次，教材内容需要保证输入信息量的充足性和输出形式的多样性。由于学生的学习目的是较为全面地了解学科某一主题的内容，所以每个主题所提供的输入性阅读或听力材料可以不局限于篇幅的长度和数量；而且在语言输出方面，可以围绕学科主题设计基于任务的、体裁多样的写作或口语训练。最后，内容语料的真实性。在学术英语教学中，通过提供大量真实、生动的素材，可将学术活动和英语教学充分融合起来，使学生在掌握语言技能的同时，了解学科专业的现状，以达到在体验式语境中学习语言，提高学术交际能力。

2. 采用适合的教学方法

以 CBI 理念为基础的教学模式主要有保护式、辅助式和主题式教学三种，其共性之处是在教学过程中教师将英语作为学生获取学科内容知识的工具，而不是作为直接的学习目标。然而，依据我国现阶段的大学英语教学现状，学术英语教学中的一个主要教学方法就是主题式语言教学。主题式语言教学是展开学习，具有较强的语言导向性的一种教学方式。在教学过程中，教师可以借助语篇阅读、听力素材以及学科相关背景等材料，激发学生学习的积极性和主动性，扩展学术词汇和专业知识；采用慕课、微课和翻转课堂等教学手段，结合多媒体和网络信息技术，最大限度地进行学科内各种话题的讨论活动，有意识地营造真实的话语交际语境，从而使学习者在互动、交流与合作中习得语言知识，提高学术英语综合能力和专业思辨能力。

3. 注重师资培养

学术英语的课程目的不是讲授专业知识，而是提升学习者在本学科内的语言意识和语言使用技能。通过对国外从事学术英语教学的师资情况调查，我们发现 CBI 模式下的学术英语教学对教师的英语语言水平、专业知识和教学能力的要求并不苛刻，甚至可以没有任何相关知识和背景。同样，我国目前的大学英语教师的学历结构、学术背景和科研能力也已成为 EAP 教学发展的瓶颈问题。因此，注重英语教师的职业发展，观念转变，教师转型势必成为当下师资培养的首要任务。大学英语教师只要有勇气克服恐惧心理，具有高度的敬业精神，投入积极的热情面对其他学科的知识内容，或者接受一定的专业培训，进行跨学科的进修、深造和访学，进而改善自身的知识结构，便能够完全胜任学术英语课程教学，甚至成为专门用途英语教学的双师型教师。

四、语境化教学模式

（一）外语的语境化教学

1. 语境化教学的内涵

语境化教学是指把教学内容与特定语境或实际专业语境结合起来的一系列教学策略及相关课堂设计，注重知识在语境中的具体应用，目的是更加有效地促进基本技能与专业或职业技能之间的无缝拼接。类似的术语还有嵌入式教学、情景性学习、锚定性教学、功能性语境教育等。语境化教学认为，只有在基本技能与专业领域之间建立显性的联系，才能确保教授的技能是学科课程需要并与现实世界活动或者职业有关的。语境化教学在课堂设计中凸显三方面因素：学习者需求、学习者动机以及学习过程。

2. 外语语境化教学的理论依据

（1）社会文化理论视角下的"语境"和语言学习

近年来，社会文化理论在语言教学领域的运用促使我们从社会认知角度重新审视语境在二语学习过程中的作用。任何学习的"发生"必须具备两个条件：其一，参与具有社会意义的合作性活动；其二，中介的辅助作用，引导学习者从认知的实际发展区进入最近发展区。介入性学习不再发生在传递知识的时候，而是发生在学习者讨论、论证和沟通知识的过程之中，知识构建和互动本身构成学习语境。语言既是一种特殊的社会认知工具，又是社会认知的反映和结果。通过人与人之间交流的中介作用，语言学习与其所在的社会认知语境紧密相连，语境中的交流互动就是语言学习的过程。因此，语境对语言学习具有不可替代的作用，并非只是伴随性或参与性因素，而是重要的主导性因素。

（2）外语教学法视角下的语境干预和自主学习

外语教学法理论发展至今经历了以语言为中心、以学习者为中心、以学习过程为中心的演变过程。20世纪50年代起在结构主义的影响下，外语教学法以语言为中心，重视对语言系统的知识性掌握，但忽视语言实际使用的交际语境。70年代初外语教学法逐渐转向以学习者为中心，主张从学习者的需求出发设计、开展教学活动，强调交际功能，但往往停留于交际知识的"静态"传授，学习者仍然没有掌握在真正的交际语境下实现交际功能的语言手段。80年代以后在Piaget建构主义思潮的影响下，出现了以学习过程为中心的教学法，认为语言的发展是基于理解的意义建构，但是这种教学法过于强调学习中的不经意性而忽视教学的目的性和有效干预，强调语言文本的意义协商而忽视不同语境中的语用交际互动。

随着外语教学法探索的不断深入，语境干预的作用得到了充分认识。从认知角度来看，建立显性的语境关联能够促进学习迁移和信息存留；从情感角度来看，语境化能够提升学习者的学习动机。只有在具体的语境中，学习者才能意识到使用某项技能的迫切性；从跨文化角度来看，学习者在学习过程中会不可避免地带入自身的主观性和文化视野而构成特定语境，促使学习者掌握外语的思维方法、了解外语话语模式以及有效协商这些模式，却不必牺牲在自我文化语境中构建起来的认知方法。因此，教学者对语境各要素的配置和有效干预能够积极促进语言吸收和输出，而学习者对语境的把握有助于充分发挥学习的自主意识。

（3）学习者需求分析视角下的语境分析

对语境认识的加深使人们逐渐认识到，仅仅关注学习过程、加强对教的过程分析并没有直接给学习者带来益处；因此，要提高外语学习成效，在原有的学习者需求分析基础之上，还需要进行语境分析。语境分析考察影响学习的物理和社会心理因素，并以此为教学设计提供依据。它强调基于实践的设计思路，把学习置于真实的世界中，关注的重点不是学习者需要学什么，而是教学中的环境因素如何影响教学过程、如何创造学习机会、如何促进可持续学习，其目的是确定何时何地输入教学内容、如何输入以及如何持续输入。由此可见，语境分析探讨有效学习"发生"的语境构建。

（二）大学学术英语课堂的语境化

1. 建立语言技能与学科内容之间的显性关联

学术英语课堂应当有别于通识性英语课堂，这种区别不在于所学内容，而在于是否建立所学内容与语言技能之间的显性关联，显性关联能够提升语言技能的实际意义和可移植性。Lemke认为，学习科学意味着学习如何谈论科学，通过掌握专业学科知识所获取的学科能力实际上等同于获得学科的语言能力。因此，语境化学术英语教学是将语言技能具体化为有学科语境依托的语言表达手段，培养学科化的语言技能。

通过对语境化学术英语课堂教学与传统英语课堂教学进行比较，从中可以发现两者的区别在于：语境化教学以学科所需的语言技能为出发点，语言既是学习的内容，更是获取学科知识的技能和进行学术交际的通用语。不可否认，通识性英语课堂也有学习语境，但是对于大学阶段的成人外语学习者来说，在常识性知识构建的认知语境中学习语言技能，其明显的缺陷就是所学内容与语言技能之间的不匹配：所学内容或缺乏认知上的更新和挑战，或缺乏与专业发展的关联性，所学语言技能则因缺乏与认知水平相当的内容载体而没有"用武之地"，这种不匹配导致语言学习失去意义和动力。

由此看来，建立语言技能与学科内容之间的显性关联是学术英语课堂成功的关键。教师应当对所教授的语言技能进行更加精细的筛选和分类。例如，历史专业和土木专业对于因果分析、过程描述这两种写作技能的需求就存在非常大的差别。历史专业对因果分析的写作技能需求更大，而土木等工程专业对过程描述这一写作技能要求更高。这就需要教师把握不同语言技能的适用语境，通过学科内容将其具体呈现出来，帮助学习者归纳总结语言技能类型和适用性，从而提高语言技能的使用率和可迁移性。

2. 从学术英语到学术英语交际能力的转化

学术英语课堂不仅教授学术英语知识，而且培养学术交际能力，这是学术英语的最终目的。Hyland 和 Hamp-Lyons 认为，学术英语是建立在对某一学科的认知、社会和语言要求认识之上的教学与研究，为学习者的学科知识学习做好语言准备的同时，还帮助学习者掌握进入特定学术和文化语境的交际能力。在实际科研活动中，学习者除了需要具备学科专业词汇等语言知识之外，还需掌握概括、讨论、说服、协商等语言交际能力。在当今国际学术界，语言交际能力显得尤为重要。

通过比较基于技能的教学、基于内容的教学以及基于语境的教学三种教学法在学术英语课堂中的运用，可知在学术英语课堂中，基于技能的教学往往脱离具体语境，导致技能学习成为枯燥的分解操练；基于内容的教学强调学科内容的显性学习，而将语言学习看作隐性习得，是伴随内容学习的副产品，没有给予语言学习应有的关怀；基于语境的教学采取自上而下的整体论思路，不仅是对知识的语境化，而且是对知识构建过程的语境化。语境的激活、整合、重建和迁移旨在创建一个学术语境的"生态链"，而不是仅仅提供一个个学术语类范本或学术语料。这一语境链产生一种内在的驱动力，要求学习不是一种单一模式，而是混合模式，从选定问题、整理文献、分析问题、提出和记录解决方案、反思过程一直到评价结果，各个阶段都需采取不同的学习模式。语境化学习也不是随意的学习，而是应需之求的学习，是为解决可见或可预见的具体问题而进行的学习。学习者在语境链的推动下，激活静态的学术英语知识，将其逐步转化为学术交际能力。

基于语境的学术英语教学不追求单一技能的完善训练，也不限于学科内容，而是从学习者的认知需求和认知水平出发，创建有交际需求的学术语境。例如，在学术英语写作的教学任务设计中，着眼点不是训练列举、比较、因果分析等写作技巧，也不是设计基于学科内容的课题，而是归纳学习者在大学阶段或者今后的学术活动中可能遇到的写作类型，并为每一个写作类型设计语境链。围绕学术论文的写作，语境链设计可以扩展为从如何阅读期刊征稿通知到给编辑写信询问论文刊出情况等一系列情境。学习者通过每一个环节的承前启后，学习如何根据写作意图调整论题，培养从读者视角看待问题的读者意识，学习如何利用同伴评议来提高思辨深度、如何根据编辑反馈来修改论文格式等。正如 Widdowson 所说，教师应当顺应学习者的实际情况，创造与其认知相当的语境来促使学习者将语言真实化为自我知识结构内的语言。

第三节　学术英语教学方法

一、协调教学内容的系统性与讲解方式的灵活性

为了实现讲解内容的系统性，学术英语教师应大体上按照教材的章节架构来添加各种有时代感并富有趣味性的文字和音像资料。这样授课的目的：一是方便学生预习；二是让学生熟悉本课内容的总体布局；三是遵循教材的主体框架，以保持知识系统的整体感，由浅入深、由易到难。同时，为兼顾方法的灵活性，经常调整部分章节的讲解顺序，防止机械、呆板地"因材施教"；每节课的讲解程序随课程内容的不同而改变，防止程式化；各部分内容的讲解粗细、用时长短要酌情处理。

二、统筹课本知识与课外知识的搭配比例

专业英语教学不能机械地按照教材照本宣科，应适当补充课外内容，使其相辅相成。要正确处理二者的关系，一是比例问题，即材料补充多少、所占课时多少的问题。教师可采纳课本占2/3，课外占1/3比例。二是补充什么的问题。选取补充内容的条件是：首先应与课本内容有关联，其次要有趣味性，第三要有前沿性。教师在教学中补充的内容可包括"专业英语习语"和"外国专家实战经验讲座"。三是使用什么载体的问题，主要有四种：书面文稿、PPT课件、投影仪等，补充的课外资料不宜过多、过滥，适度为宜，防止喧宾夺主。

三、匹配理论内容与实践内容的权重

理论来源于实践，若割裂二者的联系，只沉迷于理论说教，而忽视实践环节，那么就违背了认识规律。因为专业英语课的文章理论性比较强，因此课堂上穿插一些教学互动环节显得尤为重要。例如，课堂上开展分组讨论，可以使学生各抒己见、畅所欲言，既避免了"一言堂"，又杜绝了"满堂灌"。同时，教师在备课时应多准备一些鲜活的实例，切中理论要点，这样既提升了感染力，又增强了说服力；既潜移默化，又深入浅出。

实践环节需要教师策划，涉及案例教学、情景教学、互动教学和多媒体教学等；完成具体细节需要学生参与，包括座谈、表演、模拟实训等。首先，教学案例的选取要贴近学生生活，能唤起他们的热情去思考、去品味；能鼓励他们勇于实践，积极进取；能激发他们强烈的表现欲，变被动为主动。其次，教

学情景的设定要有创意，寓情于理，能吸引学生自觉地"动"起来。这样，说教的理论就摆脱了干瘪和枯燥，赋予了人情味，拥有了亲和力。再次，制作的PPT课件内容要有启迪性、时空感，并且意味深长、回味无穷。可以让学生亲自参加课件设计，若有条件也可举办学生课件制作比赛，增强学生的实践意识。

四、兼顾学术英语的共性和专业英语的特性

　　学术英语的教学归根结底还是基础英语的教学，英语学术能力的提高和专业英语的学习还是有一定的区别。学术英语以所有学术交流中英语的共同特征为研究对象，旨在训练学生学习专业课程的能力。而专业英语则是把某一个具体的学术领域题材作为学习内容，旨在帮助学生熟悉本学科专业的篇章词汇和语法。相关学者指出，同为学术英语写作，人文社科学生的写作课程着重提高分析和归纳各派的学术观点并进行综述报告的能力，而理工科学生的写作课程则强调提高对研究过程和结果的讨论，对事物的定义以及严谨的实验报告写作能力。因此，学术英语教师应该辩证地看待学术英语和专业英语的关系，在教学内容的选取上既要照顾到各学科英语的专业性质，又要尽可能涵盖"通用共核"知识。只有这样，才能最终确保学术英语教学和人才培养需求的契合。

　　事实不断地证明：传统的大学英语教学已然形同朽木，已经到了非改不可的地步。在一个国际化程度越来越高的国家里，学习外语的目的更多是在于发展学术英语能力和行业英语能力。英语学术能力的培养已经势不可挡，而合理定位大学英语教学，明晰学术英语概念，采取以内容为依托的因时、因地制宜的教学方法，才是提高大学生英语学术能力的可行步骤和途径。学术英语教学也为大学英语教师提出了新的挑战，如果大学英语教师仍然选择故步自封，那么他们也就只能被学术英语发展的潮流所淹没。

五、调动学生的学习主动性，把学习的过程还给学生

　　其实，教师从课堂教学中退出主角地位，致力于发挥引导作用早已经在学界达成共识。在学术英语教学中，教师也不能喧宾夺主。教师应该帮助学生对自己的实际英语水平有客观公正的了解，使其能够树立合理的学习目标，规划学习内容，制定有效的学习方案，在有效率的学习中确立自主学习的意识。只有这样，才能帮助学生建立起适合其发展实际，符合学术英语教学目标的教学方法和学习方法。在整个教学过程中，教师务必始终扮演导演角色，合理安排学习任务，积极营造轻松自然的学习环境，让学生为中心的学习模式充分发挥作用。

六、挖掘真实教学素材，让学术英语学习延伸到学生的日常生活之中

学术英语所强调的英语综合技能具有非常强的实用性，听、说、读、写、译能力的展现较以前的基础英语教学存在明显的不同。单词语法篇章结构的学习应该更贴近社会的发展变化，而不能拘泥于课本。此外，由于学术英语在国内还不是十分普遍，因此目前的教材编写还十分薄弱。所以，现阶段的学术英语学习不应该拘泥于某一种固定的教材。现代教育技术的发展给我们提供了多种多样搜集素材的方式。需要注意的是，搜集来的素材一方面要反映专业学科发展的优秀成果和发展趋势，另一方面也要抓住学术英语的教学特点。通过中国知网学术期刊数据库学习论文搜集整理和写作，利用公开课获取国内外一流大学的教学视频练习听学术讲座的能力，利用网络与国外专家和科研人员进行学习和交流都是比较不错的选择。这些真实生动的教学资源能够使目前的综合英语教学摆脱单一乏味、费时低效的困境，英语教师还可以与专科课程教师通力合作，充分发挥英语知识和专业知识合二为一的优势，精准地把握教学。

七、教学方法多样化，提高语言技能学习效率

主流外语教学方法在过去几十年里发生了十分明显的变化，从传统的翻译教学法到听说教学法，再到情景教学法，直到近几年非常流行的任务教学法，外语教师一直追求寻找一种最佳方法。如今，外语教学已经发展到了后方法时代，思考英语教学所走过的种种，专家学者们认识到了一个问题：其实在外语教学方法的选择上，从来没有最好。外语教学应该把注意力转移到真实的语境上来，教师应该主动出击，调查分析并评估教学目标、教学内容、学生水平、社会需求、自身能力等各种教学变量，从而不断调整教学策略。各种教学方法都有自己的优势和劣势，彻底丢掉哪一种都是不可取的。后方法时代的英语教学应该是动态的、综合的，而不是静态的、单一的。

第八章 从通用英语转向学术英语

第一节 从通用英语向学术英语转变的必要性

大学英语是学生必须学习的一门重要课程，其一直采用通用英语的教学模式，被视为最重要的公共基础课。这种教学模式导致英语教学过于重复和滞后，导致学生不知道自己所学知识的实际用途，学习英语的必要性受到了质疑。根据国际最新的教学理念，大学英语应采取基于某个学科或主题进行教学的模式，教师要摒弃把语言教学与学科教学相分离的传统理念，要把英语教学和学科知识有机地融合起来，这种教学模式就是学术英语。学术英语是指用于学术目的的英语，突出英语的工具性，使得学生能够掌握某项学科领域的英语用途，推动大学英语由静态转为动态，体现了大学英语教学的实用性。学术英语包括通用学术英语和专门学术英语，旨在培养学生在某个专业领域的英语技能，比如文献查询、笔记记录、阅读文章以及写作等，把专业知识与英语语言能力更好地结合起来。目前，学术英语教学模式已被国外普遍运用。例如，在美国大学中开设了专门的学术英语课程，以培养学生在笔记记录、应对考试、学术研讨或撰写论文等方面的英语运用能力。这也说明了学术英语的重要性，为我国大学英语教学的发展奠定了基础。

一、通用英语向学术英语转变的必要性分析

（一）经济全球化与高等教育国际化的挑战

为了适应经济全球化和高等教育国际化的挑战，我国需要改变人才培养战略，其中英语教育作为看世界以及同世界交流的窗口，理应承担起应对该挑战的责任。通用英语在北美等国家，是初中时所学的内容，而在大学他们树立的教学目标则是学术英语，但是在我国大学仍是通用英语。因此，为了真正做到

学以致用、为未来工作打基础、适应国际化的挑战，我国必须改革大学英语教学，实现通用到学术的转型。

（二）大学英语教学的新定位

从通用向学术英语教育的转型是我国大学英语教学的重新定位，同时也是最有效的定位。与培养出来的大学生仅仅会参与四六级等各种考试相比，社会、国际对能够进行本专业英文文献阅读、文献查阅、用英语进行交流以及参加国际学术活动研讨的人才更加看重、更加需要。同时，这种能力的培养也符合学生终身发展的需要。因此，这种社会需求、人才培养的需求促使必须进行教学转型。

（三）英语作为世界通用语和大学英语教学新定位

世界通用语的形成是经济全球化和高等教育国际化的必然结果，它改变了我国高校英语教学的目的，它不再仅仅是对语言本身的学习或自身素质的修养，而是真正成为一门工具，学习英语是为了更好地从事现在的专业学习和日后工作。

大学英语不是专业，而是一门为专业配套的公共基础课程，课程设置目的是为专业人才培养来服务。翻开各学科的专业培养方案或教学大纲，其中几乎都要求自己专业的学生具有较强的本专业外文书籍和文献资料的阅读能力，能正确撰写专业文章的外文摘要。能用外语与同行进行学术交流。问题在于，作为培养方，大学英语是否把这一要求放进了自己的教学大纲之中？大学英语作为最大一门基础课占到了本科总学分的10%，没有理由游离本科人才培养的总目标之外，置专业需求而不顾，没有理由关起门来埋头打基础，追求四、六级通过率或开展通识英语。

专业人才培养是一个系统工程，培养具有国际交往和竞争能力的卓越人才不能仅仅依靠学科专业自己课程教学质量的提高，如果没有大学英语帮助训练学生用英语进行专业学习和研究的学术能力，学生听不懂外国教师的英语授课或讲座，不能用英语直接阅读专业文献，这个目标势必难以达到。大学英语教学成功的标志是看学生能否用英语胜任自己目前的专业学习需要和今后工作的需要。也就是说，大学英语只有为专业人才培养总目标服务，培养学生用英语从事本专业学习和研究的能力，才能对得起本科培养方案中拨出的10%的学分，才有资格称自己是"一门必修的基础课程"。

当前，高校入学新生的英语水平越来越高，大学英语教学必须在学习内容、方法与评价系统方面做好与高中英语的衔接。此外，英语由于承载着传播各科专业知识的重任而愈加突显其重要的地位。高校是培养专业人才的摇篮，在英语教育方面承担的责任重大。依据教育部公布的《关于加强高等学校本科教学工作，提高教学质量的若干意见》，双语教学被视为评估普通高校本科教学工作水平的一项重要指标。此外，教育部《关于进一步加强高等学校本科教学工作的若干意见》中，也提出要提高双语教学课程的质量与扩大其数量。因此，各高校应重新设定大学英语的教学目标，把目标定位于培养高素质的毕业生——专业知识扎实、能用英语流利地表达观点与做专业陈述、在未来工作中能有效地进行国际学术交流。

近年来改革高校公共外语教学的呼声日渐高涨，专门用途的英语教学将成为我国大学英语教学的未来发展方向。据观察，高校学生在第一学年对大学英语的学习有一定的兴趣与动力，但到了第二学年，通常他们中的相当一部分人已开始大学英语四级甚至是六级考试，如果这时的大学英语还是选用公共英语教材，学生们就会觉得没有新意，他们这时希望所学到的是与他们专业或个人发展兴趣相关的专门用途英语。如果在第二学年增加学术英语选修课，特别是加强听说能力训练的课程，相信学生学习英语的兴致会被再次提高。

学术交流能力在现代社会的重要性由国外学者 Flowerdew 提出，学术英语教学在世界各国许多高校的英语教学中早已是必需。在英美等英语为母语的国家，国际留学生在正式学习课程前都必须学习学术英语，该课程训练学生用英语进行专业学习和研究的交际技能，如听学术讲座和记笔记的能力、搜索和引用资料的能力、开展学术小组讨论的能力、做演示和陈述的能力以及规范学术写作的能力等等。其目的是为以后上全英语专业课程做好语言、内容和方法上的准备。中国香港主要六所大学的大学英语课程一直都是学术英语，日本高校如东京大学和京都大学等的大学英语也是学术英语。可以预见，学术英语教学最终将成为各国大学英语教学的主流。

学术英语与通用英语既紧密相联，又各有特点。学术英语学习包括"技能层面"和"语言层面"。EAP 培养阅读和听讲座时做笔记的能力、写作或陈述时的概括技能等；AE 培养用学术语言写报告或论文的能力等。这两个层面的内容不为高中英语教学所要求，却为大学生专业学习所必需。学术英语学习运用通用英语的学习技能，同时又是通用英语学习的延伸和提高。学生学习学术英语既可以提升自身的通用英语能力，又可以学习未来专业发展所必需的语言知识和技能。现阶段，大多数学生感觉大学英语教学与自己专业并没有多少联系，认为自己所学的两年通识英语并没有帮助他们培养用英语进行学术交流的能力，对以后在工作中实践专业英语的信心不足。学术英语是衔接公共英语教学和双语教学的桥梁，是我国大学英语教学的崭新领域，其地位在快速发展的经济中日益重要，是大学英语教学改革和发展的主要方向之一。

从掌握基础英语到在实际学术交流中准确流畅地使用英语，必须要掌握灵活转移运用知识的技巧。不少英语基础非常好的科技人员用英语写的论文或论文摘要，没有任何基础语法错误，但其句式、篇章结构、修辞等距离正式英语论文的规格还存在一定的差距。基础教育英语课程改革在中学全面实施后，高中毕业生的英语水平有了显著进步，部分高中生所修读的英语课程难度已经与大学英语一、二级，甚至三、四级相当。在高校开设 EAP 学术英语课程，是大学生英语水平不断提高的结果，也为社会需要所决定。可以预见在不远的将来，在高校开设 EAP 选修课程的呼声会越来越高，而 EAP 也将最终成为大学英语教学的主要发展方向。

二、通用英语向学术英语转变的困难

学术英语和学术研究并没有直接的关系，并非只适合硕士、博士研究生阶段的教学。学术英语是训练学生用英语进行学术活动的语言能力，使学生在高等教育国际化，全英语课程越来越普及的环境下，即使没有全英语的课程，也具备用英语查阅文献，听懂外籍专家讲座的能力。正如 Hyland 和 Lyons 指出："EAP 课程不仅仅帮助学生应对用英语学习专业课程，而且还培养学生在某一学术领域内的学术交流能力。"学术英语着重培养学生用英语搜索相关资料和文献的能力；分析、综合、评价和运用各种信息的能力；提出问题，并通过思考和推理以解决问题的能力等等，这些能力正是批判性思维能力的核心内容。可以说，这些能力是每一个当代大学生进行专业学习必须具备的学术素养，是经济全球化时代各行各业所需要的最基本职业素质，是一种帮助学生带到任何地方去，应对出现的任何新情况的学术素养，没有这种学术素养就不是一个合格的大学生，不培养学生这种学术素养就是大学英语教学的失败。因此，学术英语应该是每个大学生的必修课而非选修课，并非是对大多数学生来说并不存在的实际需要。

学术英语并不是专业英语，两者之间存在非常大的区别：前者强调的是这些学科领域内的口头和书面英语交流技能，培养学生用英语进行专业学习和研究的方法；后者重心放在这些学科的词汇和内容的教学之上。前者的教材或许涉及学科内容，但比较浅显，后者的教材则追求知识的系统性。从课程目的和教材内容看，专业英语大多属于一种偏向内容的双语课程，教师主要通过翻译和术语教学帮助学生了解学科内容。因此，《大学英语教学大纲》把专业英语翻译成 Subject based English（SBE），明确规定"专业英语课原则上由专业教师承担"，只有少数对专业知识要求不高的课程，如商务英语、经贸英语和新闻英语由大学英语教师开发。学术英语之所以被误解专业英语，主要是对ESP的误解。

学术英语在我国大学英语教学体系中是一门崭新的课程，因此，教师有必要向学生阐述学术英语的内容，并大力吸引他们来学习此门课程。大学英语课程设置不应一味强调个性化需求，课程设置应该满足学生的需求。但这并不是说学生需要什么，大学就应当提供什么，只是跟在学生需要的后面。大学不是社会培训机构，大学的使命应该是引导和塑造学生的要求。大学之所以是大学，就是因为它站得要比社会高，它可以预见到未来社会的需求，它可以把学生眼前的个人外语需求引向国家外语需求，它可以引导学生朝这个潜在方向前进。《上海高校大学英语教学参考框架》把学术英语规定为必修课程，并且规定了比较高的学分数比例，其目的就是把学生引向提高自己专业领域内的国际交往和国际竞争能力。

第二节 学术英语在我国大学英语教学中的定位

束定芳指出，我国外语教学各类问题最大的根源之一，就是我们对外语教学定位的模糊甚至缺失。而EAP教学虽然已经成为我国大学英语教学改革的方向，但从理论和实践看都尚未进入成熟阶段。为了更好地普及和实施EAP教学，首要问题是解决好ESP在高校英语教育中的定位问题。

我国大学英语教学实质上是学术英语，其他部分学者对此也持相同观点。秦秀白认为，大学阶段学生应该学习"学术英语"，大学一、二年级的英语教学侧重一般学术英语（EGAP），主要解决学术英语中的共性问题；高年级英语教学侧重专业学术英语（ESAP）。杨惠中指出："多次大规模社会调查需求分析的结果都确认：我国大学生学习英语的主要目的是把英语作为交际工具，通过英语获取专业所需要的信息、表达自己的专业思想，因此大学英语教学在性质上是学术英语。"蔡基刚也提出把大学英语定位在学生和社会所需要的学术英语上一，同时，他还指出："……从世界看，大学里的ESP教学主要是学术英语……我们认为我国的大学ESP教学应该定位在学术英语上，着力培养学生的学术口语和书面交流能力……"。

一、学术英语在大学英语教学课程体系中的定位

大学英语课程体系的构建主要取决于两个方面的因素：一是学校的办学定位和各专业的人才培养目标；二是学生英语基础水平和学生对英语学习的需求。

高校因其办学定位和生源层次而与其他高校有所不同，同时由于各个高校所在地区的差异，理工类专业和文科类专业的差异也要求因地制宜，因专业而细化教学内容，处理好基础英语、学术英语的关系，厘清教学重点，构建具有针对性的教学体系。我们认为，在大学英语 EAP 成趋势化的大背景下，其课程模式的构建应该转变传统以语言学习为核心，坚持以专业为核心的原则。

（一）以专业需求为基础，灵活开设学术英语

基础英语是学术英语和专业英语的前提，因为只有可理解的语言输入才能提高语言学习的效率。我们一方面要求改变基础英语在大学英语课程体系中的主导地位，另一方面也不能忽视英语基础薄弱学生的学习需求。因此，在充分调查学生英语水平的基础上可以进行分层次教学，对于基础差的学生加强基础英语教学，对于基础好的学生跳过基础英语课程，直接学习学术英语和专业英语课程。

学术英语模块根据不同的专业需求开设。对外语需求高的理工科专业，将学术英语设置为必修课程，教授跨学科、跨专业的共性英语知识，培养学生的学术口语交流能力和书面表达能力，后期将与特定某一专业相关的词汇、语篇作为教学的重点；对于文科类或对外语需求不强的专业，可将学术英语设置为选修课程，根据学生的自我需要适当选修。

（二）坚持学术英语的教学理念

由于部分大学生的英语基础比较薄弱，在开展学术英语教学时会存在一定的难度。因此，教师首先要树立学术英语教学理念。从本质上说，学术英语教学既是一种学术英语技能的教学，同时也是一种语言教学，两者相互促进、相互依存。将学术英语教学理念同时贯穿于基础英语、学术英语以及专业英语的教学过程之中，改变传统的以语言知识为重点的"精读型"教学方法，探索既可以强化学习者的英语语言基础，又可以培养学生与专业相关的外语技能的教学方法。

二、研究生学术英语的定位分析

（一）研究生英语的教育定位和研究方法

学术英语简称 EAP，最早出现在 1975 年伯明翰大学的一次研讨会上，当时就将研讨会的报告命名为"学术英语"。学术英语通常被定义为以帮助学生用英语学习或从事研究为目标的英语教学，不仅仅是为了提高学生的英语运用水平，更是一种为学生接受主流的专业课程做准备的英语教学形式。研究生阶段的学生大都经历了大学阶段的英语教育，具备了一定的英语阅读与运用能力，

学术英语教育是大学阶段英语教育的延伸，使学生逐步过渡到能够读懂从事研究领域的科学文献和进行简单的学术交流。

学术英语的研究方法是获取教学计划和教学效果的重要手段，也是研究学术英语教育的基础性工作，概括起来，主要有以下两种研究方法：

1. 个人访谈

根据在校研究生的特点，可以采取个人约谈的形式，选取不同专业、学习成绩不同的学生，针对在学生眼中专业英语课程教育中存在的问题、有效的解决策略以及导师眼中研究生英语发展现状进行有针对性的访谈，并设置相应的调查问卷。这种调查方法可以准确地掌握学生和导师对专业英语课程开展状况的情况，有助于研究的进一步进行。

2. 问卷调查

根据个人访谈的结果，设置问卷调查的内容，调查对象要尽量涵盖学校的所有学科，并且调查时间要选在研究生入学后的第二学期，此时各专业的研究生已经学习了一个学期的专业英语课程，对研究生阶段的英语课程设计、教学方法、师资力量以及发展状况等有了一个初步的了解，调查更具有代表性。

（二）目前我国研究生学术英语开展过程中存在的主要问题

1. 现有英语教师知识结构的缺失

研究生阶段的英语教育主要是为了提升学生阅读专业文献的能力、学术交流能力以及文献写作能力。针对研究生普遍具有一定英语基础的情况，最好的方法就是直接用英语讲授课程，并针对讲授的知识与学生探讨。虽然现实中大多数英语教师的英语水平尚可，但是缺乏文献中涉及的专业科技知识，在讲授这些专业知识时力不从心。且很多研究生没有用英语进行学习和交流的能力，在全英语的课堂上不能完全听懂教师讲授的知识，更不能开展进一步的探讨式学习。

2. 不同专业之间课堂组织的困境

不同的学科有不同的知识结构和专用的英语学术名词，其专业英语的课程设计和讲授形式也应该有所不同。现实中往往是一个英语班级里汇集了几个不同专业的学生，同一本教材无法满足各专业学生的学习要求，且教师在课堂上无法兼顾不同专业学生的学习特点，这就给英语教师带来了更加严峻的挑战。

（三）提升研究生学术英语定位水平的有效策略

1. 鼓励学生与教师进行互动

在现代教育理念的影响下，要改变传统的研究生教学模式，就要改变以往以教师为中心、以讲解知识为主要课程内容的教学方法，鼓励学生与教师良性互动，将学生作为英语课堂教育的主体，激发课堂活力、培养学习兴趣，将提升英语写作能力和交流能力作为主要的培养目标。教师应该从以下两方面做出努力：一是教师在课程开始之前通过问卷调查、约谈的形式了解不同学科学生的培养目标以及学习需求，根据学生的不同情况分别设置课程形式，选择课程教材，并开展差异化的教学活动；二是在课程进行中教师应该转变传统的教学模式，突出学生的主体地位，通过开展分组讨论、同伴评价、自我反思等活动充分调动学生的学习积极性，活跃课堂气氛。

2. 鼓励学生与学生之间的互动

为了进一步突出学生在课堂中的中心地位，教师在完成基本教学任务的前提下，应该鼓励学生之间进行合作探究式的学习，让学生在互动、交流和合作之中深切地体会专业英语阅读和翻译中的要领，掌握基本的学术英语运用知识。学生之间的互动应该体现在课前、课中、课后三个阶段：在课前阶段学生应该根据课程内容和预习要求分组搜集材料，并做好相应的预习工作，以备上课时讨论；在课中阶段，学生需要在教师的组织和指导下完成合作探究的学习活动，如小组讨论、课堂辩论、互相质疑等，并认真做好课堂笔记；在课后阶段，学生要对课堂活动情况进行及时归纳总结，相互之间交流学习经验，查漏补缺，达到共同进步的目的。

3. 增强课本知识与实践之间的互动

对于研究生阶段的英语学习，仅仅局限于课本知识远远不够，必须要针对各自学科的特点将课本知识与实践结合起来，将课本知识运用到实际的研究工作之中，实现课本知识的升华。研究生英语课程的设置可以分为两个部分，课堂部分和课外部分，在课堂部分中教师应该减少课堂讲解部分的比重，将课堂时间更多地交给学生，学生可以通过参加学术会议、撰写学术论文、翻译与本课题有关的文献等获得相应的学分。期末考试也应该适当的转变考查模式，以检验学生的英语运用能力为主要目标。在课后阶段要注重理论与实践相结合，多开展一些诸如英语演讲比赛、作文大赛、辩论比赛等活动，建立系统的英语能力训练机制，并通过设置适当的奖励政策鼓励学生踊跃参加，如表现优异者可以公费出国学习、交流等，让学生学以致用，在实践中巩固课本知识，提升英语技能。

第三节 大学英语教学从通用英语向学术英语转变的建议

一、大学英语教学从通用英语向学术英语转变的具体建议

（一）重新构建教学内容、设置教学目标、

大学英语教学要实现由通用英语向学术英语的转变，应选取具有实用性、学生感兴趣的内容，并以印刷版或电子视频的形式提供给学生。从听说方面来说，学术英语要具备真实的教学材料，包括谈话录音、演讲视频、电影节选等视听材料，使得课堂能成为学生语言实践的场所。教师可选取一些视听资料，以此为主题组织学生进行课堂会话或小组讨论，提高学生的口语表达能力。从阅读方面来说，教师要向学生重点讲授阅读技巧，培养学生在阅读中记录、判断和概况的能力，培养学生阅读信件、技术说明或者商务合同等材料的能力。从写作方面来说，教师要培养学生写应用文的能力，向学生讲授各类应用文的格式和语言特点，帮助学生学会撰写推荐函、会议纪要等。

（二）重视英语课堂教学活动的设置

要实施学术英语教学，就要考虑到如何进行小班教学、如何引导学生进行合作式学习等。要实现学术英语教学，就要进行小班教学，既能够提升教学质量，还利于培养师生之间的情感，为学生创造更好的学习环境。同时，教师要引导学生进行合作式学习，培养学生的合作意识和分享意识，在语言实践活动中学习和运用语言。教师还要考虑到每个学生的参与度，鼓励每个学生都参与到活动之中，与其他成员进行交流，提高他们运用语言的能力。

（三）建立科学有效的英语教学评估体系

教学评估是英语教学的重要环节，教师能够了解教学效果，从学生那里获得反馈信息，以此不断完善教学。学术英语教学评估体系包括学生学业和教师教学评估。学生学业的评估分为过程性评估和终结性评估两个维度，过程性评估侧重考查学生的参与度、自主学习状况、合作学习能力以及作业完成情况等方面，其有利于教师了解学生的学习情况；终结性评估则是学期末对学生的整体考核，不仅要考查学生的通用英语技能，还要考查学生特定学科的英语技能，不仅要量化学习成绩，还要注意对学生创新思维能力、合作能力、自主学习能力的考核。教师的教学评估是针对教师教学来进行的，建立教师的教学评估体

系，要设定多样性的评价指标，科学分配学生评价、专家评价以及管理者评价的比重，以使评价更加具有真实性、合理性和公平性，进而发挥教学评估的诊断作用，引导教师积极完善教学活动。

（四）提升教师的综合知识水平，改变知识结构

大学英语要实现从通用英语转为学术英语，关键在教师的推行，这就要求教师要提升自己的整体水平。教师开展英语教学活动要以培养学生在专业领域运用英语能力为目标，使得自己转变为"双师型"的教师，既要具备大学英语教师的职业素养，又要对学科的专业知识有所了解：一要积极组织教师进行学术英语教学的观摩活动和研讨活动，促使教师相互交流学习；二要引导英语教师与专业教师相互合作，让英语教师走进学生的专业课堂，了解专业教师的授课方式和相关专业知识等。

二、从通用到学术：大学英语教学转变的策略

（一）改变教师与学生的教与学理念

传统的教学方法所体现出来的是"师本教育"，即以教师教为主。这种教学方法限制了学生的创新思维与学习的主动性，因此效率极为低下。学术教育体现的是"学本教育"，即以学生为中心的教育，符合学生发展的要求。因此，要实现从通用到学术的转型，就要改变教师的教学理念和学生的学习理念。让学生成为学习的主人，让老师成为学生学习上的帮手，培养学生主动学习的热情和创造力。

（二）加强师资力量、教学设施建设

大学英语的学术教学，在我国是一种新兴的教学方法，因此需要引进国外的经验，对大学英语老师进行培训，加强学术英语教学师资力量。还可以引进国外优秀人才，壮大我国学术英语教学的师资力量。在加强师资力量建设时，可以参考将好的学习方法引进来，如PBL教学等，拓展教师的教学方法，将更有效地提高学生英语应用水平的方法引进教学之中。由于我国学术英语教育起步比较晚，因此对其进行研究并且建立完整系统的教育体系十分重要，这就需要引进优秀教育人才以及加大投入力度。从通用英语教学到学术英语教学还需要更新英语教材，将专业性的学术英语教材引进来，不断地研究符合学生未来发展需要的教材。

大学英语教学是培养高层次人才的摇篮，通用英语教育仅仅能够起到打基础的作用。因此为了适应社会的发展，人才的竞争，并且将我国人口压力转化

为人才优势，需要转变我国大学英语教育模式。学术英语教学是大学英语教学的本位回归，它不仅可以培养学生进行本专业文献查阅的能力，还可以培养学生在未来的岗位上与外界进行交流的语言能力。因此，从通用到学术的转型符合时代的发展需求。

三、做好通用英语与学术英语的衔接

大学英语基础教学阶段的 EGP 教学强调的是英语语言的共核，ESP 教学从本质上来说也是语言教学，它的实质在于它与学习者的工作或学习中的某种特殊需要有着紧密的联系。两者在教学中并不是相互排斥、相互否定的关系，而是有很强的互补性。在实际的语言教学中，两者都须兼备，EGP 课程是 ESP 课程的基础，ESP 课程是 EGP 课程后专业语言水平提高的必要课程，是为实现同一教学目标的两个层次，先打基础，后攻专业是语言学习及提高的基本规律。因此，在课程的设置上、教学方法、教材使用上等方面就必须要考虑基础阶段大学英语教学与 ESP 教学的衔接问题，使学生能平稳地从基础英语学习向专业英语学习过渡并真正地实现高等教育中外语教学的最终目标。

首先，应该把通用英语教学与 ESP 教学贯穿在整个大学英语的教学过程中，两者不可割裂，同时参照现在国内高校普遍采用的分级制教学方法开展教学，也即根据学生的实际水平进行分等级、分阶段的教学。在整个大学英语的教学过程中，对于英语基础较差的学生首先在入学的初级阶段还要进行基础英语的教学，教学重点可以放在提高学生的基本的语言技能，在语篇教学中突出对学生的一般词语用法及语法规则等做查漏补缺及系统性梳理工作，在此基础上，通过大量的人文类语篇且难度上逐渐提高的阅读语篇提高学生的语感及词汇的复现率。经过一两个学期的基础夯实后，在第三学期也就是提高阶段可适当地、少量地引入与所学专业有一定相关性的基础性的科技文献进行阅读并进一步强化语言基本功。例如，可以选择阅读一些简单的英文实验报告、常用商品的英文说明书等让学生在阅读中逐步体会，并开始了解科技学术类语篇与人文类题材语篇在表达及体裁上的差异性，同时逐渐引导学生对专业英语的学习兴趣。这一阶段可以以阅读为主要手段，毕竟学术语篇的表达与普通人文类语篇存在着非常大的差异性。例如，学术语篇会通过语法隐喻的使用来增强技术性、理性和客观性，而正是这种表达在一定程度上增加了理解上的难度，而这也正是学生学习 ESP 课程所需要提高的语言能力或未来学习双语课程所需要具备的能力。到了第四学期，这部分学生可以进入简单的英文论文摘要的仿写练习，熟悉一些基本的学术规范和常用的学术语言表达并开始尝试初步的文献综述的写作，为未来真正的专业英语学习打下良好基础。

另一方面，对于入学时基础英语较好的学生来说，用于打语言基础的学时可大大压缩，甚至可以把梳理语言基本功的部分任务完全糅合到科技文献阅读中进行，即在入学阶段就可以进行通用英语和初步学术英语内容相结合的学习。这部分学生的学习目标可以区别于英语基础较弱的学生，在进入第二或第三学期后，即可开始科技英语的仿写练习；到课程结束时，能真正地了解简单的、初步的学术论文的规范，论文摘要的写作方法并能够写出一般的论文摘要和论文综述。但是，这种分级、分阶段、分目标的教学表面看起来简单，操作上却会有非常多的困难。编写通用英语与专门用途英语相衔接的教材是个不可忽视的大问题，专业学科问题尤其是教材编写中不能回避的问题，专业学科若分得过细，教材种类过多，一方面在现有师生比例情况下不具可操作性，同时也会加剧大学教育过度专业化的局面，不利于拓展学生的知识面。因此，对教材进行总体规划将非常重要。目前较为可行的办法仍然是早期"大文大理"的分科教材，结合具体学科的核心知识，变纯语言学习为结合"内容"的学习。在这种模式下，师资队伍也需要做重新培训和配置，以适应新的教学内容及教学目标。评价体系是另外一种衡量教学指标的手段，它将直接影响到教学的导向和根本的教学质量。

总之，这种分等级、分阶段、分目标的教学完全是基于目前大学英语的教学现状所构思的模式，这种模式的关键在于强调通用英语与专门用途英语的有效衔接，强调专门用途英语在大学英语课程中的重要地位以及在复合型人才培养中的作用，但也不忽视通用英语的基础积累才是真正尊重语言的学习规律、尊重人才培养的做法。

第四节　重构大学英语教学体系

一、大学英语教学体系的重构分析

（一）大学英语教学体系重新构建的原则

不可否认，我国大学英语教学体系目前仍有诸多不完善的地方，对不能适应新形势的部分进行改革是十分必要的，但不应全盘否定。以通用英语为主体的大学英语和学术英语之间并非非此即彼的关系。大学英语教学的当务之急是重新构建新的教学体系，把学术英语纳入到大学英语教学体系之中，以满足部分学生对学术英语的需求。

大学英语教学体系重构应把握三点。一是把握大学英语工具性和通识教育功能，把握通用英语的基础英语地位和学术英语的工具性质，同时在课程体系搭建上兼顾通识教育功能和学术英语的工具功能；二是考虑学生的实际水平，即学生在满足一定标准后可以进入学术英语和其他通识课程的学习；三是考虑学生的具体需求，即在通用英语核心课程外逐步扩大大学英语选修科目，满足学生不断增长的个性化需求。

（二）大学英语教学体系重构

大学英语教学体系构建的核心是课程体系建设，在原有两元课程体系的基础上增加学术英语教学供学生选修，变两元教学体系为三元教学体系，即通用英语核心课程、通识教育选修课程和学术英语选修课程，并在此基础上针对不同课程采取不同的教学模式。各高校可以根据各自学生的实际水平确定三部分教学的时间和比例。这一重建构想与大学英语"三套车"课程内容框架异曲同工，唯一不同的是"三套车"框架中没有明确学术英语的地位。

二、构建以学术英语为导向的大学英语课程

（一）EAP 课程体系的构建原则

1.EAP 课程体系目标的个性化

EAP 是满足学习者特定需要的英语，EAP 的课程设置要"充分体现个性化，有利于学生个性化的学习，以满足他们各自不同专业的发展需要"。基于"需求分析"的个性化 EAP 课程教学大纲是实施不同类型、不同特色课程方案的前提。各学校应结合本校的培养目标，专业特点与学生的个性化发展需要，设计并制定不同专业的个性化 EAP 课程教学大纲。在此基础上，一方面，根据各学院（系）专业发展的需要提供可协商的、菜单式的 EAP 课程设置，发挥学院对 EAP 教学质量提高的主动性，更好地提供分类指导，满足学生的个性化发展需要；另一方面，在课程设计上注重对学生专业研究能力的培养，以研究的框架去发展学生在将来专业学习所需要的英语能力。

2.EAP 课程体系内容的多元化

EAP 是一种高校层面上为大学生用英语进行专业学习提供语言支撑的英语教学，具有帮助大学生从高中普通英语过渡到大学用英语进行专业学习的不可或缺的桥梁作用。所以，EAP 应成为大学英语教学的主要内容。EAP 分为 EGAP 和 ESAP 两大部分，EGAP 可根据情况在大学一二年级开设，学生在听、说、读、写、译方面的技能训练都应围绕开展学术活动进行。到了高年级阶段，学生的英语学习重点则应定位在 ESAP 上。鉴于我国地区之间和高校之间在生

源、师资力量、教学条件以及教学水平方面存在的差异，各校可以根据自身实际情况在各教学阶段采取不同类别的 EAP 课程组合方式，为学生提供多元化的、具有专门性特征的英语课程教学。

3.EAP 课程体系资源的网络化

随着教育技术的发展，多媒体网络拥有了无比巨大的信息资源量，它为学生了解本专业、学科发展的动态和知识前沿提供了优越的条件，也能有效指导学生利用丰富的资源进行自主学习提供了便利。EAP 课程体系建设应该借鉴通用大学英语教学改革中的优秀成果，如网络教学平台、基于课堂和计算机的多媒体教学模式等，充分利用多媒体网络资源丰富 EAP 课程的内涵建设和教学模式，为学生提供良好的语言环境，解决专业领域中的交际问题。网络作为信息的特殊载体，可以帮助解决现有 EAP 课程建设中在课程设计、教学模式、教材建设等方面存在的不足，更能有效促进学生个性化学习方法的形成和学生自学能力的发展。

4.EAP 课程体系评价的科学化

评价的目的主要是解决课程大纲执行中存在的问题，为课程体系建设提供新的改革信息点，并为学生的课程学习策略和学习效果提供相应指导和参考。通过加强和完善课程评价体系，引导学生重视学习过程，培养学生运用英语获取新知识特别是专业知识的能力，从而有利于学生个性化的学习，有利于学校培养满足社会需求的复合型人才。因此，EAP 课程体系评价应探索多元化的考核方式，体现其科学性，在形成性评估与终结性评估有效结合的基础上，如何注重形成性评估，完善评价体系，这也是 EAP 课程体系建设的主要内容之一。

（二）EAP 课程体系

大学英语教学不只是一门课程，而且是一个结构完善的课程体系。以学术英语为导向的大学英语课程体系应由过渡课程、核心课程和选修课程等三类课程组成。过渡课程应规定为选修性质，主要是为英语水平较低的新生设置的普通英语课程，目的是完善基础使他们尽快过渡到核心课程上来。过渡性的普通英语课程包括听说、阅读、语法和写作等具体课程。核心课程分为 EGAP 和 ESAP 两大部分，EGAP 应设置为必修性质，主要培养跨学科的学术英语能力，课程包括学术听说、学术陈述、学术阅读以及学术写作等。ESAP 在高年级开设，侧重特定学科的词汇、句法、语篇、体裁和交际策略的教学，可根据学校和专业情况，设置如医学英语、金融英语、法律英语、计算机英语等课程。ESAP 的课程性质为选修还是必修可由具体学校或专业院系来规定。

选修课程主要是为了丰富学生的英语语言文化，拓展综合素养，强调大学英语学习的人文性。通过开设一些可供选修的通识英语课程，如英美社会与文化、欧美影视与文学欣赏、科学发展与伦理等等，帮助学生通晓国外文化与社会，懂得本专业的国际规则，掌握学术交往中的跨文化交流、合作和沟通的技能。培养学生对不同文化的理解和容忍态度，以及本民族认同感，发展他们的科学和人文素养，尤其是批判性思维和创造性思维能力。

总之，各高等学校在课程设置上应充分体现自主办学和分类指导的原则，根据各校专业需求、学生水平等实际情况设计个性化的校本大学英语课程体系和院系大学英语课程方案，将普通英语课程、学术英语课程和跨文化交际课程有机结合起来，构建一个更加科学、更能满足社会和学生个性需求的大学英语课程体系。

三、学术英语写作教学体系的构建

（一）学术英语写作教学的需求分析

经过几个学期的英语学习，大学生能够掌握听说读写的基本技能，能够通过四、六级考试，但这种英语能力只停留在日常交际和语言本身的层面。学生的学术英语能力仍然基本空白，随着时代的发展和全球化趋势的进一步推进，许多大学生未来会选择出国、考研继续深造等道路，但在听取学术报告、参加学术讨论、进行学术陈述、撰写学术论文等方面的能力十分欠缺。一些学生在学习专业知识后，虽然专业方面造诣比较深，但发表科研论文的数量却非常少，有时候其原因不在于作者的创新点和内容深度不够，而在于语言表达不够准确，论文撰写不符合学术规范。一方面，社会对学术英语的需求十分迫切，英语本身作为工具性学科，应该体现为专业服务的特色。另一方面，学术英语的学生需求也十分强烈。基础英语学习结束后，大学生仍然有进一步加强英语学习的热情和需求，许多学生选择参加各种证书考试来延续英语的学习之路，但对他们最有价值的其实是从基础英语向专业英语过渡的通用学术英语。

（二）学术英语写作介绍

学术论文是针对某一学科领域的某个方面进行研究后撰写的描述研究成果的学术性文章，是包含研究、批判性思维、资料评估、组织和行文等一系列复杂过程的最终产品。学术论文的主要内容为报道学术研究成果，反映该学科领域最新、最前沿的科学水平和发展动向，并展示作者对所选题目的观点和发现。其目的是告诉读者研究话题、研究目的、研究方法、研究结果、研究发现、研究结论，并就进一步推进该领域提出一些建议。

（三）学术英语写作的教学体系构建

通过在某高校进行试点，在实验班为学生讲授16学时的学术英语写作内容。其教学体系具有如下特点：第一，学术英语写作的教学内容不涉及某门具体学科，而是涵盖自然科学和人文科学的各个领域。内容不是纯专业的英语，具有通识性，语言教师经过培训完全能够胜任；第二，与传统的写作课不同，教师的课程安排完全按照学术论文写作的流程进行，内容紧扣规范撰写研究论文的主题，服务科研的目的十分明确；第三，学生的写作练习围绕做一篇真正论文的形式逐步展开，涵盖从采集资料、论文选题、论文提纲、论文摘要、文献综述、参考文献等各个环节；第四，课程结束后还提供一个将学术成果进行交流展示的机会，这样既可以提高学生对学术活动的兴趣，也可以提高学生进行学术陈述和学术交流的能力。

四、通用学术英语教学设计及教学策略探索与实践

（一）通用学术英语课程规划与教学策略探讨

运用英语从事专业实践的能力是学术英语课程的核心。本课程以推进有效率、有效益和有效果的通用学术英语教与学为出发点，以促进主动学习与合作学习和师生互动的学术英语课内外学习与实践为着手点。

在实践层面上，从大学一年级着手进行学术英语基础训练与引导，开展学术英语教学实践，并且努力细化学术英语教学课堂互动措施，统筹课前准备、课堂活动、课外任务，有步骤地进行学术规范训练，包括学术文献阅读评析、资料检索、研究计划提纲、文献摘要、论文写作、演讲、辩论基本技巧和策略、焦点问题探讨、学术研究项目专题报告等，鼓励学生提出问题、发现研究重点和新的学习议题、寻找参考资料、充分利用图书馆、网络资源等，接触大量的英语学术资料，整合信息，形成一个开放的学习过程，让他们能够最大限度地处于主动积极状态，实现思维方式的创新和突破，使目标明确、目的性强的教学引导和学生研究性的"学"产生良性互动；充分发挥大学英语教学"衔接性"课程的作用，与学生专业学习需求相互配合，帮助学生逐步形成英语学术能力，使英语学习有力支持其进行专业学习、交流及工作，从而能够运用较高层次的语言技能有效交流研究成果，实现语言知识、专业知识的学习以及学术思维在新的层次上的拓展。

（二）体现研究性教学理念，激发学生自我引导性学习的动力

"自我引导性学习的动力"来自于有需要、有目标、有兴趣的学习。有效

的通用学术英语教学应具有激发学生学习兴趣、动机和主动思维的作用。其中的一个根本点离不开研究性学习的教学引导。研究性教学着眼于培养学生独立思考能力、自主学习意识、创新性思维和钻研精神，锻炼他们创造性地运用知识和能力去发现、研究、解决学习问题。研究性教学的理念注重研究与实践性紧密结合的教学设计和教学活动，是从培养学生自主学习以及可持续发展能力的高度思考教学，尊重学习者主体价值、自主精神、探究意识、创新意识、激活学生学习兴趣和探究动机，帮助学生掌握学习知识的能力，同时学会分析问题和解决问题的方法。师生在提出问题、分析问题、探讨研究课题、报告和评价研究任务等互动交流的教学活动中，促使学生能够通过多种途径，学与用并进，开阔学习视野、积累经验。根据动机研究理论，"学习体验质量越高，就越能够去参与，并能够坚持去做"。研究性教学既是教师研究与构建开放的、动态的教与学框架的教学实践，又是师生共同提高和发展的互动性教学体验。

通用学术英语研究性教学的策略和目标是，把大学生英语学习与专业学习、逻辑思维与思辨能力培养同学术创新活动和科研实践紧密结合起来，着眼于建立促进大学生多维和高层次的英语学习机制，使外语学习和专业课程学习有机关联、互动，为学生认真而有质量地投入学术研究打下必要的基础，使学生获得从事学术研究、国际学术交流、国际技术合作以及技术的应用、推广等学术活动或技术活动的有效的跨语言交际能力和宽广视野。通用学术英语课程模块关联外语三大功能（即工具性、专业性、人文性），是各学科大学生能力和科研素质培养中不应缺失的要素。对教师而言，明确的教学目标有助于课堂教学内容和活动任务的安排与阶段性和长期性的语言能力和交际能力的目标相结合，帮助学生通过创造性地组织和安排自己的学习，获得有效达到这些目标的能力。

大学通用学术英语课程引入研究性教学的理念，便是根据不同阶段的教学内容和目标，采用探究式、问题引导、任务驱动、文体分析、主题演讲等教学方式，在大学英语教学中融入思辨性强和语言与实用技能并重的通用学术英语教学内容，以此为大学英语课程的落脚点，并将研究性教学原则体现在教学管理和教学活动的各个环节，使得通用学术英语课程成为连通大学生英语、专业、学术研究与交流等综合实用能力发展的桥梁。

（三）建立起师生互动的学习与评价机制

鉴于当前大学外语通用学术英语教学方面的教师、教材等准备尚处于起步阶段，通用学术英语教学实践突出实用性和思辨性强的特色，师生共同创设研究性语言学习和实践的情境，将研究性教与学渗透在整个教学过程之中，使语言学习成为一种互动、合作、促进有效学习的"创造活动",丰富学生以外语作为工具进行学术探索研究的体验与真实外语交流实践经验。教师通过对教学工作不断地反思、评价、修正,发展对教学过程的理解和该课程研究和教学的技能,不断优化教学活动策略,重视整体和长远教学效益研究,更好地把教学创新研究与教学实践结合起来,实现该课程教学的系统规划,奠定通用学术英语有效教与学的坚实基础。采取相应的教学策略如下:

第一,从合理选编课堂教学材料入手,精选各个方向的学生能够接受的涉及人文、科技等语域的学术英语素材以及真实语料,对语篇类型进行系统归类,使学生接触到诸如研究论文、学位论文、研究报告、会议论文、论文与会议摘要、综述、致谢等语篇体裁和引言与参考文献格式、规范等,了解学术英语语言的运用规则和典型语言形式,以及学术语篇的语体、语言特征等,认知学术英语的一些规律,获得有关学术语篇特色的感性认识,为学术实践提供针对性指导。学生则围绕有层次、渐进的学习内容和特定训练单元,以英语为工具进行学术讨论交流,使之转化为一系列实用学术能力。

第二,制订明确的教学目标和学术性教学任务,营造通用学术英语创造性学习的环境、过程,倡导体验、实践、参与、合作和交流的学习方式,确立适用的教学模式。教师灵活利用、整合、提炼教材以及学术文献中适用内容,设计学术英语课堂活动方案,既有师生对文献文体特征、篇章特点及构成要素、语句、修辞等语篇之宏观结构到微观要素的共同分析,又有促进学生加深理解学习材料中语言、文化、思想内涵的引导,激发他们的批判性思维、发散性思维,培养多角度、深层次地思考和分析问题的习惯和能力,激励学生拓展学习单元主题,课下查阅资料,将所学知识和学术规则运用于各自的论题或研究项目,然后在课堂上表述自己的见解、设想等。例如,具体的操作包括:围绕具有不同交际功能和任务的文本展开教学活动,帮助学生做好专题讨论的准备,并就讨论的准备和实施向学生提出具体要求。学生准备的主要内容包括:聚焦探讨主题,结合对相关教学单元篇章类型与语篇构建规范理论上的认识及读写训练侧重点,围绕论题查阅参考资料,把握与论题有关的知识背景,对相关专业知识和专题信息有更深入的了解,通过独立思考形成自己的见解,有理有据地阐明观点,并以专题报告、制作PPT配合主题演讲等形式,做学术性的陈述,交流研究成果。

建立教师有效引导下的以学生为主体的"学与用有机关联"的通用学术英语教学模式,还意味着让学生的课外学习成为课堂教学的一个自然延伸和补充,增强学生学习的主动性,充实课外语言实践内容和提高学习效率。

第三,充分利用学生和教师的反馈信息和实证数据,教学实践中进行任务教学法和学术项目教学法有效性探索。建立学术研究小组，用所学知识指导语言实践，师生密切配合确定课内外学术研究课题，鼓励学生关注思考和选择科研性强的论题，多了解科研视角，丰富求知活动，培养创新思维和科学精神。

师生根据总体教学计划，协商确定阶段性拓展思路、开阔视野的研究课题。针对学生英语学习和语言技能发展的主要问题和需求，开展形式多样化研究性学习活动，按照学术研究规范要求，完成研究任务，置学生于主动、创造性学习的语言运用情境之中，使其自觉寻找分析和解决问题的途径，质疑、探究，激发开放性、批判性思维，培养责任意识，拓宽学术视野，提升人文与科学素养，不断开发创新潜能。相对于大学基础英语课堂而言，在学术英语课堂上学生更容易获取比较前沿、内容丰富的信息。对于当前知识面广、兴趣浓厚的大学生来说，目标导向的学术英语课堂更容易让其产生兴趣和参与的积极性，为学习提供内在动力，由学习"客体"变为学习主体。

基于任务和项目研究的教学方式能够帮助学生在学习和思考研究专题的同时，提高对学术语言的掌握程度。在研究性和互动性强的学习过程中，通过自我评价和互评发现问题，学生的合作精神、表达能力、解决问题的能力也可以得到提升和及时反馈。

第四，建立有利于研究性学习的学术英语课程评价机制。大学英语学术英语课程以改革传统教学模式、教学内容体系和改变教与学的方式、方法为基本特征。在创造激发学生研究主动性、充分发挥学生创造力和互动性强的教与学环境的同时，相应的评价机制的构建也是提升创新型研究性教学模式效力不可缺失的环节。所遵循的基本原则是：以激发、鼓励乐学、会学、善思的积极学习行为，以及培养自主学习能力、思辨能力、创新意识和科学精神为要点。具体落实到课堂活动参与、学习任务完成质量考核、评价方式以及学术项目选题科学性、有效性的设计与实施，并重视深入细致的教学反馈研究等。

从基础英语教学到大学通用学术英语研究性教学的转型，意味着大学英语教学理念、内容和方式的转变。推动通用学术英语有效教学研究和大学英语教师专业素质和学术能力的培育，避免落入低效教学的境地，无疑是英语教学工作者必须面对和用心探究的新课题，更为重要的是，这也将成为大学英语教师持续发展的"内在动力"。

第九章 学术英语教师学术实践能力与学习者的要求

第一节 学术环境

一、对学术环境的认知

《框架》对学术英语教师的学术实践能力提出了总体认知要求。首先，教师应当对自己所工作的学术环境有充分的了解。《框架》要求学术英语教师应当对高校的组织、教育、沟通等方面的政策、规定、价值观和惯例有充分的了解。同时还应当了解所在高校在下列方面的规范和惯例：课程结构，教与学，员工与学生的沟通，知识传播和出版的模式——包括纸质媒介、电子媒介、口头表达的体裁（讲座、研讨会和会议发言）。此外，教师还应当知道学校在道德行为、对知识产权的尊重、纪律规章和学生支持服务等方面的政策。

由于各学校对于学术英语的重视程度不同，相关的政策规定将直接影响到学术英语教学的成效，因此，教师必须对此有所了解。有些学校或是教育机构很重视学术英语课程，在教学资源分配上相当慷慨，并对学术英语课程给予学分。而有些学校和教育机构则把学术英语当作一门边缘化的课程，由学生自愿选修。各教育机构的学校文化也各不相同，从而影响了教师合作、对革新和教师自主的态度等各个方面。近些年教师培训项目的重心已经从仅仅把教师当作是知识的传输渠道转向更为自主的角色，这意味着教师把自己视为更加自主和独立的教学参与者。这种转变部分与教师对于他们所能控制的教学环境因素的评价立场有关，也和教师意识到教学目标、课程内容、任务和评估方法都可以与学校和学生进行商榷有关。

二、教师具体能力要求

在总体认知要求的前提下，《框架》对于学术英语教师在学术环境方面的

具体能力要求进行了描述:

1. 能够处理来自不同专业领域的教学材料和任务,并且能够理解和实践这些材料和任务所呈现的观点。由于教学目标和教学内容的导向性,学术英语教师不得不处理来自学科专业领域的教学素材。因此,学术英语教师除了具有坚实的语言基础和较强的语言教学能力以外,还需要对教学所涉及的专业领域有所了解和认知,并且能够在教学实践当中将专业观念体现出来。Johns(1997)就曾敦促学术英语教师运用他们的能力去探索专业学术领域,包括相关的语言、价值观、体裁、文化,等等。

2. 帮助学生了解和逐步掌握所在学科英语写作和口头表达的方式及其惯例。这要求教师要熟悉不同学科领域的不同学术体裁,找到规律和规则,并采取有效的方式将这些规则引入语言教学课堂中来,帮助学生在学术写作或是做专业报告时能够自觉地遵循这些规律和规则,使语言的表达和呈现方式符合该学科领域的要求。

3. 帮助学生理解学校政策和规章以及制定它们的原因。在英国的高校,很多学术英语课程的开设时间都是在学校正式上课之前,因此学术英语教师成为学生在大学里接触到的第一批教师。学术英语教师有责任帮助学生了解学校的学习环境和规章政策。为期较长的学术英语课程中通常都有一个专门的环节讲解学校的相关规章制度、教学设施和资源、学习制度甚至在英国的日常生活注意事项等,目的是帮助学生尽早熟悉学习和生活环境,更快更好地适应在异国他乡的生活和学习。国内高校开设的新生入学教育课也有类似的学习环节。

三、教师能力评定指标

除了以上对于学术英语教师在学术环境方面的实践能力要求以外,《框架》还给出了评价教师是否具有上述能力的参考指标:

1. 教师要能将学术英语课程的目标、内容和技能与学校的课程语境和要求联系起来。

2. 教学的最终成果(纸质版,口头或是电子版)要与学校的文化习俗保持一致。

3. 在学习活动和评估任务中使用正确的引用和参考。

总之,学术英语的教学活动需要与学校的学术环境相匹配,要符合学校的办学宗旨和办学目标,教师要尊重学校文化和知识产权。

第二节　学科差异

一、对学科差异的认知和理解

《框架》指出学术英语教师应当能够识别和探索学科之间的差异性，以及这些差异性如何影响到知识的拓展和传播方式。在此要求之下，学术英语教师不再是一个单纯的语言教师，而是一个有着多种学科基本知识背景的语言教师，他们需要花费比通用英语教师更多的时间和精力来完成教学任务。

《框架》指出学术英语教师应当拥有对以下内容的认知和理解：
（1）话语群体以及怎样成为群体成员和做到完全参与。
（2）话语群体的听众。
（3）知识形成中以证据为基础的推理的重要性。

"话语"这个词被广泛运用在社会科学领域，通常被用来指反映这个世界不同方面的不同方法，并通过不同的演讲者、写作者或是文本唤起人们对思考和谈话方式的反思。话语能够支撑社会群体的行为和他们的联系，从更专业的角度来说，话语指的是被用于交流的语言或是文本的延展，也就是使用中的语言。Barton（1994）指出一个话语群体就是拥有共同的文本和惯例的人。他们可以是一群学者，也可以是一群读杂志的青少年，也就是说，话语群体可以用来指阅读某一类文本的人群或是参与话语读、写练习的人群。

高校不同专业的学生通过不同的学术话语展现他们的思想，比如课堂发言和会议发言、作业、论文等。用这样的方式他们获取了在不同学术领域的交流惯例，从而最终成为这一学术群体当中的一员。

二、教师具体能力要求

根据上述内容，《框架》对于学术英语教师应当具有的能力进行了详细阐述：
（1）与学科专家合作，考虑他们对于知识传播所持有的不同观点。
（2）提高学生对于自己学科领域的话语特点的意识。
（3）训练学生探讨所在学科的一些习惯性做法（比如引用文献为据的方法）。

学术英语教师不是，也不可能成为每一个学科专业领域的专家。因此，学术英语教师要善于向学科专业教师请教，在教学内容、教学素材、教学任务的设定方面听取专业教师的意见以及他们对于学术英语教学模式的不同见解。学生在经过学术英语学习之后要进入专业学习阶段，学术英语教师与学科专业教师之间的沟通将直接影响到学术英语课程与专业课程学习之间的衔接。在学术英语教学阶段，教师应当通过多种方式（文本、任务）帮助学生尽快熟悉和掌握自己专业领域的话语特点和行文惯例，以便能够顺利进入专业学习。

三、教师能力评定指标

《框架》列出了评价学术英语教师是否具有上述能力的参考指标：

（1）向学生提供探寻学科差异和价值的框架，特别要与知识的传播联系起来。

（2）引导学生探寻所在学科话语群体的体裁和了解相关方面的专家。

学术英语教师需要对学科差异具有清晰的认识，熟悉各学科的惯用体裁和话语特征，并能将这些知识进行总结归纳，从而为学生提供一个框架，带领和激励学生探寻这些专业特征以及关注专业领域的领军人物，激发学生的求知欲和探索精神，从而加深对专业话语特点的认识。

第三节　学术话语

一、对系统语言知识的认知和理解

《框架》指出学术英语教师应当在系统语言知识，包括话语分析知识方面具有较高水平。学术英语教师应当拥有对以下内容的认知和理解：

（1）话语特征和次技术词汇。
（2）短语、从句和句子层面的语法和句法。
（3）超越句子层面的话语特征。
（4）衔接与连贯。
（5）语义学和语用学。
（6）文本分类的方法，例如：体裁和文本类型理论。

二、关于话语特征

根据 Hyland（2009）的定义，学术话语指的是在学术领域思考和使用语言的方式。学术话语并不仅仅是作为传递思想的工具而存在的，它也能影响一个人的社会身份、价值和世界观的形成。学术话语的呈现方式通常有课本、论文、会议发言以及研究性的文章等。学术话语与一个话语群体或者"练习群体"在交流中所使用的共识、规范、惯例、语言、词汇和礼仪等密切相关（Johns, 1997）。通过一代又一代的发展演变，每一门学科都建立起了自己特定的规则，比如操作程序、判断相关性和正确性的标准、关于可接受的争辩形式的惯例，等等。简而言之，每一门学科都发展出了自己的话语模式。因此要学习一门学科，就需要遵循这些规则，特别是参与到话语群体中去是极其必要的。

学习一门学科意味着，除其他目标以外，学习用该学科认同的方式来使用语言。它牵涉到学习一门专业的话语以达到可以在该专业领域进行读、写、口头表达，推理和解决问题以及进行实践研究的目的。一门学科的概念、说服方法、解释方法和构建知识的规则都是通过语言来明确的。学习一门学科就意味着学会成为那个话语群体中的一员来进行交流。科学语言、工程语言、文学语言或是营销语言很大程度上是通过在特定的环境中为了特定的目的而运用这种语言学会的。学术英语教师的工作，部分地说，就是要帮助学生完成这样一种过程。

三、关于学术词汇

要读懂专业文本，撰写专业文章，仅仅掌握专业话语特征是不够的，还必须具有专业词汇量。对于学术英语教学而言，学术词汇是教师所必须掌握的，这样，学术英语教师不必是学科领域的专家也能阅读和理解相关的文本。

在高等教育领域，英语词汇被分为四大类：

（1）高频词汇这部分词汇是所有语言运用的核心基础，大约有2000个词。学术文章中80%的词汇属于此类。

（2）学术词汇这类词汇是指在大量的学术文章当中频繁使用，但在非学术文章中却不常出现的词汇。这部分词汇的量很小，只占学术文章使用词汇的8.5%~10%，但这部分词汇对于学术学习至关重要。

（3）技术词汇这类词汇与专业领域密切相关。在每一个特定的专业领域，此部分词汇大约为1000词，他们在一篇专业文章里中所占的比例不超过5‰。

（4）低频词汇这类词只出现在极其狭窄的领域，且使用频率很低。

在上述四种词汇中，学术词汇又被称为次技术词汇。尽管专业词汇对于学生专业领域的学习至关重要，但学术词汇却起到了不可或缺的支撑作用。这部分词汇对于学术英语教学素材的发展十分有用，应当引起重视。学术词汇的重要性在于：

（1）尽管他们在非学术文章中并不常见，但他们是在广泛的学术范围内最常见的词汇，也就是说这类词不具有特别鲜明的专业特征，而是在学术领域共用的词汇。

（2）学术词汇的使用在学术文章当中占据不小的比例。

（3）学术词汇不是技术词汇，但学习者对于学术词汇的认知往往低于技术词汇。

（4）对于学术英语教师而言，他们更能在学术词汇而不是技术词汇方面给予学生帮助，因为教师本人也可能缺少某一个特定专业的知识背景。从这个层面上来说，学术词汇满足了带有专业目的学习者的最基本的词汇需求。

四、学术词汇在教学中的运用

对于学术英语教师来说，学术词汇的教学贯穿于整个语言教学的四条主线：以意义为核心的语言输入—以语言为核心的学习—以意义为核心的输出—语言流利度发展。因此在设计教学大纲和选择教学材料时，应当注意以下几个方面：

（1）听和读的活动要能够鼓励学术词汇的学习。比如学术文章的精读和泛读、听学术讲座或讨论等。

（2）以语言为主的教学活动也必不可少。比如直接教授词汇，学习词汇卡，进行词汇分析，等等。不少学术词汇来源于拉丁语和希腊语，这些活动将帮助学生更好地记住这些词汇。当然，在以语言为核心的学习中学到的词汇还应在其他三条主线的学习当中得到反复巩固。

（3）因为学术词汇还大量运用到说和写的环节，因此学生需要在以意义为核心的输出中使用这些词汇，也就是学术情景中的说和写。对学术词汇的输出运用是学术成功的重要构成部分。在此环节可以设计的活动有正式的演说、基于课文的讨论、撰写文章概述和评价批判，等等。

（4）能够熟练地使用词汇是词汇知识的一个重要部分。对词汇的熟练程度将直接影响到学生是否能够将主要精力放在表达什么而不是怎样表达上。词汇使用的流利程度取决于词汇使用的频率。教学设计可以从听、说、读、写四个方面入手，使学生能够全方位地接触和使用同一主题词汇，从而提升词汇使用的流利度。

毋庸置疑，学术英语教师首先是一名语言教师，因此，在大量掌握学术词汇并熟练运用的基础上，他们还应当娴熟地掌握语言的系统知识，能够从词、短语、从句到句子、篇章的分析中传授相关的语法和句法知识，从而培养学生独立阅读的能力。在此基础之上，引导学生阅读专业文章，站在超越句子层面的角度看待文章的特点，寻找不同体裁所体现出的不同话语特征。

五、对语言学理论的掌握及运用

关于衔接与连贯、语义学和语用学以及文本分类的方法。学术英语教师必须掌握语言学的相关理论，并能将这些理论知识与教学实践活动结合起来。学术英语教师应当重视语篇知识、语义学和语用学知识在学术英语阅读和写作中的作用和运用，并在教学过程中教会学生遵循和使用这些规则，从而加速学生对于相关技能的掌握。在学术英语教学领域，对于文本体裁和文本类型的敏感度尤其重要。在指导学生进行的学术文章阅读和写作的时候，教师要具备对文本进行分类和分析的能力，引导学生自觉区分不同文本，识别文本特点，从而更好地掌握文本所传达的信息。

《框架》要求学术英语教师具有将文本和话语分析理论运用到课程组织、材料选择、优化和评估当中的能力。理论存在的意义在于理论可以指导实践行为，学术英语教师对教学素材的选择、改编和评估要有理有据，依赖于他们所掌握的文本和话语分析理论以及教育的普遍规律。学术英语教师对相关理论的掌握仅仅停留在认知层面是不够的，还需要有将理论与实践相结合的能力，也就是说，要能够学以致用。

六、教师能力评定指标

对于学术英语教师的学术话语能力的评价，《框架》列出了三条可供参考的评价指标：

（1）能够从系统语言知识的特征角度对学术体裁进行示例分析。

（2）展示系统语言知识的相关特征在构成一个功能整体时所具有的价值。

（3）从系统语言知识特征的角度提供分析反馈，从而帮助学生提高说和写输出的准确性。

这些判断指标鲜明地显示了学术英语教师的素质特点，即既要拥有系统的语言知识和理论，又要拥有专业领域文本和体裁的知识和理论，并能将两者融合，从语言的角度对专业话语进行分析，帮助学生从已知领域过渡到未知领域，找准专业话语特征，提高对专业体裁的认知和掌握，从而提高专业语言输出的准确性。

第四节　个人学习、发展和自主能力

一、对个人能力的认知和理解

《框架》认为学术英语教师应当意识到将对学生和同事提出的标准运用到自己的教学实践中的重要性，并拥有对以下内容的认知和理解：

（1）持续的专业发展的重要性。
（2）正确的专业术语。
（3）学术英语教学与研究的实时议题。
（4）模糊在学术探究中的作用。
（5）对自己实践活动的批判性反思的重要性。

这部分主要针对教师本人的职业发展和学习能力提升提出了要求。任何一种专业总是处在持续不断的发展状态中，新的问题、新的信息、新的认知手段为专业发展注入了新的元素。学术英语教师必须对这些新的现象和新的议题有所关注，才能够保证自己在专业领域的学识不至于滞后。作为一名专业教师，对自己的教学实践活动进行反思既是一种治学态度，也是一种科研方法，其重要性不可小觑。

二、教师具体能力要求

根据上述要求，《框架》指出学术英语教师应当具有以下能力：
（1）基于自己的知识和理解做出恰当的决定。
（2）能够清晰地、连贯地、恰当地说和写。
（3）从事学术研究和文献工作以丰富自己的实践活动，并与同事沟通自己的想法。简而言之，学术英语教师在教学实践过程当中应当具有决策能力、表达能力、科研能力和沟通能力。

三、教师能力评定指标

《框架》列出了评价学术英语教师是否具有个人学术能力的参考指标：
（1）能够将自己的教学方法与特定领域的学术英语教学联系起来。
（2）可以对一篇文章、一本书、一份教育杂志做出评论或是提供研究成果。这包括行动研究、会议发言或是发表文章。

根据教学语境灵活使用教学方法，融会贯通以及运用批判性思维对某一特定对象进行研究是学术英语教师教学和科研能力的体现。将行动研究视作是由众多参与者通过他们的实际行动及其对这些行动结果的反思来提高教育实践的系统研究。行动研究是教师对教学行为提出假设或进行反思的一种研究方式，它有助于教师在研究过程中发现问题并寻找解决问题的方案，从而提高教师的学术和教学能力。

四、职业发展

关于教师的职业发展，一个被普遍接受的定义是：它是教师（独自或与其他人一起）获取和发展对职业思考、计划和实践极其重要的知识、技能和情商的过程（Day，1999）。学者们对于持续的职业发展的核心要素发表了不同见解，认为只有当教师职业发展满足以下条件时，才能对教师、学生和学校产生积极的、持续的影响：

（1）教师认为职业发展规划与自身需求和学生需求有关联。
（2）教师对于职业发展的内容和过程具有核心发言权。
（3）强调教师之间的合作与分享。
（4）从更广泛的意义上来说，教师职业发展是由学校和教育体系共同支撑的合作行为。
（5）要有对教师的专家内部或外部支持。
（6）持续的职业发展是教师工作的组成部分。
（7）探究和反思是职业学习的核心过程。
（8）教师需要对自己的教学信念进行审视和反思。
（9）学生的学习为教师职业学习提供动力。
（10）职业发展是一个不断进行的过程，而非阶段性的事件。
（11）学校对于教师职业发展具有战略眼光。

由此可见，教师的职业发展受各方面综合因素的影响，但最核心部分应该是教师对个人的职业发展负责。第一，教师需要明白自己的职业需求、学习和研究的兴趣以便确定职业发展方向；第二，教师应该为自己的职业发展确定短期、中期和长期目标；第三，教师要有自主学习和自我发展的意识，关注研究领域的最新发展动态，利用资源丰富自己的课堂教学，学会使用科技来促进自己的职业发展；第四，教师要有职业敏感度，能够意识到，并选择和抓住合适的职业发展机会，积极参与提高职业能力的各种活动，包括参与专业学术组织、与同事和专家合作、进行反思性实践、参加学术会议、参加专业培训、阅读和发表专业文章和论著、观摩其他教师的教学并被观摩等；最后，教师需要对自己的职业发展进行反思和评估，观察其对教学实践和个人学习成就的影响。

综上所述，对学术环境、学科差异、学术话语的认知和实践以及教师个人的职业发展是学术英语教师学术实践能力的四个构成要素。学术环境奠定了教师职业发展的宏观基础，对学科差异和学术话语的认知则是教师教学实践活动的理论基础，前三者共同决定了学术英语教师个人发展的方向。

第五节　学习者需求

一、学习者需求分析的必要性

《框架》指出学术英语教师要了解学生将要进入的目标语境的要求，和学生前期学习经历相关的需求以及他们是怎样影响现在的教育期望的。

任何一门学术英语课程都应该从这样一个问题开始："这些学生为什么要学习英语？"这个问题可以帮助课程设计者关注课程内容，使之与学习者紧密关联，学术英语课程设计要超越语法和词汇层面，为学生将来的专业学习做好准备。关于学习者需求的意识是学术英语课程设计的核心因素，也是学术英语课程区别于通用英语课程的特征之一。

学习者需求分析是学术英语课程设计的第一步。早期的需求分析仅是对学习目的一个粗略的描述。后来有学者提出了更为系统化和多维化的分析体系，揭示语言使用者在特定目标环境中的语言使用目的。学习者需求分析可以被区分为"现在情况分析"和"目标情况分析"（Ken，2006）。"现在情况分析"关注学生现在的情况，指的是学生现在的能力和抱负：他们可以做什么；他们在课程开始时需要什么；他们的技能和观念；他们对于专业课程的熟悉程度以及他们对专业课程要求和体裁的认知。这些数据可以是客观的（年龄、熟练程度、以前的学习经历等），也可以是主观的（自我感知的需求、优势和弱势等）。"现在情况分析"可以帮助学生在学习的过程中了解和追寻自己的学习目标。"目标情况分析"关注学习者将来的角色以及他们胜任学科专业学习所需的技能和知识。这与交流需求而非学习需求相关，它包括许多客观的和以成果为导向的数据：比如识别语言使用的语境；观察这些语境中的语言事件；收集和分析目标体裁等。

《框架》要求学术英语教师能够对学生现有能力和学术学习需求之间的差距进行基础性和系统性研究。换句话说，就是要求教师能够进行"现在情况分析"和"目标情况分析"，对比分析结果，找出两者之间的差距，从而为制订教学计划，确定教学内容，选择教学素材和把握教学节奏提供依据。

二、需求分析的具体内容

John & Matthew（2001）认为学习者需求分析应当包含以下信息：
（1）学习者学习英语的目的。

（2）在何种情况下需要使用英语。
（3）在目标环境下应当怎样使用英语。
（4）英语学习的最初动机。
（5）学习者的教育背景。
（6）在专业领域的英语熟练程度。
（7）在课后使用英语进行听、说、读、写的概率等。

进行需求分析可以采用多种方法，常见的有问卷调查、采访、参与性或非参与性的教学观摩、对于真实语言素材的分析（课文、音频、视频等）、对学习者进行的个例分析、学习者自我评估、课程前和课程后测试以及学习日记，等等。

简而言之，需求分析是搜集和评估与课程设计相关的信息的手段，是确定一门课程教什么和怎么教的途径。需求分析是一个持续的过程，因为随着对学生了解的深入，教师会修订自己的教学，这样也会对教学评估产生影响，而教学评估是确定课程有效性的方法。在 Ken 看来，学习者需求分析涵括了很多方面，比如学习者的目标和背景、语言能力、参加课程学习的原因、他们喜欢的教学方式、他们需要进行交际的场景等。需求分析还包括学习者知道什么，不知道什么，想知道什么，本质上来说，需求分析勾勒出了一幅学习目标的画卷，该画卷还承载了教师对于教学的价值观、信念和哲学思想。更确切地说，需求分析是由教师和学生共同构建的。

三、对学习者需求的认知和理解

学习者需求分析不是一劳永逸的，而是随着教与学的进展而呈现动态变化的，因此，需求分析是一个不断更新的过程。针对学习者需求，《框架》认为学术英语教师应当拥有对以下内容的认知和理解：

（1）学生在原有的学习文化中的学习情况、期望和价值观。

（2）学生在目标学习文化中所必需的专业语言知识和技能、教育价值观以及角色。

（3）学术英语学期前培训、本科生以及研究生学期中培训的不同内容和重点。结合前文对学习者需求的阐释，上述要求可以简要地理解为教师对学习者过去情况的了解，对学习者将来专业学习语境和学习内容的认知以及对学习者正要进行的学术英语学习的内容的掌握。所以，学术英语教师对于学习者需求的了解不是一个点，而是一条线，这条线会随着时间的推移而延伸变化。

四、教师能力评定指标及要求

《框架》列出了四条评价教师是否具有上述能力的参考指标：①教师能与来自不同文化背景的学生进行有效交流；②教师能提供通往目标学习文化的途径，理解其价值观、阶段和任务；③教师能根据不同类型的学习者需求采用丰富多样的教学手段，并相应变换教师角色；④教师采用的任务和教学素材要包含各种学习者角色和学习风格。

这些指标所包含的对教师的能力要求是：

（1）教师需要了解学生的不同文化背景以及在这些文化背景中所形成的对世界的不同认知形态和价值观，这些因素直接影响到学生的学习态度以及对学习任务所做出的反应。只有具备了这些基本的认知，教师才能够做到尽可能不带偏见和误解地与学生进行交流，这种建立在彼此认知基础之上的交流才可能是有效的。

（2）教师需要对学生将要进入的专业领域有基本的认知和了解，并且清晰地知道现在所讲授的语言课程与将来学生的专业课程之间的关联性以及两者之间由此达彼的途径。

（3）在实际的课堂教学当中，教师不可能满足所有学生的学习需求，但却可以根据需求分析所提供的信息找到不同学生的需求共性和特别突出的个性，从而在教学中关注共性需求而又不忽略个性需求。当然，上述教学要求的实现还必须考虑到学生人数问题，对于不超过20人的小班，教师更容易关注到个性需求，也更容易根据学生特色变换教学手段和丰富教学素材。

第六节　学生的批判性思维

一、对批判性思维的认知和理解

《框架》要求学术英语教师了解批判性思维在学术环境中所扮演的角色，采用那些要求学习者展现批判性思维技能的任务、系列活动和互动活动，同时要求学术英语教师拥有对以下内容的认知和理解：

（1）批判性思维是如何支撑学术实践的。

（2）批判性思维的要素。

（3）对知识进行评价和拓展的思辨方法。

二、批判性思维

批判性思维被普遍确立为教育特别是高等教育的目标之一，是在20世纪40年代作为美国教育改革的一个主题由美国学者Edward（1941）提出来的。根据他的定义，批判性思维包含了三个要素：

（1）在自己的经历范围内对问题进行全方位思考的态度。

（2）逻辑探究和推理的知识和方法。

（3）运用这些方法的技巧。识别、分析和评价这些构成要素是批判性思维的关键。

批判性思维就是做出清晰、合理的判断。在批判性思考的过程中，任何想法都是经过推理，认真思考和判断的。批判性思维要求思考者具有以下能力：

（1）识别问题，找到解决问题的可行性方法。

（2）明白在问题解决过程中优先性和顺序的重要性。

（3）搜集和组织相关信息。

（4）识别潜在的假设和价值；准确、清晰、明辨地理解和运用语言。

（5）分析数据，评估证据；识别各种提议之间存在的逻辑关系。

（6）得出可靠的结论和概括。

（7）对结论和概括进行检测。

（8）在更广泛的经验基础上重建个人的信仰模式。

（9）对于日常经历的特殊事件给出正确的判断。

批判性思维可以在以下的思维活动中得到锻炼和体现：

（1）对信息进行选择和判断，区分假设、偏见和事实，摒弃无关的和错误的信息，确认缺失的信息，寻找有效信息。

（2）制定合理的判断标准，在有合理根据的基础之上仔细审视问题，提出问题和分析问题。

（3）在逻辑思维的基础之上对观点进行评判，分析数据，权衡证据，考虑不同的解释。

（4）做出合理的结论，发现新的证据时及时调整结论。

三、怎样培养学生的批判性思维

在培养学生的批判性思维方面，《框架》认为学术英语教师应拥有以下两项能力：

（1）使学生明确知晓批判性思维和学习能力之间的联系。

（2）按照学习活动的顺序提供锻炼批判性思维的机会并激发批判性思维。

在学术英语教学当中，教师需要有意识地引导学生进行批判性思维，在这个过程当中三个定位相当重要。第一个是对学生的定位。在批判性思维培养的过程当中，教师不能把学生当作被动的接受者，而应当让学生在积极参与教学活动的过程当中去发现、理解、反思和运用知识。教师应当把学生看作是与自己平等的交流对象，彼此尊重。学生应该有属于自己的观点和看法，并能够为之提供证据。第二个是对知识的定位。知识不是给予的，而是学会的。知识不是固化地灌输给学生的，教师不应该剥夺学生提问、质疑和反对的权利。第三个是对教师的定位。教师不是知识的唯一来源，也不是绝对权威。教师的工作不应当仅仅是提供答案和信息，而应该是引导、帮助和激励学生去寻找答案。语言教师在教学过程当中扮演着控制者、促进者、参与者、咨询者和指导者的多重角色。

四、教师能力评定指标

《框架》还列出了评价教师是否具有上述能力的参考指标：

（1）通过大纲、任务、课程计划和教学素材逐步展示学生的进步。

（2）大纲、教学素材和学习评估要包含知识转换任务和活动。

（3）展示学生怎样审视和评估自己的学习目标、学习材料和自己的考核成绩，以便为将来的学习所用。

学术英语教师要有意识地将批判性思维与学业成就、思辨能力和自我评估结合起来，鼓励和帮助学生养成科学的思维习惯，为今后的学术学习奠定思维基础。

第七节 自主学习

一、何谓"自主学习"

《框架》要求学术英语教师认识到自主学习在学术环境中的重要性，要采用那些要求学习者以小组形式或是个人独立形式（视情况而定）进行有效学习的任务、系列活动和互动活动。

自主学习的概念可以追溯到古代哲学、心理学、社会学等，Henri Holec 首先对其做出了正式和明确的定义，因此他被称为"自主学习之父"。此后，不同的学者，教育家在不同的背景条件下对此概念进行了阐释。有人把它当作是个人的人性特点，有人认为它是政治措施，还有人把它看作教育举措。其中比较有代表性的定义如下：①自主学习是为自己的学习负责的能力（Holec，1981）；②自主学习的核心是学习者与学习内容和学习过程之间的心理联系（Liule，1991）；③自主学习是一种状态，在这种状态下，学习者对自己在学习中所做的决定以及这些决定的实施负全部责任（Dickinson，1987）；④自主学习是对于学习者在教育体系当中的权利的认可（Benson，1997）。

不管哪一种定义，它的核心都是这样一种意识，那就是学习者必须认识到自己才是学习的主体，是与学习最密切关联的部分。

Tony（2001）指出语言学习中的自主性包含五个被普遍接受的观念：

（1）学习者完全依靠自己学习的环境。
（2）能够学会并且可以运用在自我引导式学习中的一系列技巧。
（3）被学校教育所抑制的与生俱来的能力。
（4）关于学习者对自己的学习负责的训练。
（5）学习者决定自己学习方向的权利。

二、对自主学习的认知和理解

关于自主学习，《框架》要求学术英语教师拥有对以下内容的认知和了解：
（1）自主学习的原则。
（2）采用新技术支撑自主学习。
（3）怎样通过小组活动和个人辅导支撑自主学习。

三、自主学习的五个原则

在外语教学领域，学生的积极参与和对自己的学习过程负责是非常重要的。自主学习不仅是一种能力，也是一种终身学习的方式，培养学生的自主学习能力对于学生的成长至关重要，教师需要对自主学习有清晰的认识，并成为自主学习的实践者。自主学习有以下五个原则：

（1）自主学习意味着重心从教转向学。
（2）自主学习对学习者产生了最大可能性的影响。
（3）自主学习鼓励并需要学习者之间的相互支持和合作。
（4）自主学习意味着使用自我评价和学习者互评。
（5）自主学习要求并确保了个体差异性。

由此可见，自主学习的观念强调学生角色多于教师角色，强调过程多于结果，鼓励学生发展自己的学习目标，把学习视为终身过程。自主学习意味着给予学生权利，教师作为提供支持并创造自主学习发展空间的角色是至关重要的。对于大多数学习者来说，自主学习能力的增长需要来自教师的激励、启迪和引导。学生对自己的学习负责是通过教师的支撑来实现的，相比传统教学，教师所要承担的责任更多。

四、培养自主学习能力的九个步骤

Nunan（2003）提出了在语言教学中培养学生自主学习能力有九个步骤：

（1）向学生清晰地呈现教学目标。
（2）允许学生设立自己的目标。
（3）鼓励学生课外使用第二语言。
（4）提高学生的学习过程意识。
（5）帮助学生确定适合自己的学习方式和学习策略。
（6）鼓励学生做出选择。
（7）允许学生制定自己的学习目标。
（8）鼓励学生成为"教师"。
（9）鼓励学生成为研究者。

五、自主学习环境的四个要素

任何学习都离不开学习环境。Dam（2000）认为自主学习环境就是使学生有意识地参与到自己的学习当中去的环境。要建立起这样一种学习环境，需要有以下四个要素：

（1）教师要有放手让学生去学的意愿，学生要有对自己的学习负责的意愿。
（2）教师和学生都知道要做什么，为什么做以及怎样做。
（3）教师和学生都需要对学习过程有以经验为基础的洞察力。
（4）一种安全、信任和尊重的氛围。在这种环境中，学生知道学习过程当中的各个因素，并能够主动积极地参与其中。

在教学手段日益更新的今天，互联网的新技术为自主学习提供了最大的空间和平台，营造出了前所未有的自主学习环境。例如，微课、慕课的大量出现和迅猛发展使自主学习成为一种更为便利的学习方式，学生可以反复观看教学视频，网上互动，这极大地调动了学习的积极性。再如校内学习互动平台的开发为教师和学生之间搭建起了一座便捷和平等的沟通桥梁，教师可以利用这个平台跟踪学生的学习动态，布置学习任务，了解学生在课后的学习状况，学生可以利用这个平台向教师反馈自己的学习情况，提出疑问或是意见和建议。还有各种语言教学和测试软件的开发使得学生可以在教师指导以外独立完成对语言知识的强化训练和自我检测，从而对自己的学习状况做出客观评估。对于语言教学而言，课堂教学时间是远远不够的，学生在课后所付出的努力至关重要，因此学术英语教师要善于利用这些新技术来支撑自己的课堂教学，不仅要丰富教学内容，更要激发起学生主动学习的热情。

当然，自主学习不是一个人学习。学生需要有独立行动和与他人合作的意愿。自主学习既是独立的，也是相互依存的。独立意味着在某种形式的自我评估基础之上为自己的学习、目标设立和做出明智的学习决定负责。自主学习的发展不仅仅是个人学习的发展，也是一个社会的发展。在这样的背景下，一群学习者可以共同承担学习责任，控制学习过程。因此在学术英语教学过程中，小组活动和单独辅导都是必不可少的方法和手段。在以任务为导向的教学方法当中，学生常常以小组形式承担某个任务，由学生自行对任务进行分解和支配，明确每个小组成员的责任，并为完成任务而各尽其责，共同努力。在英国，学术英语课程项目会为每一位学生分配一名指导教师，学生在学习当中遇到的任何困难和困惑都可以向自己的指导教师咨询。指导教师所扮演的是帮助者的角色而不是决断者，教师对学生的疑问给出建议，由学生来决定要不要采纳或是应该采取什么行动。小组活动和单独指导都从不同的侧面锻炼了学生的自主学习能力。

六、教师具体能力要求

《框架》认为学术英语教师还应拥有以下能力：

（1）在自主学习和学术研究之间建立联系。

（2）对于学生的学习活动从引导性学习到促进性学习再到自主学习的发展阶段有清晰的认识。

（3）通过小组活动和一对一的指导来培养学生的自主学习能力。

很明显，对学术英语教师在自主学习方面的能力要求反映了教师对于自主学习理念的理解和实践。教师既是学生自主学习的引导者，也是自主学习的实践者，所以在自主学习和学术研究之间建立联系就具有了两层含义。

第一，鉴于自主学习在学习历程当中的重要地位，教师应当在教学设计中有意识地培养和锻炼学生的自主学习能力，并通过观察、实验和反思不断改进方法，在这一过程当中发现和开展具有学术研究价值的课题。

第二，教师本人就是自主学习的最佳实践者，学术研究本身就是自主学习的一大体现，两者之间的关联性显而易见。

自主学习能力的培养绝非一蹴而就，需要遵循这样一条路径：即引导—促进一自主。教师需要对这一过程有清晰的认识，并明确地知道自己在各个阶段所扮演的角色和所应当采取的教学方式、教学行为以及开展的教学活动，不可操之过急，也不可放任自流。教师应当知道在什么阶段开展什么样的小组活动最利于调动学生的学习积极性和激发责任感，同时也应当清楚在一对一的单独辅导中自己应当扮演的角色，不可越俎代庖，剥夺学生自我权衡的机会和自主决断权。

七、教师能力评定指标

《框架》就判断教师是否拥有上述能力给出了参考性的评价标准：

（1）在大纲、任务、课程计划和教学素材中展示学生在选择、活动参与、反馈以及学生承担责任等方面的进步。

（2）要求学生计划、制定和展示较大规模的总结性任务。

（3）要求学生展示他们是如何承担责任以便达到小组目标的。

这些参考标准要求教师在课程和项目设计之初就将培养学生的自主学习能力作为教学目标之一，并在教学活动的各个阶段反映出学生在自我决策和承担责任方面所取得的成就。学生应当被给予对于自己的学习做出重要选择和决定的机会，这就意味着学生对于学什么和怎样学具有发言权。教师不是知识的灌输者，而是促进者。教师需要与学生建立起一种亲密的合作关系，确保学生明确自己在每个学习阶段的目标。教师同时也扮演着咨询师的角色，帮助学生选择学习策略，分析学习状况，从而使学生能够做出恰当的学习决策。教师和学生之间要形成一种建设性的互动关系，互相学习。简而言之，教师所要做的就是培养学生对自己怎样思考和学习的意识——一种可以帮助学生了解自己并提高自主性的意识。

八、课程特征

Jeremy（2007）引述 Sarah Cotterall 的观点指出旨在提高学生自主学习能力的语言课程应该具有一些显著的特征：

（1）课程应该能够反映学习者在语言、任务和策略方面的目标，也就是说需要帮助学生建立起目标意识，并了解达到目标的方法。

（2）课程应当非常清晰地与一种学习过程模式相关联。这意味着学生需要知道学习过程是怎样发生的，从而能够采用适合自己的学习策略并管理自己的学习。

（3）课程需要展现真实世界的交流任务。

（4）该课程还应该引起学习反思。由于不是每一个学生都能意识到学习是自己的而非教师的责任，这就需要教师刻意引导学生建立起自主学习意识，并逐步培养起自主学习能力。

这样一个过程当中教师可以采取以下三种策略：

第一，通过各种训练活动来帮助学生了解学习过程，以及学习当中可以采取的策略，从而培养学生的自主学习意识。

第二，尽可能地给予学生做出学习决策的机会，比如完成学习任务的方式，设计学习活动的主题等。

第三，采用一些集体活动帮助那些不愿意自我管理的学生在活动中承担起自己的责任。

总之，《框架》对于学术英语教学当中与学生相关的能力要点做出了详尽的阐释，学习者需求、批判性思维和自主学习贯穿于学术英语教学的始终。对于上述三个方面内容的理解和掌握将有助于解决在具体的教学过程当中教师所面临的与学生相关的其他诸多问题。

第十章　学术英语教师课程发展能力要求

第一节　大纲和项目发展

一、教学大纲的定义

《框架》要求学术英语教师要知晓教学大纲的主要形式，并能够将大纲转化为项目，强调学生在学术英语课程教学环境下的学术需求。

维基百科对教学大纲的定义是：教学大纲是某一教学主题的框架和总结，具有描述性特点，是教师和学生之间的"合同"。教学大纲的目的是确保教师和学生对于课程规则都有充分的认识，对于所学内容、课堂行为、学习应当付出的努力有清晰的认知，为教师的教学活动提供指引，将教师的教学理念传递给学生，同时使学生在课程之初就对教学内容是否吸引自己做出判断。简而言之，教学大纲是对一门课程所涵括教学内容的描述，是对一门课程要教什么的具体说明。教学大纲解决的是教什么的问题，教学法解决的是怎么教的问题。教学大纲即计划，说明通过教与学应当获得什么，确定为了达到整体课程目标应该做些什么，为评估学生的进展提供依据。

二、对教学大纲的认知和理解

《框架》认为学术英语教师应当拥有对以下内容的认知和理解：

（1）学术英语教学大纲的类型。

（2）大纲当中应当体现对于知识和技能的进展、再利用和向其他学习领域转换的需求。

（3）大纲设计的限制因素以及他们的影响。

三、学术英语教学大纲类型

学术英语教学大纲大致分为合成类和分析类两大类。合成类教学大纲包括词汇——语法型教学大纲和功能型教学大纲，这类大纲注重一个个的知识点，希望学生在真正的交流中对这些知识进行重组之前能够通过脱离语境的活动积累这些知识。分析类教学大纲注重语言是怎样学会的，包括任务型大纲和过程型大纲。这类大纲注重知识获取的过程，认为教学是否成功是通过人们学习语言的目的以及达到该目的所必需的语言熟练程度来衡量的。

尽管一份学术英语教学大纲兼有上述两大类大纲的特点，分析类教学大纲还是更受青睐，因为当学习者处在相对真实的目标语境和文本当中时会更加注重意义和交流。任务型和过程型教学大纲将目标语言样本作为整体来呈现，鼓励学生探索意义，由学生通过自己独立的学习来学会语法形式。换句话说，学生主要是语言的使用者，而非学习者，即在使用当中学。

任务型和过程型教学大纲都展现了事情是怎么完成的这样一个过程。过程型大纲由于允许学生有更多重新解读和做出决定的权利，从而更加注重学习的程序。任务型教学大纲牵涉到语言知识和使用语言知识来解决问题之间的互动，这一互动过程可以通过设定场景来实现。这些场景可以是完全真实的，比如参加个别辅导和听讲座；或是设计为某个教学任务，以帮助学生了解语言是怎样起作用的，比如勾勒出议论文的结构等，使学生充分参与到有目的的交流活动中。

另外一种对于学术英语教学大纲的分类是 Jordan（1997）提出来的，他将各种各样的学术英语教学大纲划分为三大类：A 内容/成果型大纲（注重最终结果）；B 技能型大纲（注重语言技能）；C 方法/过程型大纲（注重达到目的的方式）。在不同大类下各有其代表性的类型。

技能型大纲的设计建立在四大传统语言技能的基础之上，强调语言技能的构成部分，比如，如果把阅读能力看作是一种宏观技能，那它就包括略读、跳读等微观技能。大纲的设计以培养语言技能为核心。

表10-1　内容/成果型大纲

名称	简要描述
语法/结构/语言构成型	最古老的大纲形式之一，注重语法、句子结构等语言形式
概念功能型	语言所表达的概念意义及其交流功能
情景型	设定语言使用的情景，并分析该情境中的语言需求
主题型	从学生的专业学习和语言中选择主题
内容为基础型	强调特定学科领域的特定要求

表10-2　方法/过程型大纲

名称	简要描述
过程型	关注学习者、学习过程和学习偏好
程序/任务基础型	以解决问题和完成任务为基础
学习为中心/协商型	以学习者为中心，学习者负责做出一系列决定

因侧重点和看待问题的方式不同，教学大纲的分类也各有千秋。对于学术英语教学大纲类型的认知有助于教师在教学之初就确定明确的教学方法和设计相应的教学任务，使之更好地为完成教学目标而服务。

四、学术英语教学大纲的设计

学术英语教学大纲的设计受到应用语言学的极大影响，其设计和发展主要有以下几种不同的思路：最早的一种是基于词汇语法的方法，此方法注重结构和词汇教学。第二种是基于功能意念的方法；第三种是以话语为基础的方法，强调在篇章层面的衔接与连贯。在大纲设计方面更进一步的发展是以学习者为中心的方法，该方法注重的不是学生需要的语言项和技能，而是学生在课堂里怎样做才能学到上述语言项和技能。它强调有意义的和恰当的内容以及课堂沟通。最后是基于体裁理论的方法，该方法主张使用真实的材料和采用以真实的语言数据为基础的任务，目的是提高学生对于所学习的体裁的惯例和程序的意识。

在学术英语教学大纲的设计过程当中，有几个因素是必须考虑的：需求、目的、手段（教师、教学素材、设备、设施、时间和资金等）以及变量和制约因素。虽然学术英语教学大纲受到以上因素影响且各具差异性，但核心内容是相同的，它应当包含三个重要环节：教学内容、教学形式以及教学评估和反馈。就教学内容而言，学术英语教学大纲应当注重以下技能的培养：阅读理解和笔记、听力理解和笔记、学术写作、学术演讲/发言、学术研究以及自我评估；就教学形式而言，讲座、教师参与的讨论会、学生讨论会以及小组活动都是常见的教学形式；就教学评估和反馈而言，常见的方法有：个别辅导所提供的个人反馈信息、课程问卷以及学生自我评价、学生之间的互评和教师的评价、课程测试、论文写作或是向主管部门提供的课程报告等。

教师在进行教学大纲设计时应当考虑下列问题：

（1）应当关注什么知识和能力？

（2）哪些才是恰当的教学内容？

（3）怎样将教学内容细分为可处理的教学单元？

（4）教学内容应当按照怎样的发展路径进行安排？

一个完整的课程体系应该包含四个基本因素：目的、内容、方法和评估，教学大纲的功能就在于明确为了达到教学目的，教师和学生应当采纳什么教学内容和应该怎么做。

从理想的状态来说，一份教学大纲应该满足以下六方面的特点：①与整体教学目标相适应的清晰的知识和能力的框架；②对教师和学生的课堂教学活动而言具有延续性和指导性；③对其他教师而言，是该课程所包含内容的记录；④是评估学生进步的基础；⑤是根据教学目标评估课程恰当性和学习前以及学习中学习者需求的基础；⑥确保教学内容与更为广泛的语言课程体系、特定的教学对象、教育环境以及相关社会环境相适应（MichaeI, 2001）。

五、学术英语中的项目设计

由于促成了学生和教师对于课堂活动的共识，使学生对学习承担更多的责任，过程型教学大纲在学术英语教学领域被广泛使用。过程型教学大纲学习重点更明确，更加以学习者为导向，它把通过探索意义达到语言学习的目的拓展为探索教学过程本身。因此，过程型教学大纲为教师和学生在课程目的、内容和工作方法方面的合作提供了决策框架，使学生在管理自己的学习方面具有发言权。这类大纲对于学术英语教学理念至关重要，因为他们有助于通过真实的场景引导学生学习相关专业知识，使学生更有意义地参与到学习过程中来。

除了对教学大纲的认知和理解以外，《框架》还要求学术英语教师能够将大纲转化为项目，强调学生在学术英语课程环境下的学术需求。

学术英语项目发展的一个关键方面是根据需求分析的数据制定目标。此处目标指的是对该项目所要完成的工作和作为项目组织核心的宏观目标成果的整体描述。尽管对项目目标的描述与需求分析相关，但这种关联性往往被教师和学生对语言和学习的判断所调和，因此往往是教师和学生决定了哪些技巧和能力是需要学习的，项目设计目标的焦点在于最终学生可以做什么而不是教师可以教什么。简而言之，项目设计目标就是要告诉教师和学生他们应该完成什么。对教师而言，目标促成了一系列连贯的教学活动，在选择和安排教学内容以及教学活动方面扮演着重要角色，以确保学习与特定的教学内容相关联；对学习者而言，目标提供了课程与他们的需求之间的关联信息以及对教学内容和教学方法进行清晰沟通的基础。学生更容易融入目标明确的课程，并积极参与其中。

通常，学术英语课程项目包括学术英语和非学术英语两大部分教学内容。学术英语部分涵括：学术写作、听和记笔记,学术发言(口头发言和研讨会策略)、阅读理解和策略、图书馆/参考文献/研究技能、综合学习技能、个人学习项目、读书笔记、专业话题/语言、专题讲座、大会、单独辅导、自我评估/个性化学习，等等；非学术英语部分包括：语法、交际英语、计算机、词汇积累、发音/语言实验室和媒体（报纸、电视、网络）的使用等。

John & Matlhew（2001）认为学术英语项目设计包含三个至关重要的因素：一是对学术英语学习者需求的全面了解和描述；二是对于学术英语教与学过程本质的理解；三是要认识到适合于通用英语教学的方法和手段并不一定最适合学术英语教学，因为学术英语学习者与通用英语学习者在需求目标和教学内容方面存在较大差异，因而学术英语课程项目设计应当从满足这些需求和目标出发来决定教学内容。

历年来学术英语学者提出了很多项目设计模式。一些学者主张以学术内容为课程项目设计基础，建立了 CBI 模式，即以语境内容为基础的学术英语课程模式。这些学者的研究揭示了三种 CBI 标准操作模式：①涵括式教学（由专业课老师讲授以专业知识为内容的语言课程，但该老师在语言方面应当具有较高敏感度，从而可以顾及来自不同语言背景的学生）。②辅助式教学（同一门课程由一位专业老师和一位语言老师共同完成）。③主题式教学（语言课程围绕一个个的主题展开，这些主题构成了整个课程体系的主干）。在前两种教学方式中，教学内容可以预设，而主题教学的内容往往由老师或是学生来决定。还有一些学者提出了任务型教学，主张课程应该按照真实世界里的学术任务来设计。这些学者认为任务型教学依赖语言教学来完成内容学习，内容学习的目的则是为了完成任务。学术英语任务教学要求学生掌握所学的内容，但是任务决定了语言学习者对所学内容进行听、说、读、写训练的方式。不管是内容型课程项目设计模式还是任务型课程项目设计模式，都存在有争议的地方，因此在学术英语课程项目设计中是不存在标准模板的。

六、学术英语课程项目的创新

学术英语课程项目的发展是一个动态的过程，是一个计划—发展—完成—评估的循环过程，新的环境、教学中的新发现、新的教学方法等促进这个过程不断循环下去，产生新的计划，新的进展。以下几个指导原则将促进学术英语课程项目的创新发展：

（1）学术英语教师在课程创新中扮演着极其重要的角色。学术英语项目应该在职业发展、奖励机制等方面创造环境激励教师的创新行为。

（2）任何一个有意于创新的学术英语项目都必须认识到创新是一个复杂的过程，采用任何创新的建议都需审慎决定。

（3）学术英语项目必须愿意在一些尝试中失败，从而才能在另一些尝试中成功。

（4）创新的责任必须共同分担，不可坐等时机。如果没有一个勇于创新的团队，创新就无从谈起。

（5）创新并不都是同等的。尽管所有的创新都可以被看作是对现状的改进，但创新之间却少有相似性。

（6）学术英语项目中总有一些人安于现状，不思变动。要减轻这些抵制者的畏惧，激励他们至少愿意考虑创新。

课程的革新从很大程度上来说依赖于项目的创新能力，采用以上六个原则将会帮助学术英语项目培育出有利于课程发展和革新的工作和学习环境。

七、教师能力要求及评定标准

在对教学大纲和课程项目的认知基础之上，《框架》对学术英语教师提出了具体的能力要求：

（1）确定学术英语教学大纲中的目的和目标以解决学生的能力和他们进行学术学习所需能力之间差距的问题。

（2）将课程目标、语言和技能学习内容以及评估融合起来。

（3）从合适的教学资源中选择、改编或是创造教学素材，制定相应的教学目标。

以下几个方面可以用来评估学术英语教师是否拥有上述能力：

（1）教师是否能够在项目中展现学生需求和教学大纲的执行之间的关系。

（2）清晰阐述课程目标以及这些目标的评估方式。

（3）证明所选材料的合理性。

以上的能力要求和评价标准涵盖了学术英语教师课程发展能力的要素：学习者需求、教学目标、教学内容、教学评估和教学素材。教学目标的设定以学习者需求分析为基础，教学内容和教学素材的选择以教学目标为指导，教学评估对教学目标、教学内容和教学素材的合理性进行检验。作为整个教学过程设计者，教师在教学的各个环节要重视和体现上述几个要素之间的关联性，并运用这种关联性达到最佳化的教学效果。

第二节　文本处理和文本制作

一、对文本处理和制作的认知和理解

《框架》要求学术英语教师了解文本分类和话语分析的方法，能够围绕整个文本或者是文本段组织课程、单元和任务学习，采用的方法要能够发展学习者口头和书面文本加工和输出能力。学术英语教师应当拥有对以下内容的认知和理解：

（1）文本的分类和分析方法，例如体裁研究的方法，包括文本的功能和修辞特色。

（2）学科差异在学术体裁方面的体现。

（3）文本加工技能和策略。

（4）文本制作技能和策略。

二、文本处理和制作的必要性

文本分类和分析方法与文本体裁和话语紧密相关。不同学科的文本均有其特定的特色和功能，教师对文本的分类和分析是建立在对学术话语的认知和理解基础之上的。从学术英语教学的角度来说，不同学科文本所展现的体裁差异比学科内容差异更为重要，对体裁差异和话语特征的认知是专业学习的基础。

文本的加工处理和制作是学术英语教师常常要面临的一个问题，这主要是由于现成的教材不能够满足具有差异性的教学需求。学术英语教学牵涉到学习者、语言和技能，因此学术英语课程必须从学习者和他们的学习内容着手。但是，要找到一本可以适用于不同专业和语言能力的课本似乎是一件不可能的事情，因此学术英语教师总是需要对教学内容和语言进行分析，了解学习者的需求，改进教学素材以满足这些要求。教师进行文本制作的必要性在于：

（1）使材料具有相关性和趣味性。

（2）确保教学素材能够跟上时代。

（3）使素材内容能够对学生具有吸引力。

在对文本进行加工处理时需要：①从已有的资源当中做出正确的选择；②对已有资源进行创造性加工；③对活动进行修改以适合学生的需求；④提供额外的活动或资料作为补充。

三、文本处理的基本方法

根据 Ken（2006）的见解，对教以学文本的加工处理有五种基本的方法：
（1）添加法利用额外的阅读材料、任务和练习来补充或拓展教材。
（2）减少法删掉重复的、无关的、无用的和困难的内容。
（3）修改法重订规则、活动或是解释以提高相关性和清晰度。
（4）简化法修改以减少任务、解释或说明的难度。
（5）重组法改变课本单元或活动的次序以满足课程需求。

有关学者对于文本制作提出的建议是：①使用现有素材作为资源，不要试图进行全新创作；②最好是以团队的形式进行；③不要奢望在一开始就写出完美的教材，教材总是有可以不断改进的地方；④文本制作是一项很耗时的工作，不要低估文本制作所要花费的时间；⑤注重教材的外观，使其看起来具有吸引力。

一些学者认为好的教学资料应该具有以下特点：①有趣的课文；②能够促使学生充分思考的快乐活动；③提供给学生使用已有知识和技能的机会；④教师和学生都能把握的内容。

在教材制作之初，教师需要问自己这样几个问题：为什么？即为什么需要制作教材；谁？即什么样的学生和什么样的教师将要使用这些教材；什么？即需要用到什么样的素材以及需要满足什么样的需求；哪里？即教材使用的场合；什么时候？即课程开始的时间以及教材制定和使用的时间；怎么做？即怎样进行教材的制作，包括制作人、质量监控、过程管理、职责分工，教材的呈现方式，等等。

教材的撰写很可能遇到诸如时间、资金、专业素材缺乏，缺少学科专业教师合作，经验和创造力以及学生的认同度缺乏等方面的困难；由此可见，要制作出高质量的教学材料仅靠一个教师的能力是很难实现的。团队合作来完成文本的制作工作具有更强的可操作性。一个好的团队应当具有这些特征：彼此之间信任；在专业知识方面互补；有一名统管全局的负责人；有一致同意而做出决策的程序。

四、教师具体能力要求

基于对以上内容的认知和理解，《框架》要求学术英语教师具有以下能力：
（1）识别和分析学术体裁以及学术文本的功能和修辞特色并且训练学生也这样做。

（2）将对口语和书面文本的明确分析融合到按序安排的一系列教学活动当中。

（3）组织和支持为了研究目的而进行的阅读和听力教学。

（4）使用基于文本的方法来教授写作和口语技能。

在文本处理和文本制作方面，学术英语教师需要处理好学术体裁、文本分析、教学研究和教学方法之间的关系，将文本体裁特征的识别和分析方法融合到教学科研当中，在帮助学生熟悉专业文本体裁特征的基础之上，提高专业语言的输出能力，同时又为自己的教学科研增添研究课题。

五、教师能力评定指标

《框架》对于判断学术英语教师是否拥有上述能力而提出的参考评估指标是：

（1）学术英语教师是否能够使用一整套文本或是部分文本来设计一个项目。

（2）整合文本处理和文本制作。

（3）对教学阶段、技能和任务进行循环分析和组合。

从评估标准来看，《框架》更加注重学术英语教师将理论运用于实践的能力，对于文本的认知要和对于文本的利用和处理结合起来，使其在教学当中发挥最大作用。

本章从大纲和项目发展以及文本处理和制作两大方面对学术英语教师在课程发展方面的能力要求进行了阐述，文本、大纲、项目是学术英语教学中的三个层次，教师对这三个层次的把握将直接影响到学术英语的教学效果。

第十一章 学术英语教师项目执行能力要求

第一节 教学实践

一、对不同英语教学的认知和理解

《框架》要求学术英语教师要熟悉语言交际教学法、实践和技能，并能够在学术环境当中定位这些方法和能力，且能将他们与语言教学以及完成学术任务和一系列学术活动所要求的技能联系起来。《框架》指出学术英语教师应当拥有对以下内容的认知和理解：

（1）学术英语教学与通用英语教学所要求的内容和活动之间的主要差异。

（2）一整套成熟的教学技能以及恰当使用这些技能的依据。

二、学术英语教学与通用英语教学的差异

学术英语教学与通用英语教学之间存在一定的差异性。学术英语教学首先考虑的是学习者和情境，而通用英语教学首先考虑的是语言；学术英语教学更多关注读和写，通用英语教学则更多关注说和听；学术英语教授正式的学术体裁，通用英语更多讲授语言的会话和社会体裁。鉴于学术英语是专门用途英语的一个分支，学术英语教学和通用英语教学之间的差异性可以从专门用途英语教学与通用英语教学之间的差异性体现出来。Slrevens（1977）认为区别于通用英语，学术英语/专门用途英语有四个方面的特点：①所教授的语言技能只与学习者的直接目的相关；②所选择的词汇、语法模式、语言学功能等与学习者的直接目的相关；③只包括与学习者直接语言需求相关的话题、主题和文本内容；④只强调与学习者直接口的相关的沟通需求。Tony（2001）认为专门用途英语有三个方面的特点：①专门用途英语是为了满足学习者的特定需求而设计的；②使用的是其为之服务的专业领域的基本教学法和活动；③以与专业活动相匹配的语言（语法、词汇、语域）、技能、话语和体裁为中心。

有学者认为两者之间的差异在于专门用途英语以具体的目标为导向，是一种培训行为，旨在提高特定能力，而通用英语以整体目标为导向，是一种教育行为，旨在提高普遍能力；专门用途英语教师需要根据实际目标设计教学大纲，并通过评估相关语言技能来评估学生的表现，通用英语教师通常都有统一的教学大纲，不需要设定专门的目标。也有学者认为学术英语与通用英语之间的区别在于需求意识。认为学术英语教师如果不理解和关注学生的特定需求，那么他们就与通用英语教师无异。

除了要明确学术英语教学与通用英语教学之间的差异以外，学术英语教师还需要能够娴熟地运用教学技巧和教学理论。学术英语教师均应具有应用语言学和教育学的学科背景，掌握系统的教学理论和教学技能，并能够在实际的教学环境中根据具体的教学内容和教学对象，灵活运用理论和技能，使教学效益最大化。

三、教师具体能力要求

此外，《框架》指出学术英语教师还应当拥有以下能力：

（1）在教学大纲的基础上设计和执行课程项目的能力，具有区分教授学科知识、程序性知识（即如何去执行一项任务）和语言知识的能力。

（2）在课程教学中将教授学术语言和学术学习技能融合在一起的能力。

（3）将学习技能与其他技能的教学融合在一起的能力。

（4）将计算机技术融合到教学之中，强化计算机技能，反思学术实践，反应灵活，能够有效地利用偶然的学习机会。

这些能力要求反映了学术英语教师有别于通用英语教师的特质。第一，学术英语教学内容涵括学术内容和语言内容，两者兼顾，互相融合，教师需要根据学生的具体情况采用恰当的教学内容比例。此外学术英语教学不仅需要关注学习的内容，还要关注学习的方法，要引导学生去思考怎样才能完成学习任务，实现学习目标，因此学术英语教师要具有教授学科知识、程序性知识和语言知识的能力。第二，学术语言和学术学习技能是学术英语教学的重要内容，两者之间是内容与方法的关系，在教学当中不可以割裂开来。学术英语教师应当思考怎样在教学内容中融入学习技能训练，又怎样通过学习技能训练提升对教学内容的理解和熟练程度以及运用能力。第三，教师需要在教学当中协调学习技能、语言技能和学术技能，并能将三者巧妙地融合在一起。与通用英语教学主要关注语言本身不同，学术英语教学更关注各种技能的培养和培训，以便学生能够在今后的专业学习中独立完成学习任务，拥有自主学习的能力。第四，计算机是现代化教学的显著标志之一，利用计算机技术提高教学效率和提升教学效果是学术英语教师必备的能力。计算机技术也是进行学术研究和学术实践的有力支撑。学术英语教师要善于利用这一科学技术来开展教学和学术研究。

四、教师能力评定指标

为了在具体的教学评估当中判断教师是否拥有上述能力,《框架》列出了以下这些建议性的考察指标:

（1）在学生需求和大纲的基础之上调整课程计划，使其更合理。
（2）针对特定语境对一本核心教材进行评估。
（3）改编或创作教学素材并解释其后面的基本原理。
（4）对教学观察或者是学生教学反馈做出反思和回应。
（5）对修改过的教学计划进行评论。

针对学术英语教师教学实践能力所提出的上述考察指标强调了以下几个核心内容：①在教学实践当中，学习者需求仍然是教师必须考虑的教学因素，是对教学计划进行修订和调整的重要依据，教师在这方面要具有决策力和决断力；②批判性思维和评估能力是学术英语教师必备的素质，对教材进行的评估和改编要有理有据；③教学反思和回应是教学实践的关键内容之一，是改进教学的前提，教学计划的修改是建立在教学反思的基础之上的。

第二节　评估实践

一、对评估实践的认知和理解

《框架》要求学术英语教师要能够使用形成性评估和总结性评估对学术语言和技能进行评估。具体来说，学术英语教师应当拥有对以下内容的认知和理解：

（1）学术英语评估的不同模式。
（2）在学术英语教学中评估、教和学之间的联系。
（3）国际语言能力测试的目的和结构，比如雅思考试和托福考试。

二、评估实践的价值

评估指的是用以评价学习者语言能力或是成就的过程和方法。它是教学过程中一个综合性的方面，是增强学生对学习技能和知识理解的掌控的核心。

学术英语教学过程中，形成性评估和总结性评估都是常用的评估方式。评估帮助教师了解学生的语言能力并在此基础上做出教学决定。基于以下五个主要的原因，教师需要对学生做出评估（Ken，2006）：

（1）诊断发现学生的优势和弱势所在，主要用于需求分析或是发现教学过程中哪些地方需要采取补救措施。

（2）成就展示学生在课程学习中的进步。

（3）表现展示学生完成学习目标任务所具备的能力。

（4）能力评估学生完成学位学习或是大学学习等的基本能力。

（5）责任向资金提供方证明预期效果已经达到，资金花费有所值。

当然，评估还具有一些其他的目的，比如激励学生积极向上，作为参加公共测试之前的练习，等等，以上口的往往相互交织。不管目的如何，所有的评估任务都必须是既有效又可靠的。有效性要求一项测试要能测试其需要测试的内容，或是要能够恰当地展示需要测试的能力。比如，要评估学生写议论文的能力，测试任务就要围绕剖析观点、权衡论据以及与主题相关的材料的选取等展开。可靠性是任何测试都应该具有的第二个主要因素。一项测试要具备可靠性必须满足测试的稳定性；即同样的学生在不同的情况下做出测试或是不同的评价者对同一测试做出评价，测试结果和评价结果应该是相对稳定的。

三、形成性评估

在课堂里教学评估每天都会发生，在教学过程当中，教师要不断对学生的进步、优势和弱势做出判断，并就此与学生进行交流。同时，教师还会根据教学内容定期或是不定期地对学生进行正式的或非正式的测试，以检测学生对所学知识的理解和掌握程度。因此，评估具有教学和测试两方面的功能，这就需要区分形成性评估和总结性评估。形成性评估与教学和教学反馈紧密结合，使得教师可以给学生提出建议，指导他们的学习，调整教学结构。总结性评估主要与在课程结束时总结学生学到了多少有关。

（一）形成性评估的目的

形成性评估，包括诊断性测试，是一系列正式和非正式的评估过程，由教师在学生学习过程中开展，目的是调整和修订教学和学习活动以提高学生的学习成绩。典型的形成性评估包括对学生和教师做出的定性反馈（不是分数），这些反馈着重于内容的细节和表现。根据相关学者的阐述形成性评估有以下几个目的：

（1）向教师提供反馈以便对一系列的教学活动和经验进行修订。

（2）确定和弥补小组或是个人的缺陷。

（3）把重心从成绩转移到学习过程上来，提高自我效能，减小外在动机的负面影响。

（4）提高学生关于怎样学习的元认知意识。

（二）形成性评估的特点

有学者指出形成性评估之所以拥有积极的目的，主要是因为其具有以下的特点：

（1）它考虑到了个体的进步，学生为学习付出的努力，以及其他在课程里体现并不明显的学习方面。也就是说，它不是单纯以标准为参照的。

（2）有效性和有用性是形成性评估的最重要的特征。

（3）形成性评估要求学生成为评估的中心角色，学生必须在学习过程中积极主动（教师不可能帮他们学）。除非他们能够认识到自己的优势和弱势，知道怎样处理，否则他们不会取得进步。

（4）反馈是形成性评估的主要功能。它特别关注正在学习的内容细节而不是简单的分数或是为什么学生没有达到预期要求。Nicoland Macfarlane-Dick（2005）提出了七条优质反馈的原则：

（1）要明确指出什么是好的表现（目标、规范、预期达到的标准）。

（2）要能促进学习过程中自我评估的发展。

（3）要向学生提供有关学习的有用信息。

（4）要鼓励教师和学生就学习进行对话。

（5）要鼓励积极的动机、信念和自尊。

（6）要提供能够缩小学习现状和目标状态之间差距的建议。

（7）要能向教师提供可用于改进教学的信息。

（三）形成性评估的原则

ARG（2002）为形成性评估提出了十个原则：

（1）形成性评估是有效的教学计划的一部分。

（2）注重学生是怎样学的。

（3）被认为对课堂教学极为重要。

（4）被认为是教师的一项核心专业技能。

（5）具有敏感性和建设性，因为任何评估都会受情感影响。

（6）要考虑到学习者动机的重要性。

（7）致力于学习目标，促进教师和学生对评估规则的共识。

（8）使学生能够得到关于怎样提高学习的建设性指导。

（9）提高学生的自我评估能力，使他们能够做到反思和自我管理。

（10）了解所有学习者的全面学习成就。

（四）学生和教师在评估中的收获

形成性评估不仅仅是一种教学策略，更重要的是学生能够从中获得多方面的锻炼和提升：①学生学习更有动力；②学生对自己的学习负责；③学生和教师一起成为评估的使用者；④学生学会有价值的终身受用的技能，例如自我评价、自我评估和目标设定；⑤学生在自我评估方面更加娴熟。

从形成性评估当中获益的不仅仅是学生，教师也能依靠形成性评估加深对教学和自身的了解：①教师可以了解学生已有的知识及其层次；②教师可以决定他们需要在教学中做出哪些细微的或是重大的调整，以使学生可以在即将进行的学习和接下来的评估中成功；③教师可以为小组或是学生个体开发合适的课程和活动；④教师可以告知学生当前的进步，以帮助他们设立提高的目标。

四、总结性评估

与形成性评估相对应的是总结性评估。总结性评估被用来衡量学生在某一特定的学习阶段结束时（通常是某一项目、学习单元、课程、学期或是学年）的学习、技能以及学术成就，它是成绩评定的一个重要组成部分。与主要目的是向学生和教师提供反馈的形成性评估不同，总结性评估通常按照某些标准对学习表现（学生学到了什么以及学习的质量）做出最后评价。总结性评估大多采用评分制，通常在教学内容结束时使用，常用形式有期末考试，国家统一考试，入学考试，学期论文等。

除了能够决定学生在某一特定阶段的学习水平和能力以外，总结性评估还用来检测某些特殊项目是否合格；评估学生是否可以进入更高阶段的学习；提供就业指导参考或是审查获奖者的资格等。由此可见，总结性评估是对于评估对象的最终成果的评估，目的是在某一个教学阶段结束时通过与某些标准或是基准比较，对全面的学习情况进行总结，从而对学生的学习做出评估。综上所述，总结性评估具有以下几个特点：①在某一教学内容结束时进行；②通常以分数体现成绩；③关注最终学习成果；④其结果是评价性的，而非诊断性的；⑤定期进行。

根据上述描述，总结性评估和形成性评估的特点可以比较和归纳见表11-1：

表11-1 总结性评估与形成性评估

	总结性评估	形成性评估
时间	学习活动结束时	学习活动期间
目的	做出决定	提高教学
关注点	教学结果	教学过程
性质	决定性（最终判断）	诊断性（教学反思）
主要方式	期末统一测试，学期论文等	教学反馈；教学观察；期中测试等
参考框架	标准性的（按照同一标准对所有学生进行评估）	有时是相对性的（进行横向和纵向比较，得出评估结果），有时是标准性的

五、国际语言能力测试

由于国际语言能力测试是学生能否到海外留学的首要判断标准，是衡量学生语言水平的客观依据，因此学术英语教师需要对该类考试的目的和结构有所了解。目前比较权威的英语类考试有雅思考试和托福考试，它们是为打算在以英语作为交流语言的国家或地区学习或工作的人们设置的英语语言水平考试。

（一）雅思考试

雅思（IELTS）是著名的国际性英语标准化水平测试之一，由英国文化协会、剑桥大学考试委员会和澳大利亚教育国际开发署共同举办，考生可以选择学术类测试（A类）和培训类测试（G类）。雅思考试满分为9分，包括四个部分，依次为听力、阅读、写作和口语，每一部分独立评分，四部分得分的平均分作为雅思综合得分。成绩单上将列出考生每一部分的得分和综合得分。

（1）听力考试听力测试的口音主要包括英国口音、美国口音、澳洲口音及新西兰口音。考试分四个环节：第一环节是日常生活对话；第二环节是与生活相关的独白；第三环节是基于教育教学热点话题的学术性对话；第四环节为学术论文演讲，难度依次增加。

（2）阅读考试文章主题主要有三个方面：①欧洲及世界社会发展、经济状况、科学动向以及文化交流；②地球、自然界的科学现象及地理现象；③人类历史发展中重要事件，重要人物及重要标志性产品。

（3）写作考试此部分包含①看图作说明文（A类）：通常为图表、地图或流程图、书信（G类）；②议论文，主要为观点型和辩论型论文写作。

（4）口语考试一对一进行，考官首先就考生的一些个人问题发问，并选择话题加以展开。然后出示题目卡，要求考生根据题目展开论述。最后，考官会就论述内容与考生进行讨论，以考查考生的应对能力。

（二）托福考试

托福（TOEFL）是由美国教育测验服务社举办的英语能力考试，托福考试的试题分为四部分，前三部分全部采用多项选择题。第一部分是听力理解，主要是测试应试者听、说和理解美国英语的能力；第二部分是语法结构和书面表达，主要测试考生在标准英语书面写作中掌握基本语法的能力；第三部分是词汇与阅读理解，主要是测试考生运用英语词汇的能力以及理解各类英语阅读材料的能力，阅读内容涉及社会科学和自然科学的诸多方面；第四部分是作文。包括两篇作文题，第一篇为综合写作；第二篇为独立写作。综合写作部分要求考生先看完一篇学术性文章，接着听一段与该文章话题相关的讲座录音，然后就讲座的要点，结合刚才读到的学术文章的内容，写一篇概述。独立写作部分要求考生针对某个问题提出自己的观点，并写出一篇短文，考生需要在作文中就某个问题阐述自己的看法，独立写作的题目通常是争议性较高的话题。

根据以上对雅思考试和托福考试的简要介绍，《框架》要求学术英语教师要对国际语言能力测试的目的和结构有所了解的理由就显而易见了：

（1）国际语言能力测试目的是要检测学习者是否拥有进入目标语言环境进行学术学习的能力，学术英语教学正是要帮助学生拥有这种能力，两者之间关系紧密。雅思和托福考试提供了衡量语言能力的标准，同时还提供了学习者需求分析的客观依据，测试成绩是学术英语教学项目设计的重要参考数据。英国的高校往往根据雅思成绩来决定学生是否需要参加学术英语培训以及参加培训时间的长短和主要的培训内容。

（2）从上述对两种考试的内容介绍来看，雅思和托福都极其关注学生对于学术性文章内容和呈现方式的了解，特别是在阅读和写作部分均有学术能力测试倾向。这些测试内容不仅可以帮助学术英语教师了解学生的语言水平和能力，还能帮助他们对于学生的学术语言能力和知识有所洞察。因此学术英语教师有必要了解考试的相关内容，以便更好地针对学生的水平和能力制订教学计划和教学策略。

六、教师具体能力要求

《框架》认为学术英语教师在评估实践方面应当拥有以下能力：

（1）把课程目标、语言和技能与评估融合起来。

（2）为学术英语听力、口语、阅读和写作以及综合能力选择恰当的评估方式，设计或评估评估工具。

（3）评分标准的使用要有持续性，并且要符合公认的标准。

（4）对学生的口语和写作表现给出恰当的反馈。

（5）使用评估结果作为指导教学的信息。

这些能力要求反映了以下几个核心的理念：首先，教学与评估是一体的，课程目标和教学内容决定了评估方式，评估结果体现课程目标的完成情况；其次，评估方式和评估标准要恰当、准确和具有持续性；再次，教师对学生表现做出的反馈性评估对于改进学生的学习十分重要，评估结果的有效利用可以促进教学。

七、教师能力评定指标

对于学术英语教师在评估实践方面的能力,《框架》列出了以下可供参考的衡量指标:

(1) 对在特定的学术英语语境当中评估方式的实例做出解释。
(2) 评估评估工具。
(3) 对与评估方式相对应的评分标准的运用做出评价。
(4) 对针对学生表现所做出的反馈的正确性和方式做出批判性评价。
(5) 对课程计划和工作项目的改变做出解释。

这就是说,学术英语教师不仅需要了解教学当中常用的评估方式,还要知道在什么情况下使用什么评估方式,并能够给予合理的解释。此外,教师还要能够对评估方式、评估工具和评估标准进行客观分析和评价;对自己的评估行为进行反思以及对基于评估结果之上的教学变动做出解释。

第十二章　通用英语教师向学术英语教师转型

第一节　基于学术英语的大学英语教师转型发展的价值和要求

一、学术英语视野下大学英语教师转型发展的价值和要求分析

（一）大学英语教师转型发展的重要价值

在多元化的现代社会里，各行业学科交叉越来越明显，多元交叉人才的需求也随之发生了非常大的变化，对人才的层次性也提出了新的要求。现阶段的人才队伍，不仅仅要求在英语方面获得较大的发展，还要求大学英语能够在相关专业领域实现语言能力的迁移。将大学英语定位于学术英语而不是专业英语，其意义是深刻的。因为不同于专业英语，学术英语对学生和教师要求更多的是语言能力的训练，对专业英语表达的训练。现阶段的社会发展要求大学英语要与其他专业有更多的结合，法律英语、计算机英语、医学英语等课程名词会越来越多地出现。因此，在学术英语的背景下，教师要在观念、行动、研究、角色等方面克服畏难情绪，不断提升自己的其他专业知识，从单一的英语教学能力实现多方面的转变。在学术英语的大背景 3 教师要与时俱进，实现个人发展与多专业知识的协同共进，提高自身的知识能力，拓宽自己的学习领域，尽量多地进行交叉学科的学习，优化知识结构，提高综合素质，为大学英语教学改革提供坚实的人力资本。大学英语教师转型是多元化专业发展的必然选择，同时也是应对学术英语发展的必要措施，更是推进当前大学学术英语改革发展的有力保证。

（二）学术英语对大学英语教师转型发展提出的新要求

转型发展是新时期英语教师发展必须面对的一个问题。学术型的、具有听说读写能力的人才定位，使得大学英语教师转型发展成为了必要。新的英语课程体系设置要求减少以语言基础为教学内容的通用英语的学时，增加一些专门

英语教学，这些专门的英语具有特殊用途，对一般的通识类英语教学时数做了必要调整。从概念上进行理解和划分，职业英语和学术英语共同构成了ESP。研究性大学侧重增加学术英语的分量，专业性英语在一般的普通大学中也有所增加。学术英语的目的是希望用英语进行专业学习，能够为其他专业知识和专业学习提供语言支撑。学术英语提出了"个性化"需求，这样的教学理念必将成为未来高校发展的一个重要方向。无论是工科、理科，还是文科，其对英语教学的知识结构、知识广度、语言习得能力、文化沉淀感都需要更多的持续付出。英语教学要体现英语的应用性，英语教师既要具备外语教学能力又要有行业工作经验技能，课程设置要改变单一的基础课性质，实现"基础＋专业＋通识"三者的结合，在学生的专业领域内，实现英语的有效交流与沟通。由此可见，英语教学的新发展对教师专业化转型发展提出了更高、更严格的要求。

1. 教师要发展多元知识结构

学术英语的目的是培养学生所需的语言知识和技能，拓宽学生的知识广度。医学英语、法律英语和计算机英语等系列专业英语的出现，对英语教师的要求日趋提高。教师要发展多元知识结构，从单一的语言文学转向多学科、多方位、多角度的涉猎。英语教师知识概念包含两个重要维度：一是学科与教学知识的融通；二是"解放性"知识。要培养具有多元文化价值体系，思辨性以及语言使用合理性的学生，教师除了要具备一定的英语语言功底，扎实的教学知识外，还需要掌握相关的跨学科知识。教师的知识结构应该是多元的，且各门学科知识之间要保持合理的比例，要努力实现多元文化价值体系的构建，促进语言与专业文化知识的平衡。

2. 教师要成为"双师型"教师

学术英语的目的是要开阔学生的视野，帮助其具备学术交流和创新的能力，成为能够在更大范围和高层次上参与职业工作实践与国际竞争的国际化人才。这就需要教师具有双师素质，也就是既具有教育教学理论和能力，又具备相应的实践经验或应用技能。英语教师的能力结构除了要有实践性，还要有应用性，要能够有综合应用外语教学的能力，促使学生能够有效地进行交流。因此，大学英语教师除了要具备一定的外语教学能力外，还要有教学转化能力，能够将专业的英语知识表达出来。具体而言，"双师型"大学英语教师除了基本教学能力，还需要有较强的实践能力、适应能力、创新能力，具备语言教学归纳能力，能够将相关行业的知识融会贯通，并能够在实践中运用理论，创新原有的教学内容和方法，优化学术英语课程体系和模块设置，培养学生主动分析问题、与人交流观点、形成让人信服的判断的思辨能力。

二、学术英语视野下大学英语教师转型发展的问题和建议

（一）大学英语教师转型存在的问题

英语教师转型存在着问题，这是大部分研究者普遍认可的一个问题。从相关的研究结合具体实践可以看出，在英语培养目标和教学发展共同面临转型的情况下，英语教师的自我发展存在着问题。

首先，在知识结构方面，现在的英语发展要求，其知识面往往相对来说不具备多元性，在深度和广度上都达不到学术英语授课的要求。由于长期以来，教育观念都比较落后，教学动机性不强，教学水平不过硬，对于学术和科研兴趣不强，基本的文化素养不够高，即使具备了一定的知识能力，但是其基本的素质还是不够健全，学术功底不够理想。其次，在跨文化语言交流方面，不少英语老师掌握了一定的中文和英文基础知识，同时也达到了基本的素质要求，但是在口语沟通方面的经验不够丰富，母语文化思维定式较强，对于跨文化交流的实践经验比较欠缺，使得相关的英语教师在口语表达上不够流畅。最后，多元化学科背景不足。跨学科知识和学术英语要求一般的英语老师，除了具备英语表达能力外，还需要拓展知识和视野，尽可能多地获取其他专业方面的知识，比如医学、旅游、机电、商务、科技或艺术等方面的专业知识上也要适当涉猎。在现实生活中，不具备多学科知识背景，同时在社会经验和实践能力上不够充实，必然带来教学实践中的捉襟见肘。当前，不少大学英语教师由于对自身的转型发展认识不足，加之大多数高校缺乏对教师进行相关行业技能培训，导致教师自身视野狭窄，常常局限于常规课堂教学、发表论文、教科研获奖及职称评聘，忽视对自己的职业转型发展进行准确定位和科学规划。

（二）大学英语教师转型发展的对策建议

大学英语教师要实现转型发展，这是必然趋势。要改善当前英语课堂教学的效果，进行科学的学术英语理论指导，实现理想的英语教学目的，大学英语教师就要勇于挑战自我，勇于学习新的知识，勇于涉猎新的领域。坐井观天，安于现状显然不是大学英语教师应有的生活状态。大学英语教师发展符合学术英语教学要求和人才培养目的的"双师素质"，这是学术英语发展过程中需要解决的问题。既要借鉴教师专业发展已有的成功经验，也要主动拓展发展空间，坚持自上而下创造条件、自下而上争取机会相结合，这才是实现大学英语教师转型发展的长久持续之策。因此，针对大学英语教师转型提出以下对策建议：

1. 教师要拓宽知识领域

学术英语侧重语言能力的训练，侧重理论与专业实践相结合。因此，英语

教师在加强自身专业学习的过程中，要广泛涉猎，提高语言修养，提升文化素质，增强文化对话能力。英语是一门工具，是打开其他专业大门的载体和技能。例如，当英语与法律相结合时，就形成了法律专业的学术英语。为此，大学英语教师应该根据本校的需求，结合自身学习的专业特色，考虑自身的兴趣，确定自己的专业拓展方向，不断积累专业知识，实现自身知识的多元化。在慕课和网络高度发达的今天，大学英语教师完全可以通过查阅资料，学习网上课程和本校专业课等多种途径实现自身知识的拓展。与此同时，教师还可以通过考取资格证书、同专业人员交流、加强与专业教师合作、赴行业企业实践锻炼等途径实现自我发展。

2. 教师要丰富专业实践经历

学术英语的目的是要培养与学科密切相关的听、说、读、写等学术交流能力。这就要求教师具备一定的实践经历，能够有效地进行专业交流。而实现这一目的需要大学英语教师具备一定的学科知识和行业经验。学术英语是知识与能力的多元化结合，是参与社会实践的必备要素。英语教师可以在相关领域积累实际工作经验，积极争取赴行业企业进行社会实践锻炼的机会，丰富自我的专业实践能力。亲身经历过的教学与交流必然比纯粹理论性的教学更加符合实际，更加具有针对性、生动性和有效性。

3. 管理者要优化师资结构

教育部颁布的《大学英语教学大纲》，强调专业英语应当由专业教师承担，其他部门（单位）根据具体情况对其予以配合和协助。从当时的发展需求出发，将学术英语划归专业课程并由专业老师教学。但实际上，这种师资分配结构并不合理，专业课老师可能在英语教学方面存在着知识不系统、结构不完整等问题。而学术英语讲究的是语言教学，要用语言教学的方法来规划课程、教学策略和效果评价，需要将英语教学和专业知识和经验二者结合起来。因此，师资管理部门、专业院系和大学英语教学单位就需要密切联动，着力优化师资的配置结构，建立多元化的教师发展体系。要遴选适合学术英语教学的老师担任课堂教学主体，同时采取激励措施，吸引更多具备交叉学科背景的英语教师参与到学术英语教学的岗位上来。学术英语背景下的教师转型是一个动态持续的过程，其进程不可能一蹴而就，转型的成果需要管理层的重视和教师自身的努力。

第二节　学术英语中大学英语教师的发展

一、识和态度

学术英语教学的本质是语言类教学课程，是英语教学体系的分支，其主要是对英语语言知识进行讲述。英语语言知识和教学内容都是学术教师必须具备的知识结构，所以英语学术教师需要注重自身素质的提升，积极地补充知识结构，从而保障学术英语教学成效。学术英语教师对于学术英语教学概念需要有深入的了解，避免走入教学思想的误区。学术英语与通用英语教学存在着很大的差异性，学术英语教学并不等同于专业英语教学。学术英语教师要有自省意识，要不断地寻找自己在学术英语教学方面存在的不足，通过网络学习、阅览书籍等众多形式，丰富自身的知识结构，使得自己能够满足学术英语教学需求。学生在学科知识方面很有可能比教师掌握得更为扎实，教师需要充分利用这一点，放下教师的架子，积极主动地与学生进行沟通交流，缩小学生与教师之间的距离，建立平等和谐的师生关系，使二者达到双赢的状态。

二、激发学术教师自我发展的内在动力

学术英语教学仍然在不断地发展，现阶段还缺乏成熟的教学方法可以让学术英语教师进行借鉴。学术英语教师需要转变自身的教学理念和教学方式，对学生的学习状况给予更多的关注。学术英语教学活动的开展需要具有本院校的特色，能够展现教师的价值。教师不能盲目地追求教学进度，而是需要不断地加强英语教学与专业学科之间的联系，促进学生的全面发展。对于不同学习层次的学生，教师需要采取不同的教学方式。教师自身也要喜欢学术英语教学，全面激发自身发展的动力。

三、学校对于教师的发展需要给予扶持

高校对于教师的发展需要给予大力的支持，学术英语教师发展与学术英语教学成效有着直接性的联系，高校想要保障学术英语教学成效，对于学术教师的发展就需要给予更多的关注。高校可以鼓励学术教师参加教师培训班，并且为教师的培训费用给予一定的补助。高校也需要采取多种活动形式，组织学术教师进行岗位培训，强化学术教师的综合素质。

此外，高校也可以开展学术英语教学交流、组织听课等，从而提升学术英语教学成效。

学术英语教师发展与英语教学成效有着直接的联系，教师需要注重自省，不断地找寻自身存在的不足之处。高校对于学术英语教师的发展也需要给予更多的关注，鼓励学术英语教师积极地参与多种培训活动，提升学术英语教师的综合素质。通过学校的扶持以及学术英语教师自身的努力，学术英语教师必定能够获得良好的发展，从而保障学术英语教学成效，为促进学生发展奠定良好的基础。

四、从事通用学术英语 EGAP 教学教师的发展

通用学术英语 EGAP 具有跨学科特点，课程适用面广，带有专业共性，学习研究语言共核部分，可以适合各个专业学生的需求。对于教师而言，无需专业知识背景，无需与专业教师进行合作。从这个角度来讲，在综合院校开设的学术英语类型或许可以把重点放在 EGAP 方面。从知识结构来看，通用学术英语的外语教师急需具备英语语言能力以及语言教育学理论和方法。通用学术英语课堂教学要求学生基于问题项目，进行自主学习研究，以批判性的观点思考同一主题的几篇文章，学会如何查阅文献，如何引用文章的观点，为我所用，支撑自己的观点。鉴于通用学术英语教学模式，教师应该培养自己多方面的能力，尤其是教学法的更新。学术英语把探索性、研究性、自主性、合作性、项目性和思辨性引入课堂，重视真实的学术学习和研究需要的能力。与 ESAP 相比，EGAP 不需要很强的专业知识，课程需要的是对教师进行非知识的岗位培训。与传统的课堂教学相比，教师的责任更加重大，组织协调课堂能力要求更高。教师要在课堂里提供真实学术英语交际的环境，教授学生学术英语的各种学习策略，提供及时更新的资料信息。

五、从事专门学术英语 ESAP 教学教师的发展

首先，从事专门学术英语教学的教师需要明确的是专业英语不等于专门用途英语。专业英语的重心在内容知识上，教学由专业教师担任；专门用途英语重心在语言上，专攻于学术技能，其性质是"外语+专业"，而非"专业+外语"。长期存在的一个误区是外语教师无法胜任学术英语的教学，如果弄清楚 ESAP 的定位，外语教师完全可以胜任。关键的问题是外语教师是否愿意接受挑战，愿意学习学科中的基本知识；教师是否有热情、有兴趣接受学习基本专业知识。ESAP 的教学老师没有能力也没有必要成为某一学科的专家。

中国台湾成功大学的学术英语就是一个成功的范例。在这所学校中，学术英语被定位为内容 30%，语言 70%。

其次，面临专门学术英语教学的第二个问题就是专业知识内容。在转型

过程中，对学术英语教师而言，难度大、压力大的部分就是专业知识。从事 ESAP 的教师，不仅需要语言水平高，语言表达能力强，而且还必须拥有跨专业的学科知识。虽然专门学术英语的教学内容不必高度专业化，但是任课教师需要通晓专业的事实知识。学术英语教师没有必要深入学习专业知识，但是学习专业基本知识却是必须的。确定 ESAP 专业领域的基本知识，需要专业英语教师的帮助。ESAP 教学教师的发展需要外在的力量，学校和学院应当为学术教师搭建合作的平台。行业特色高校鼓励教师进行教材编写，可以为教师提供各种方便的渠道，旁听相关的课程，为从事 ESAP 的教师提供与专业英语教师沟通的平台，相互了解，找到教学任务的具体归属点。二级学院间的相互合作，可以让英语教师了解相关专业知识、基本内容和学科领域的发展。

第三节 学术英语教师的素质与培养路径

一、学术英语教师应该具备的素质

对于学术英语教师应该具备的素质，在国外和国内都有比较广泛的研究，但是没有达成统一的意见。Richards 从外语教师应当具备的知识结构、教学能力以及个人的非智力因素等方面归纳了外语教师应该具备的素质；Nunan 从行动研究角度，除了阐释学术英语教师所应具备的知识结构以外，还重点从课堂、课程、教学方法以及个人能力的具体方面论述了合格的学术英语教师的素质；Dale 则从批判反思角度，从学术英语教师所应具备的知识、能力、教学方法以及教学评估方面阐述了合格的学术英语教师应当具备的素质。综合国内外外语教育专家的观点，笔者认为学术英语教师应当具备以下素质：

（一）在知识结构方面

学术英语教师应掌握以下知识：第一，英语听、说、读、写、译技能技巧知识；第二，英语语言知识；第三，英语文化知识；第四，与教育对象相关的专业通识知识；第五，大学英语课程知识；第六，外语语言教育理论与方法；第七，与教育对象相关的心理学知识。

（二）在外语教育观念方面

学术英语教师应掌握以下观念：第一，掌握现代外语教学观，由注重教，转变为注重学生的学，培养学生自主学习能力；第二，掌握现代外语科研观，教学与科研并重，教学实践为科研服务，科研能够更好地指导教学；第三，掌握现代外语育人观，以人为本，在培养学生全面发展的同时，注重培养学生的语言应用以及交际能力。

（三）在学术英语教学与科研能力方面

学术英语教师应具备以下能力：第一，教学设计创新能力，统一协调教学过程中所涉及到的各个要素，实现学生能够自主学习；第二，教学实施高效能力，调动一切内外因素，保证课程计划、教学计划、教学策略的实施；第三，教学监控有力能力，采取多种方式，全方位监控教学过程和学生的自主学习过程；第四，教学反思频繁能力，自觉内省教学目标、教学理念和教学策略，提高自我意识、调控教学行为、评估教学过程；第五，教学评估娴熟能力，能够快速收集评价资料、正确选择和运用评价方法和评价工具、准确分析或解释评价资料与结果；第六，科研实验能力，包括个体实验能力和群体实验能力；第七，科研统计分析能力，重点为数理统计分析能力；第八，科研定性与定量研究能力；第九，掌握现代教育技术进行教学和科研的能力。

二、学术英语教师培养的路径研究

（一）短期国外进修

学短期国外进修能够收到时间短、见效快的效果。正如某高校英语教师所言："出国进修当然是最直接的办法，但由于资金和人力的问题，不可能派遣许多教师到国外进修，也不可能一年之内把进修教师的比例增长很大。"所以，根据教学方向不同选取大学英语教师骨干进行短期培养，到国外大学的 TESOL 教学研究中心、ESL 教学研究中心、ELT 教学研究中心或者 ESP 教学研究中心做访问学者，进行短期学习，对他（她）们快速掌握先进的语言文化方向以及专业英语方向教学方法，强化复合的知识结构大有裨益。这部分人通过国外短期进修，他（她）们的教学和科研水平会先行提高；回国以后，通过课题组的方式，由点带面，带动其所在团队学术英语教学和科研水平的不断提升，从而带动整个学术英语教学水平的不断进步。

（二）校本培训

校本教育模式是指以增强教学实践体验、提高教育教学技巧、丰富教学实践知识为目的，以教师任职学校为基地，依托学校的现有资源，发挥教学团队的作用，促进教师专业发展的教育模式。校本培训以学校为依托，可大幅度节约培训成本，从现实的可行性分析，校本培训会成为学术英语教师培养的主要途径。进修的方法着重培养学术英语教师先进的教育理念、原则和方法，强化学术英语教师的复合知识结构，校本培训则在提高在职大学英语教师的教育教学能力和科研能力方面功能比较强大。

（三）引导教师教学反思

教学反思可分为个人反思和集体反思：个人反思可通过引导教师对个人的课堂教学和全面的教育能力进行反思，对教师的科研方法和科研能力进行反思，不断总结经验和教训，实现教师专业的稳步发展；集体反思可通过大学英语不同的教学方向进行，通过教学录像、观摩教学、教学比赛等对某个教学方向的共性问题进行集体反思，实现教学团队水平的提高和教学方向上的整体进步。教学反思对提高学术英语教师的职业素质、总结教师的教育教学和科研经验以及培养适应新时代要求的学术英语教师意义十分重大。

第十三章 学术英语共享资源库的开发和建设

第一节 学术英语共享资源库的理论基础

一、建构主义理论

基于网络技术的语言学习观的一个重要理论基础是建构主义理论。根据建构主义理论，语言学习是一个动态的发展过程，在这一过程中，学习者以其原有的语言知识为基础，通过"搭脚手架"的方式，不断自我建构语言知识和语言技能。情景、协作、会话和意义建构是学习环境中的四大要素。这四大要素在现代网络环境下几乎可以同时得到完全的实现。例如，以网络技术为平台，运用现代媒体技术，可以构建虚拟学术交流情景，实现协作和会话模式；运用视频和音频技术，学习者可以实现即时会话模式；也可以通过网上讨论区实现非实时互动、讨论等。

二、自主学习理论

自主学习理论强调学习者的主体地位和主观能动性在学习中的重要性，以网络环境为依托的学术资源库可以为自主学习提供一个不受时间和地点限制的终身学习的机会。自主学习模式是与传统的接受学习相对应的一种现代化学习模式。具体来说，其注重以学生作为学习的主体，学生自己做主，不受别人支配，不受外界干扰通过阅读、听讲、研究、观察、实践等手段使个体可以得到持续变化（知识与技能，方法与过程，情感与价值的改善和升华）的行为方式。自主学习是以学生作为学习的主体，通过学生独立的分析、探索、实践、质疑、创造等方法来实现学习目标。高等教育课程改革在涉及教育课程改革的具体目标时指出："改变课程实施过于强调接受学习、死记硬背、机械的现状，倡导学生主动参与、乐于探究、勤于动手，培养学生搜集和处理信息的能力、获取新知识的能力、分析和解决问题的能力以及交流与合作的能力。"

关于自主学习，不同学者尝试从各个角度分别界定。首先是自主的定义：Dickinson 认为在自主情况下，学习者做出并实施所有与学习有关的决定；Kenny 则从自主的性质入手，提出它不仅是一种学习自由，还是发展为全人的机会。其次是自主学习能力的界定：Holec 声称它是一种"把握自己学习的能力"；Little 则指出它是学习者能够独立地确定自己的学习目的、学习目标以及学习内容和方法并确定一套自己的评估体系的能力。Benson 认为自主包括三个层次上的控制，即对学习管理、认知过程和学习内容的控制。最后是自主学习者的内涵：Gardner 和 Miller 将其界定为规划并实施学习的人。虽然以上这些观点均有所不同，但都强调了学习者学习的自主性，包括自主地确定学习目标、选择学习内容和学习方法、监控学习过程、确定评估方式等。

三、认知心理理论

认知心理科学研究表明，人类从一出生就在心理层面表现出明显的个体差异特征，而且这种差异会随着年龄的增长而不断扩大，语言学习也不例外。语言学习中个体差异的表现比较多，如文化背景和社会心理、个体智商、认知风格、性别差异、学习风格、学习策略和情感变量（情感变量包括学习动机、学习态度、信念、自我评估、歧义容忍和自我监控等）等。传统的单一课堂教学模式一般难以同时兼顾所有学生的差异因素，当学生的学习风格和教师的教学风格不一致时，就有可能产生风格冲突。而在现代网络技术和多媒体技术下的学术资源库却能同时有效地兼顾这些个体差异，从而最大限度地提高学习效率，增加语言输入。学生可以根据自己的风格自主地选择适合其个性的学习方式和学习策略，根据各自专业的不同要求，选择适合自己的语言输入方式，从而间接提高语言输入的质量。

四、任务型语言教学理论

任务型语言教学理论是 20 世纪 80 年代以来形成的一种具有较大影响的外语教学理论，这一理论认为学生学习语言的最佳途径就是以目的语完成各种学习任务，从而最大限度地触发学习动机。任务型语言教学理论强调语言学习是一个过程，在这一过程中，学习者可以根据自己的不同需要不断地制定目标，或不断指向目标。通过有目的性的交流或参与有意义的交际活动和任务，将课堂内的语言学习和课堂外的语言活动有机地结合起来并予以延伸，从而实现语言学习的目的。当学生有学术资源要求时，就会构成学习动机，并制定目标以完成任务或满足学术要求。在完成这种学术任务的过程中，语言学习和完成任务就会结合在一起，最终提高学术英语的表达水平。

第二节 "互联网+学术英语"教学探析

一、"互联网+学术英语"教学的优势

互联网时代实现了信息更新的即时性、交流渠道的多样性以及学习方式的个性化。它和学术英语教学相结合，将对整个课程产生全新的正面影响。

（一）"互联网+"有利于教学活动的有效开展

传统的学术英语课堂教学，主要的教学活动就是知识的单向传递。而在"互联网+"的支撑下，教学活动更加多样化。一方面，教师可以通过互联网平台在课前发布与知识点相关的学习资源。例如，在讲授摘要结构这个知识点时，先指定某个学术期刊网站，让学生浏览该网站上期刊论文的摘要部分，并要求他们对摘要的结构进行分析、归类。这些学习资源有别于传统教材，更能体现当代学术英语的语用特征。另一方面，教师可以利用互联网设计更加真实的语用情境，让学生真正做到学以致用。图表描述是学术英语中的重要教学内容，在讲述图表描述的语篇特征之后，教师可利用互联网平台在课堂上发布一份关于学生对"互联网+学术英语"教学看法的调查问卷，要求学生即时填写；然后再将收集到的原始数据交给学生，要求他们自主选择合适的图表对数据进行展示并描述。

（二）"互联网+"有利于实现以学生为中心的教学

首先，"互联网+"的课堂能够调动学生的学习主体性和积极性，在完成学习任务时更能激发学生的探究精神，进行自我导向学习，同时也强化了学生学习主体的身份认同感。

其次，利用"互联网+"搭建的平台，可以及时把学生在学习过程中出现的共性问题展示出来并进行解析。在图表描述练习中，部分学生会直接把原始数据制成图表，不进行一定形式的转换，如百分比。这时，可以通过 Seewo Link 把学生的问题拍照并传至讲台投影，引导学生发现问题，找出解决方案。

再次，"互联网+"的引入，有利于兼顾不同能力水平的学生。教师通过互联网发布学习材料，学生根据自己的能力水平自主控制学习进度和次数。在教授图表描写之前，教师通过 maka.im 发布一份"Selecting the Right Charts for Your Data"的学习资料。这份资料介绍了几种常见图表的特征和用途，以及如何选择合适的图表来反映数据间的关系。学生可以根据自己的阅读速度选择播放速度，可以根据自己的掌握情况反复观看，还可以自己掌控学习的时间和

地点，从而实现个性化学习。此外，学生在以后的学术活动中还可以随时调出这些学习资源进行参考。

（三）"互联网+"加强了师生交流

"互联网+"为师生的多渠道沟通搭建了交流平台。通过"互联网+"，一方面学生可以把使用学术英语过程中遇到的问题及时地反馈给老师；另一方面教师可以发布网络学习资源、设定学习情景，对学生的学习进行监控并为他们提供知识支持，教师还可以通过微信、QQ、电子邮件等方式对学生的学习进行个性化的指导。这样，加强了师生间课堂内外的互动，让学生不仅从老师的师资中获益，也受到教师师德的熏陶，有利于良好师生关系的形成。

二、"互联网+教育"的发展与学术英语教学面临的挑战与机遇

"互联网+教育"模式使 EAP 教学面临前所未有的挑战，同样也为 EAP 教学改革与发展创造了新机遇。首先，没有 EAP 研究的背景的教师，很难独立开展适合社会需求和学生需要的 EAP 教学，教师可以合理利用"慕课"资源、结合所教授的学生专业，加强自身 EAP 教学能力，实现教师专业发展。其次，在长期的应试教育之下，我国大部分学生的学习在很大程度上依赖于教师与课堂，但是，语言的学习需要强调学生的主动学习，学生是认知的主体，是意义的构建者，教师是教学过程的组织者、指导者、意义建构的帮助者、促进者。教师可以依托互联网丰富的教学活动可以增进学生的自主、互动和个性化的学习，培养学生自主学习能力。

慕课平台的课程资源主要以英语为主要教学语言，强调学生的自主学习能力，建立在学生能够完全独立地借助互联网工具完成课程的教学。在整个学习的过程中，学生需要根据学习目标主动地去搜索学习资源，这个过程能够在一定程度上锻炼学生的知识整理和加工的能力，但是学科的教学的主要目的是希望学生能够通过系统的学习达到掌握既定的学习目标，实施过程中，学生对学习目标的理解存在很大的偏差，搜集到的资源即使能够通过社交工具进行分享也很难覆盖全部的教学目标，而且其质量也参差不齐，所以这个过程必须有教师参与规范学习的资源，学习者在这个基础资源的基础上可以根据自身的能力和偏好进行二次筛选，达到差异化教学的目标。

三、基于"互联网+"的学术英语教学系统设计

"互联网+教育"形成了网络教学平台、网络教学系统、网络教学资源、网络教学软件以及网络教学视频等诸多全新的概念。"互联网+"帮助教师树

立了先进的教学理念，改变了课堂教学手段，提升了教学素养，传统的教学组织形式也发生了革命性的变化。正是因为互联网技术的发展，以先学后教为特征的"翻转课堂"才真正成为现实。

（一）设计原则

高校在办学条件、教学水平等方面存在比较大的差异，导致我国的教育资源十分不均衡。不同地区的大学英语基础存在很大的差异，学生完全依赖互联网方式学习的可行性有待探究。学科教育过程中，学生的学习过程离不开老师的参与，简单地借助于互联网资源自学很难取得统一的课堂教学的效果，另一方面，通过虚拟空间建立起来的团队达不到参与实体团队对学生团队精神培养的效果。

系统在设计上充分考虑学生的英语基础与学习行为习惯的养成，将知识点尽可能地细化，并针对不同基础的学生推送不同的学习方案，更多地引导学生做正确的自我评估，选择合适的学习资源。自主学习现阶段只是作为整个学习的一个辅助手段，整个学习过程教师需要更多地参与管理与监督，教师需要更多地参与到学生的分组讨论之中，并扮演相应的角色。

（二）系统框架设计

考虑到在新的教学模式下，教学过程不再局限于固定的上课下课时间，甚至不再需要过于拘泥于学科与专业知识体系结构了，而应该让学习者以问题为中心、以个人需要为中心，打破原来的学科知识体系，构建个性化的、有利于问题解决的知识结构。文章提出基于"互联网+"模式的 EAP 教学系统的构想。系该系统具有以下特点：

（1）构建线上和线下学习并行的模式，强化以学生为中心，围绕学生能力提升这个目标，学生利用互联网进行自主学习，结合课堂教学的模式解决现行网络课程和慕课模式中存在的问题，通过引入监督者形成线上和线下两个闭环，解决完全依赖学生的主动性去学习的网络学习存在的问题。

（2）在该模式中，传统课堂中的教师身份转变为监督者，职责从全职的教师变为学习者的导师和课程资源的组织、规范和创作者，教师之间通过协同工作完成,门课程的资源收集、加工和整理，协同模式下，教师可以发挥自己的特长，专注自己的知识点，优化、完善课程资源的创作，同时可以针对所指导的班级的学生特征有针对性地对课程资源进行筛选，有效的参与学生的学习讨论。

（3）学习管理工具集成了完成整个线上学习的工具闭集，可以运行于多种移动终端设备。该 APP 集成了学习资源的检索、知识点的学习、评测以及问题反馈等功能,学生不再需要通过不同的平台去搜集资源,系统可以方便地对学习行为数据进行收集、跟踪、评测和管理。学习监督者(教师)可以通过终端发布课程任务与分配学习资源,并跟踪学生的学习行为,对学生的学习进度进行监测。

(4)"互联网+教育"学习平台通过采集、整合第三方的课程资源,教师可以方便地组织学习资源,根据学生的特点推送个性化的定制学习方案。借助第三方的课程资源编辑工具可以方便地添加课程资源。

(5)学习者可以通过在手机或者平板等移动终端安装APP,实现随时随地学习,充分利用时间碎片学习,这对于英语的听说学习也非常方便。

第三节 资源库的校际互联

一、资源库校际互联分析

资源库系统校与校的互操作实现可采用B/S模式,通过信息代理技术在浏览器中实现信息的存储与输出。为保障系统安全性能,也可采用利用OM组件实现的"表现层、事务逻辑层、数据服务层"三层体系结构。

校与校的互操作有两个层面:一是学校内部各管理部门之间的信息系统互操作;二是学校与上级教育管理部门之间以及学校与学校之间的信息系统互操作。为了在各资源库之间建立互接口,可采用EMIF体系结构,应用程序可将数据绑定为XML文档,并打包在EMIF报文中,通过HTTPS协议进行传递。通过遵循共同的报文处理协议、安全协议、数据传输模式等实现报文传递的自动化,最终实现各校之间的资源库的互操作自动化。为此,我们将其设计为三级资源中心信息层,该资源中心由三个不同级别的站点组合而成,既有灵活的可扩展性,又有完备的整体性。一级资源中心负责编制和更新各专业素材,在适当的情况下可以组建积累;二级资源中心主要是对各专业资源中心进行管理,并负责实现校际之间的联系;三级资源中心根据教育信息资源分类标准,建立分类导航,实现各类学术资源的在线预览,提供精确检索与模糊检索待检索功能,以满足多种检索查询需求,并建立学术资源的超级链接。

由于目前一般院校都没有为学生开设专门的英语学术交流教程,学术英语共享资源库的开发将及时、有效地弥补这一缺陷。共享资源库可以设置在校园局域网内,也可以挂靠在国际互联网内的一个非终端用户,使其受益面最大化。由于它建立在网络技术基础之上,学生可以随时查阅和参考,提供弹性学习时间。

学术英语共享资源库投入成本低，维护容易，能够实现即时更新。同时，学术资源库采用目前运用最方便、维护最简单的大型数据库管理系统 MSSQL Server2000 作为技术基础，提供了数据库维护、安全性控制、备份以及恢复等技术保证，因此不失为一种创新性的解决办法。

二、创新开发校际学术英语共享资源

（一）创建集课堂、多媒体、网络为一体的学术英语教学语境共享资源库

指导学生利用丰富的多媒体资源进行自主学习，利用网络平台开阔视野，了解本专业和学科发展的动态和前沿知识，并在对信息的处理过程中不知不觉地学习地道的英语，以达到运用真实的语言来完成交际的目的，真正实现以学生为中心的学术英语教与学。利用现代化的教育技术手段，创造真实语境，加强听说训练，解决专业领域中的交际问题。教学中可广泛应用多功能语言实验室和多媒体教室等现代化教学设备，将真实的学术交流场景搬进课堂，使学生置于有交际的真实环境里，让学生用英语解决专业领域中的交际问题。

（二）基于PBI（项目研究法）教学理念，让学生通过项目研究的方式来解决每个学科中的问题

在项目研究过程中，学生不仅能通过对相关学科内容的研究提高自身学术英语能力，而且还能够发展他们的自主学习能力、团队协作能力、分析和解决问题的能力以及批判性思维能力。把学术英语当作一种特殊语言，只是在语言层面的学习，不能解决全部问题。

"学术英语"的获得过程也是新知识产生的过程，学习者只有体验和参与新知识的产生过程才能掌握学术英语。学术语言需要学习者在使用它开展学术研究的过程中去掌握。

（三）确保学术英语语言资源的真实性

对所选学术英语的篇章在生词和结构上保持原生态；对所选用的学术讲座使用演讲者原文，保留不同地方的口音。长期以来，我国学生的英语学习始终处在一种伪环境中，选用的素材资源在语言和内容上都受到了严格的控制，结果学生学了长时间的英语，仍然无法应对真实的英语世界。

第十四章 学术英语写作能力培养实践

写作是一种综合性较强的技能，大学生在英语学习方面尤其对写作感到畏惧，原因主要包括两个方面：其一，受到母语因素和自身英语功底的影响；其二，学生在日常学习甚至在未来的职业生涯中似乎也并不需要写作记叙文、描写文等。然而，学术英语写作能力对于每一位高校大学生而言都是十分重要的。当前，学术英语写作是高校学生在学习中的实际需求，同时也是难点所在。为此，本章就来详细研究学术英语写作能力培养的相关内容，涉及内容有学术英语论文的特点与类型、主要构成部分、撰写准备能力、资料收集与组织能力。

第一节 学术英语论文的特点与类型

一、学术论文的特点

（一）科学性

学术论文的科学性特点主要从如下几个方面体现出来：

第一，学术论文所使用的数据都比较可能、准确。

第二，学术论文的内容都具有严密的逻辑性，论据充分。

第三，学术论文的观点都清楚、明白，具有较强的说服力。

第四，学术论文的主题都经得起推敲和验证。

（二）实践性

学术论文所论述的内容往往对现实具有较强的理论指导意义，可以将其应用于实践操作中，为人们的实际工作带来大方向上的指导作用。

（三）创新性

一篇学术论文的撰写，需要查找和参考各方面的资料与文献，但想要写出一篇优秀的学术论文，仅参考其他文献的内容是远远不够的，因为学术论文最重要的一点是对所阐述的理论内容要有所创新，有所发展，所应用的研究方法也应有新的突破，如此才可以为某一个领域提供新的知识内容，从而有助于人们日后的研究。

二、学术论文的主要类型

众所周知，分类的标准不同，划分的类型便不同。学术论文根据不同的标准具有不同的分类。大致而言，学术论文的类型包括如下几种。

（一）论说性学术论文

论说性学术论文指的是通过大量的材料、数据、事实等来阐述和证明，以更加充分地论证自己论文中所提出的观点。典型的论说性的学术论文是考证性文章。

（二）综述性学术论文

综述性学术论文是指对某一时期某一学科领域的研究进展情况加以概括总结，分析现状，指出问题，并且明确发展的方向和趋势。

（三）评论性学术论文

评论性学术论文是指对某一学术成果、期刊论文或专，著的内容进行估价、鉴定，指出其成就，分析其价值，指出其中的问题与不足。

（四）驳论性学术论文

所谓驳论性学术论文，顾名思义，就是通过反驳对方的观点来提出自己观点的论文。对于这类论文来说，比较典型的是商榷性的文章。

阶段不同，所撰写的毕业论文就不同。对于马上就要离开大学校园的专业英语的大学生来说，他们的毕业论文更加侧重于通过利用自己几年来所学习的大学知识来解决问题的实际能力，同时还需要体现出一定的学术价值。

对于硕士毕业生而言，他们的论文主要是对自己所学专业的基本问题以及疑难问题提出自己的独到见解。

对于博士毕业生的论文来说，他们需要在掌握某一学科深厚知识的基础上，在论文中提出具有重大突破的观点，进而对学科的发展起到重要的促进作用。

第二节　学术英语论文的主要组成部分

学术论文的主要构成部分大致为：题目、目录、内容提要、关键词、正文、参考文献。

（1）论文题目。要求准确、简练、醒目、新颖。

（2）目录。目录是论文中主要段落的简表。

（3）内容提要。内容提要是文章主要内容的摘录，要求短、精、完整。字数可控制在几十字到300字之间。

（4）关键词。关键词（或主题词）是从论文的题名、提要和正文中选取出来的，是对表述论文的中心内容有实质意义的词汇。

（5）论文正文。论文的正文部分是最重要的部分，其具体应该包括如下两个内容。

第一，引言。引言又称"前言""序言"和"导言"，用在论文的开头。引言通常需要概括地写出作者意图，说明选题的目的和意义，并指出论文写作的范围。引言要短小精悍、紧扣主题。

第二，论文正文。正文是论文的主体，其包括论点、论据、论证过程和结论。

（6）参考文献。论文的参考文献是将论文在研究和写作中参考或引证的主要文献资料，列于论文的结尾。

第三节 学术英语论文的撰写准备能力

在各种各样的学术语篇类型中，科研论文可能是最为重要的一种，因为撰写研究论文要求极高的思维能力及语言技巧，这都是大学这样的学术环境中研究人员必备的素质。正因为如此，全世界从事高等教育研究的学者们都非常重视研究论文的设计和写作；也有很多著述专门介绍论文选题、起草到最后定稿整个过程所涉及的技巧。

在酝酿写作的阶段，我们通常要从周围世界的某一课题开始着手研究。我们可以讨论处于某一特定环境当中的人、物体或抽象的现象，考虑对那些影响人类行为、改变物体的性状和转换抽象现象状态的各种语境、情景和因素。研究不能太宽泛，因为我们得出的结论很可能早已为人所知，或者无法应用到自己的研究领域中去。因此，撰写研究论文的一个重要方面就是缩小研究课题范围。

一、缩小研究范围

在大学里，学习的任何学科或科目都可以细分为很多方面。如果要把某一学科分成几个分支的话，方法之一就是参考图书馆里的学科分类。例如，在"教育学"之下可以有"中国教育学""中国初等教育""中国广东初等教育"等。

这就说明，我们要把论文题目的范围缩小并加以集中讨论。在写科研论文的时候，可以在标题之后加上副标题，以缩小研究的范围。

切忌研究论文的标题不能太长，因此有必要进一步缩小题目。如果还想表明我们的研究集中讨论的是某一具体的题目，可以在引言部分采用类似的句式加以说明。

本文的研究目的是……

The aim of this paper is to...

本文讨论……的教学问题。

This paper deals with the teaching of...

文章标题和题目的说明部分必须避免使用专业的术语。一篇成功的研究论文总是要以简单明了的方式开头，做到思路清晰、言简意赅。

二、确定研究标题

（一）确定研究标题的前提

1. 提出研究问题

选题时，一个重要的问题是确定题目是否具有研究的可行性。根据专家的建议，我们可以在酝酿研究计划的时候提出一些问题。例如，克雷斯威尔就建议可以先提出下列问题。

（1）就时间、资源、语料收集而言，该题目研究是否可行？

（2）研究者个人是否对该题目感兴趣，以保证在整个研究过程中给予研究足够的重视？

（3）该研究成果是否能够激发他人（如其他研究者、各类研究机构）的兴趣？

（4）该研究是否有可能发表于学术杂志？是否能引起某些权威机构（如博士学位授予委员会）的注意？

（5）该研究是否在其他研究的基础上填补某项空白、重复某项实验、拓展某一理论或建立新的学术观点？

（6）该研究是否对个人的事业有所帮助？

初学者可以就上述问题咨询同学、老师、导师或有关专家的意见．同时图书馆也可以为解决相关问题提供一些信息。

2. 做出研究假设

选择什么题目取决于我们对许多相关因素的假定，这些因素包括如下几个方面。

（1）事实的本质如何？
（2）研究者与研究对象的关系如何？
（3）研究者的价值观在研究中起怎样的作用？
（4）研究时采用什么样的语言？
（5）采用何种研究方法？

上述假定常与两种主要的研究方法有关．即定量研究和定性研究。前三个问题与定量研究中研究者的客观程度有关，它们同时与定性研究中研究者的介入程度有关。就定量：研究而言，研究者与研究对象总是保持一定距离；而就定性研究而言，研究者与研究对象的距离则非常接近。这两种立场不仅影响到研究使用的语言，即定量研究较客观而定性研究较为主观，同时还影响到研究的方法．即前者采用演绎法而后者采用归纳法。表14-1总结了定量和定性这两种不同研究方法对以上问题的回答。

表14-1 定量与定性研究方法的不同假定

问题	定量研究	定性研究
事实的本质如何？	事实是客观的、单一的，存在于研究者之外	事实在研究者看来是主观的、多样的
研究者与研究对象的关系如何？	研究者独立于研究对象之外	研究者与研究对象有着互动的关系
研究者的价值观在研究中起怎样的作用？	不受价值观影响，无偏见	受价值观与个人偏好的影响
研究时采用什么样的语言？	正式，以已经建立的概念作为基础，使用无人称语态和既定的量化语言	非正式，不断发展演变的结论．使用人称语态和既定的量化语言
采用何种研究方法？	演绎法，原因及结果，静止式设计——研究之前先孤立范畴，不受语境限制与影响，基于概括的预测、解释与理解，通过信度与效度的测量保证可靠性与精确度	归纳法，各种因素相互影响，浮现式设计在研究过程中确定范畴，受语境的限制与影响，发展理论以促进理解，通过验证确保可靠性与精确度

根据表14-1可知，采用不同的研究方法（即定量或者定性），我们的研究假设就会有所不同。这两种方法当然也可以合二为一，但对初学者而言，还是建议只采用其中一种方法，这样可以使研究更加集中。

3. 确定研究途径

选择研究的途径（即选择定量研究还是定性研究）还取决于下列因素。
（1）研究者的世界观。
（2）研究者所受的训练及其经验。
（3）研究者的心理特征。
（4）所研究问题的本质。

（5）研究的受众。

表 14-2 就这些因素对定量和定性这两种研究途径做了总结。

表14-2 选择定量与定性研究的原因

标准	定量研究	定性研究
研究者的世界观	选择适合定量研究的假定	选择适合定性研究的假定
研究者所受的训练及其经验	技术性的写作技巧、计算机统计软件及其技巧、图书馆资料检索技巧	文学性写作技巧、在计算机上进行文本分析的技巧、图书馆检索技巧
研究者的心理特征	习惯有规则和指导原则的研究，较不能接受歧义，研究时间较短	习惯没有规则和指导原则的研究，较能接受歧义及较长时间的研究
所研究问题的本质	前人已经有所研究，已经存在相关的文献，也有已知变量和已建立的理论作为基础	探索性研究，变址是未知的，诂境起着至关重要的作用.可能缺乏现成的理论作为研究的基础
研究的受众	习惯或支持定量研究	习惯或支持定性研究

（二）确定研究标题的内容

1. 确定立题的要领

题目是论文的旗帜，总的要求是新颖、精练，并能够引人注目。确定论文的题目要保证三点。

（1）题目要确切，与论文的实际内容相符。

（2）题目要实事求是，避免广、泛、空。

（3）题目不要大题小做。

题目文字要言简意赅，使用最新的学术性语言，使论文更具有新气息，同时还要避免公式化与烦冗化。

2. 确定题目的形式与大小

学术论文中的题目字数最好不要超过 20 个汉字，且尽量使用单一的题目，不用副题或者复合题目。例如：

草原的生态系统服务：Ⅰ.生态系统服务概述

草原的生态系统服务：Ⅱ.服务的项目

草原的生态系统服务：Ⅲ.价值和意义

草原的生态系统服务：Ⅳ.降低服务功能的主要因素和关爱草原的重要意义。

上述四篇论文都是在草原生态系统服务项目之下，通过Ⅰ、Ⅱ、Ⅲ、Ⅳ序号确定彼此之间的系列关系。

3. 确定题目中研究对象的限定

对题目对象的限定是确定题目时需要十分重视的问题。对于研究对象的限定，一般采用如下几种形式。

（1）状态限定

研究对象往往可以在多种状态下存在，并且状态不同，性状也不同。科学研究需要对多种状态下的研究对象的属性进行比较与研究，从而确定它们之间的相关性与差异。例如：

高寒牧区初建多年生禾草人工草地杂草群落特性的研究

高寒草地不同扰动生境纤维素分解菌数量动态研究

上述两个例子中，"初建"与"不同扰动生境"就是对研究对象的状态限定，对研究结果的理解应该限定在这两个状态下，否则会产生错误。

（2）时间限定

很多研究对象都具有时间属性，因此需要一些时间词语来进行限定。如果缺省，那么就会使得题目过大或表述不准确。例如：

内蒙古乌珠穆沁草原的今昔

这一题目就是限定了从过去到现在的很长一段时间，而不是过去的某一段时间。

（3）数量限定

当研究对象可计数或者计量时，为了表明研究对象的范围与大小，需要添加量词，对研究对象进行限定。如果缺省，那么很容易造成题目过大，影响研究的可信度与精准度。

四种暖季型草坪草的几种生理指标与抗旱性的相关研究

上述案例中"四种"的运用就恰好是对数量的限定，这样可以使得题目的研究对象数量内涵非常明确，比"几种""多种"数量更为明确，提高：学术论文的科学性。

（4）条件限定

很多论文的研究是在特定条件下完成的，如果没有特定的条件，那么研究的界物可能产生另外的结果或过程，导致谬误的结果。因此，对这些特定的条件也应该加以限定。例如：

离体干旱胁迫下三种紫花苜蓿相关生理指标的测定

确定题目时要特别注意，当研究的问题有多种存在的条件，而多种存在条件与该事物的属性都有因果关系时，就要对条件加以限定，不能省略。上面例子限定了研究对象是在"离体干旱胁迫下"的试验结果，从而使题目具有明确的的确切性，使论文的结论有了相应的使用空间。

三、寻找研究领域

论文写作非常关键的一步是找到一个研究领域，并从中发现让你感兴趣的研究课题。你没有必要非得对这一领域了如指掌，但一定要对它感兴趣，因为一旦决定研究这个课题，你将在它上面花费大量:时间。你在大学中所选课程的背景知识、大学之外的经历，以及与师生的交谈，这些都会对选择一个研究领域有所帮助。并非所有的问题都可以作为研究课题。有些问题无足轻重、无可厚非，或者很明显就是家常便饭。而有些问题却太过新颖而不能立刻就下定论。一篇科研论文必须要以来源可靠的数据和信息为基础。

在选择课题后，请你到图书馆读读那里诸如《大英百科全书》这样权威书籍里一般性的文章，快速浏览与课题相关的学术书籍，或者上因特网搜集信息。这些方法都能让你了解你的研究是否具备可行性。你或许会对文中的某些观点持怀疑态度，这让你有机会提出一个临时性的论点并将其范围缩小。你可以和他人探讨研究领域的问题，随着探讨的深入，你的想法还会进一步变化。时刻准备接受他人为了让你改变想法所提出的批评性和建设性的意见，千万不要想当然地认为，对于此项研究，你一个人的想法才是正确的。

四、阅读相关文献

每个大学或者学院都配备有图书馆，这是做研究所必需的。有些图书馆除了把图书借给自己的读者外，还提供馆际互借，因此你可以很方便地借到其他图书馆的书。但无论如何，你都要先在自己学校的图书馆里找出与你研究相关的文献。

图书馆里所有的资料通常主要根据两大体系分类，即美国国会图书馆图书分类法和杜威十进制图书分类法。其他体系的分类法可能在规模更小的大学/学院图书馆或者院系图书馆中使用。

我们提到的两种图书分类法中，前者更为现代，新落成的图书馆可能会根据这一体系来对图书分类。美国国会图书馆将整个知识体系分为 21 个主要的分支，分别用不同的字母来表示。而每个分支通过增加字母和阿拉伯数字，可以细分为更小的次分支。这一体系允许无限的字母和数字组合。例如：

B 哲学—宗教

H 社会科学

L 教育

P 语言与文学

R 医学

语言与文学分支又可以细分如下：

P 语文学与语言学：普通

PA 希腊语和拉丁语语文学与文学

PB 凯尔特语言与文学

PC 罗曼语

PD 日耳曼语

杜威十进制图书分类法将图书划分为十大分支，每一个分支又采用000、100、200……900来表达。例如：

100 哲学

200 宗教

400 语言

800 文学

900 历史

其中文学又可以细分如下：

810 英国英语文学

820 英语与古英语

830 日耳曼学

图书馆中每本书的索取号都标注了该书属于哪一种类型或者次类型。

涉及学术机构所教授课题的论著有许多。没有哪一位研究者能获取所有相关材料。在给定的时间内在大学中收集到所有的资料也是不可能的。因此，研究人员要有所取舍，收集当前研究所需的材料就够了。为此，马克鳗等人提议为自己的研究首先准备一份参考书目。

（1）保证有足够的论题方面的信息，并且让你的观点不缺乏新意。

（2）花时间通过馆际互借来预订任何与研究课题相关的资料。

（3）有必要熟悉与研究课题相关的前人研究的类型。

（4）通过浏览大量论文的标题学会如何把论点范围缩小或扩大。

（5）参考书目会为你提供与研究的课题相关的论著的标题、主题以及作者。

（6）在准备参考书目或者浏览资料时，非常有必要对信息的来源进行评估并仔细核查。

关于最后一点，你可以考虑类似以下的一些问题。

（1）信息的来源是什么，即它是作者的观点还是其他人的看法？

（2）有没有参考书目？

（3）某一论著的出版日期是哪一天？

（4）该书的作者是这一领域的权威人士吗？
（5）他的资历如何？
（6）其他著作中有无引用他的观点？
（7）材料的出版商是谁？
（8）如果使用因特网资源，那么相应的网站是否可靠，是否权威？

五、选择论文结构

尽管研究者的著述提供了许多论文结构的样板，下面我们给出的这一结构却对定量和定性两种研究都适用。它包括以下几个要素。

（1）题目。
（2）摘要。
（3）引言（包括文献回顾）。
（4）方法。
（5）结果。
（6）讨论。
（7）结论。
（8）参考文献。
（9）附录。

在以后的章节中，我们将对这些结构要素进行详细探讨，并进行实例分析以供初学者仿效。

研究论文从选题、动笔起草到最后成篇是个复杂的过程，需要初学者在社会、心理、技术性、语言方面均具备一定技巧。刚开始练习写作研究论文的时候可能难度较大，但它可以为今后的研究铺路。初学者应该在这方面多下一些功夫，学术的成功将为个人带来难以言喻的满足感。

第四节 学术英语论文的资料收集与组织能力

在论文写作之前，资料收集与组织对于学术英语论文写作而言必不可少。本节重点围绕学术英语论文的资料收集与组织展开详细分析与探讨。

一、学术英语论文资料的收集

（一）资料来源

资料是论文写作的基础。没有资料，研究则无从入手，观点无法成立，论文无法形成。因此，在论文写作前，必须详尽地占有资料。在科研过程中，需要查阅的资料多种多样，如书籍、期刊、报纸、杂志、百科全书、词典等，也包括录音、书信、艺术品等。具体而言，在学术英语论文写作前，至少需要占有以下方面的材料。

1. 第一手资料

第一手资料是指最原始和最直接的资料。例如．如果选题为某文学作品评论，第一手资料主要涉及该作品作者的原作、信札、日记、手稿、自传、采访录音等。第一手资料包括与论题直接有关的文字材料、数字材料（包括图表），如统计材料、典型案例、经验总结等，以及自己在实践中所获得的感性材料。这是论文提出论点与主张的基本依据。此外，第一手资料还包括尚未经别人阐释、讨论或引用的成果和统计数据。只有以这些资料为基础，所撰写的论文才真正具有实际的价值。需要注意的是，对第一手资料要及早收集，且需要对其真实性、典型性、新颖性以及准确性予以考虑。

2. 第二手资料

第二手资料，即"经他人研讨、引用的和阐释而有所转化的资料"。这类资料可以是某一作者就某作品所撰写的专著、论文和评说，也可以是沿用他人调研结果和统计数据（需附加注释说明）的阐释性论文或分析性论文。

文中所引用的某人的原话（引语）为第一手资料，而对这一引语所进行的阐释与评价则为第二手资料。经过科学的自行设计而自然得出的客观实验、调查或统计数据资料为第一手资料，而在调查过程中所做的访谈录则为第二手资料。

通常而言，第一手资料往往最有说服力，第二手资料则要注意科学性与逻辑性，使用的时候应加以甄别。

3. 他人的研究成果

他人研究成果是指国内外对该课题学术研究的最新动态，体现这一课题研究现状与不同论述（包括研究方法）的资料。资料应包括不同研究阶段的代表性论述、不同视角下具有代表性的专家之言。论文写作之前，要研读名人的有关论述、有关政策文献等，这对于论文中准确有力地阐述论点十分有利。

论文的撰写是基于他人研究成果而展开的，并非凭空进行的。所以，对于他人已经解决了的问题,可作为论文写作的出发点,从中得到启发、借鉴和指导;对于他人未解决的或解决不圆满的问题,可以在他人研究基础上,做进一步的研究与探索。

4. 与论题相关的理论背景

在论文写作前,了解与论题相关的理论背景也非常必要。如果要写的论文题目是《论〈呼啸山庄〉的叙事手法》,则需要研读相关资料,了解叙事手法的基本理论,同时要把握好作品的整体风格以及作者的写作风格。

5. 与论题有关的一般背景知识

了解与论题有关的一般背景知识也是论文写作开始前必不可少的一部分。例如,如果要评论某作家某篇作品的主题,一般要了解和收集该作家生平方面的资料,如该作家所处时代的社会背景、所处的家庭环境、周围的人际关系、有哪些主要作品、作品的社会反响等。

6. 相关的其他学科资料

在收集资料时,除了注意收集与论题相应的本学科的资料,还需要对与论题有关的其他学科的资料加以收集。例如,要写一篇关于"修辞格"的论文,既要收集本辞格的资料,还要收集与分析本辞格相关学科的资料。如美学、文化学、文艺学、心理学、逻辑学等方面的资料,从而使所写的论文更透彻,更有深度。

7. 中文参考资料

语言比较研究、中英(中美)文化比较研究以及英汉互译方面的论文必然涉及一些中文资料。此外,其他选题偶尔也需要从中文出版物中收集相关信息,只是使用时会将其转换为英文。

需要提及的是,一篇论文避免使用清一色的中文资料,因为不看英文原版资料,则常常会对所谈问题中关键术语的英语表达感到困难。一般而言.收集英语的原版资料是第一位的,只有在英文资料匮乏,或中文资料有非常重要的参考价值时,才会考虑收集中文资料。

(二)图书分类法

为了充分使用文献资料,首先需要了解这些信息:本单位图书馆、资料室有哪些藏书,藏书如何编目分类。各单位图书馆或资料中心的编目体系存在很大差异,所以有必要了解各图书资料库图书分类法。

我国古代图书依据经典、历史、哲学、诗歌等几类进行编目。随着人类知识不断拓宽深化,现代图书馆的图书分类也更繁复。

图书馆或资料中心往往有目录卡,每一目录卡上提供作品相关的资料,如出版时间、出版地点、出版商名称等。

那些较大规模的图书馆则一般采用计算机或胶片储存目录或资料。此类图书馆所藏的每一份资料往往会按照作者名、书（或论文）名及内容三种类型分别予以编目，所以每一份资料可能有三种检索途径。例如，如果仅知作者姓名，可在作者姓氏目录中检索，如果有两名或多名合著的作者，通常可以在第一作者名下查到该资料，有些图书馆将合著的资料分别列入每一作者名下；如果仅知道某书名，可在书名目类内检索；也可以根据内容检索，按内容编目的通常用美国国会图书馆图书分类法。

（三）文献检索

文献检索主要是为了查找某种文献的出处，并了解该文献的概况。文献检索一般可以通过使用书目、索引和文摘来实现。

书目、索引和文摘均属于检索型工具书，主要记录和通报文献.提供识别文献的信息和检索文献的手段。

1. 书目

书目是关于记录资料来源的资料汇编，其内容除了包括图书，还涉及报刊声像资料、数据库等其他信息形式与载体。

"书目"一词还可以泛指书目、索引和文摘类工具书。它既可以向读者提供一定历史时期的文献出版情况和各学科的发展概况，又可以向读者提供某一个国家、一个地区甚至世界各国文献收藏和出版的情况。

读者可以根据著者、题名或主题查找各种书目资料。例如，可用美国的《累积图书索引》查找世界各地出版的英语图书，利用《英国国家书目查找英国出版的图书和新版期刊等。

书目的种类不一，除了综合图书目（国家书目、联合书目等），还有各种专科图书目录和期刊目录。图书馆目录是图书目录中的一种。它主要对图书馆入藏文献进行记述，同时根据一定的体系与排检方式组织起来，以提供检索的途径。它是通报和利用图书馆藏书的主要工具。

2. 索引

索引是一种提供文献线索的检索工具，它可以根据人名和主题帮助读者检索所需书刊文献的线索，还能使读者通过使用检索词，对某一文献的主题内容以及某一课题的发展概况与最新观点有一个清晰的了解。

索引根据不同标准划分有不同的分类。例如.根据分析对象的不同，索引可以分为期刊索引、报纸索引、专书索引、文集索引等；根据内容的不同，索引可以分为综合性索引、专科索引、专题索引和专门著作索引等。

3. 文摘

文摘是索引的延伸，可以指明材料的来源，并进一步揭示文献的内容要点和实质。

文摘和索引主要有以下区别。

（1）文摘除了指明文献的出处，还可以提供简明的内容摘要，这种内容摘要往往会客观地概括介绍原文的要点、研究方法、所争论的问题以及研究成果和结论；索引则指明何处可以查到某种资料，对较为具体的内容则基本不做介绍。

（2）与索引相比，文摘倾向于更专门的学科范围，目的是对某一狭窄主题内较为完整的资料进行收录。

（3）在编排方式上，索引通常按照著者、主题与题名排列；文摘则通常依据分类排列或按收录编号排列。

（四）常用信息载体

了解一些常用信息载体（资料源）及其性质与功能，有利于更有效地查找到所需资料。

1. 百科全书

百科全书是"对人类现有知识的编排、整理和概要记述，主要回答有关定义、概念、问题、历史沿革、当前状况和关于人物、事件的综合性问题"。读者可以通过百科全书有效地获得知识信息和背景理论信息。

此外，百科全书是由权威人士集体编纂的，所载信息全面、系统、可靠．参考价值很高，所以也具有较高的引用率。

下面介绍一些常用的百科全书。

Encyclopedia Americana（1983）《美国百科全书》

The New Encyclopedia（1985）《新不列颠百科全书》

Encyclopedia of Educcws（1970）《教育百科全书》

Encyclopedia of World Arts（1983）《世界艺术百科全书》

2. 英语词典

对于学术论文的作者而言，词典的首要功能在于提供术语的定义。

除此以外，语文（语言）词典还有语言研究功能，可以利用历时性词典所提供的信息对词的历史演化进行研究，也可以利用教学词典对英语教学问题进行研究，也可以利用英汉和汉英词典进行英汉语的比较研究。

下面介绍几种常用的英语通用语文词典。

《牛津英语大词典》

该词典几乎收录了自 12 世纪中叶以来英文文献中出现的全部词语。它按照历史原则进行编纂（词形、词义都有历史演变），例证主要选自名家著作，所以具有很高的权威性。

《韦氏第 3 版新国际英语词典》

这一词典采用描写主义编纂原则，开创了现代词典编纂的新风。

《韦氏新世界美国英语词典》

这一词典对美国英语用法尤为重视，词源信息在中型词典中颇佳。

《牛津简明英语词典》

这一词典的释义简明、严谨，习语和词源信息极为丰富，是一本中型英语词典，在英国使用最广。

以国外英语学习者为主要对象的英语教学词典，也属于通用词典的范畴，如《牛津高阶英语词典》和《朗文当代高级词典》这两种词典是英语专业师生必备的英语词典。

除了通用词典外，学术论文写作还可以参考一些文学术语词典、语言和语言学词典。

3. 专著

专著（monographs）是著者对未知知识领域的探索。专著相对来说具有一定的规模，具有较为完整的体系。公开出版的专著通常具有相当高的参考价值，所以也是学术论文写作的重要参考信息源。

4. 教科书

通常情况下，学校基础理论课和专业理论课所用的教科书都是编著者关于本学域的系统性概括，其中的理论一般具有前沿性，其所使用的概念与术语也具有广泛性。还有一些教科书其实是一部学术专著。然而，教科书也可以作为学术论文写作的重要参考。

5. 期刊

期刊，尤其是学术性期刊，是当今学术通信系统中最主要的知识与信息源。学术性期刊定期集中发表一些学术研究成果，包括论文、调查报告、统计报告等。学术期刊具有及时性和创新性。论文作者在着手收集资料时一般会先从期刊文献开始，并由此获得更多的书目信息。国内出版了不少关于英语语言、英美文学、英美文化和翻译方面的学术期刊，如中国翻译工作者协会主办的《中国翻译》、中科院主办的《中国科技翻译》、上海大学主办的《上海科技翻译》、高等教育出版社主办的《中国外语》等。此外，大专院校的学报有时也刊登英语语言、英美文学、英美文化和翻译方面的论文。关于汉语语言与语言学研究的期刊有：《中国语文》和《语言教学与研究》（北京语言大学主办）。

6. 学术会议论文集

国际或国内学术会议上宣读过或未能宣读的论文一般会以论文集的形式印发或者作为专著正式出版，同时可以作为期刊的专号或者附刊出版。

7. 报纸

报纸（newspapers），其主要内容是登载来自四面八方的新闻消息。报纸中涵盖诸多方面，包括政治、经济、外交以及文化等方面的知识。从报纸的书评、影评、剧评专栏中，读者可以学到文艺理论。报纸的语言生动、活泼，且可以体现语言最新的变化。所以，论文写作者可以充分利用英语报纸上的实际语言素材来研究英语语言，包括英语语言的变化、英语新词新义研究、新闻/广告英语的语言特征等。

8. 数据库

数据库，即"存贮和组织在磁、光介质（磁带、磁盘、光盘等）上的数据文件的集合"（马莉，2011）。数据库主要具有如下特点。

（1）一次输入，反复使用，一家输入，多家使用。

（2）便于计算机处理和电信传递。

数据库可以分为两类：一类只提供文献线索（出处和内容概要另一类则提供详细完整的信息内容。可以购买所需资料的数据库磁盘或光盘在计算机上使用，也可以通过在线系统进行传递、处理或查阅。

9. 声像资料

与视、听有关的声像出版物即为声像资料。

声像资料基本包括如下三类。

（1）听觉资料，如留声机、录音磁带、唱片。

（2）视觉资料，如幻灯片。

（3）视听资料，如电影片、录像磁带、激光视盘（VCD）、数字激光视盘（DVD）。

声像资料具有形象生动的特点，且具有真实性。研究文学艺术、人物生平、历史发展、语言等方面的课题时一般需要搜索和使用声像资料。

二、学术英语论文资料的组织与引用

（一）罗列临时的参考资料目录

临时用的参考资料目录是一份参考书目单，开列作者已参阅的各参考资料。

参考资料目录应尽可能完整地将已参阅的各种文献资料都编入其中，以供查阅用。这份目录也称为"工作用参考资料目录"，在科研过程中，可以对其做变更或增删处理。

每项资料的全部信息应尽可能记录在同一卡片上或列在一张目录单上，方便检索。临时用的参考资料目录应尽可能多地记录每项资料的情况。

如果参阅的是书籍，记录中应包括以下基本内容。

（1）作者，有多位作者的标出第一作者，姓前名后，如 Einstein.Alberto

（2）（若是编译资料）编者名，译者名。

（3）书的全名。

（4）出版地点、出版商、出版日期。

为便于查阅，也可包括：参阅的章节或部分、版次（若是系列书中某部分内容）系列书名、卷号、资料所在的页码。

这些内容通常会在图书的书名页及版权页上。

如果参考资料是论文，记录中应包括的内容主要有：作者姓名、标题、刊物名、卷号、期号。

为了方便查阅，也可以设计这些内容：刊物出版日期、资料所在的页码、论文的首页页码及末页页码。

如果参考资料来自网络，记录中应包括：作者、文章或书名、网站网址（需用下划线标明）、访问日期。可在卡片上或列表内重点标明作者的姓名（姓前名后）或书的图书编号，便于以后能快速检索到已参阅的资料。

每张工作用参考资料目录卡或收录列表上需要注明收藏并摘引资料的图书馆。目录卡上应简略注明该资料哪些内容对课题研究是有帮助的。

需要说明的一点是，工作用参考资料目录应多于最后的文献资料目录，这是因为在编制工作用参考资料目录时，对哪些资料更有价值还难以确定。

（二）分析与评估资料

整理参考资料时需要分析资料的来源，同时对其进行判断。首先需要确定材料是否有用，是部分有用还是全部有用，以及可以用在什么地方。对于有用的材料也需要进行简单分析与评估。

随着资料逐渐增多，还需要对原有资料加以重新评估，这主要是因为大多资料会经修订、增删后再行出版、发表。如果条件允许，应参阅最新出版的信息资料。

对不同来源的资料需要进行比较，研究各论点或论点的依据是否矛盾。各种资料如果出现不一致的情况，则要谨慎分析，去伪存真。参阅资料时，还需要对编著参考书作者的有关情况进行了解。学术刊物在不同程度上将论文作者的背景信息提供给读者。读者可根据作者介绍，对作者在该领域的研究经历和地位有一个大致的了解。

总之，参考资料要真实、可靠、可信，只有这样才具有参考价值。

在具体对资料评估的操作过程中，要筛选具有较高参考价值或学术价值的论著，可参考以下几个方面的内容。

（1）由专家或著名学者撰写的专业书（学术专著或教科书）和学术论文大多具有较高的参考价值。例如，关于西方语言学理论，可参考乔姆斯基、韩礼德等的作品；关于西方翻译理论论述可以参考奈达的作品。

（2）对于内容相近的众多资料，由著名出版商（出版公司、出版社）出版的书往往比普通出版商出版的书更有价值。例如，牛津大学出版社和剑桥大学出版社是享有世界盛誉的国际出版社，也是集中出版学术性著作的知识型的出版社。在我国，商务印书馆和中国社会科学出版社是两家国家级的著名出版社。

（3）在国内外知名学术期刊（包括知名大学学报、国家级或国际学会会刊等）上发表的论文往往具有较高的学术价值，大多会被列入"核心期刊"。

（4）经过修订再版的书比旧版书更有价值。经过修订而再版的书通常会纠正原书错误，或修正一些观点，或更新部分内容。所以，若条件许可，应参考最新版的图书资料。对于学生论文写作而言，坚持这一原则极其重要。

（5）在特定条件下，早期出版或发表的文献资料也可能比后期出版或发表的资料更有学术价值。例如，在较早的《不列颠百科全书》中收有很多常见的希腊罗马神话人物的词条，但在后来的新版（如第15版）中大都被删去了。因此，如果查阅希腊罗马神话人物的信息，旧版的《不列颠百科全书》则是更有价值的材料。此外，许多权威著作的经典观点被后人大量复制，并无创新内容。所以，在对资料进行梳理时，有必要花费一些时间加以辨析。

（三）阅读的方法与步骤

1. 阅读的方法

查阅与课题有关的著作时，需要选择行之有效的阅读方法。

根据材料的不同性质需要采取不同的方法。阅读方法大致包括略读、通读和研读。

（1）略读

略读是指粗略阅读书中某一部分，吸引你注意的思想或观点。这一阅读方法可节省大量的时间或精力。

阅读专业书时，可先采取三步略读法，即略读书中内容目录；略读书后的索引；略读有兴趣的章节或段落。

略读目录时应注意以下问题。

根据目录所列标题判断该书是否有较大篇幅或较多章节与课题有关。如果有关的章节少，可能难以满足课堂要求，但是这并不意味着该书没有查阅价值，有时候可能会在这类书中发现新颖之处。

书中的材料组织是否得当，若组织不当，则会给查阅资料带来困难。

书中若有图表等材料，所附的图表对于说明问题是否有帮助。直观易懂、内容丰富的图表往往比若干页文字说明更有效。

略读书后的索引时需要注意以下几个问题。

索引长度如何？

索引是否详尽？

索引中能否查到与课题有关的内容？

略读完一本书的目录及索引后，即可大概了解全书内容。实际上，在略读目录及索引的时候，就可以阅读有关的段落或章节，快速浏览，如果所述内容与课题有紧密的关系，再做进一步的细读。

（2）通读

通读是指对段落、篇章信息从头到尾地阅读，以了解和熟悉文中说了些什么。只要是文中说到的要点，在通读时，都要予以掌握，不可遗漏。

（3）研读

所谓研读，即对重要的信息内容进行研究性的阅读，以挖掘信息符号在信息结构中的意义，包括所指意义、内涵意义、交际意义、篇章意义等。研读的重点是讲究"精通"。

这三种阅读法各有各的功能和优点，应综合运用，从而科学地收集资料和运用资料。

阅读学术论文与阅读专业书虽然在方法上并无根本性差异，同样是略读、通读与研读，但科研论文的篇幅小，所以大多是通读和研读。

2. 阅读的步骤

阅读学术论文从标题开始．如果对标题感兴趣，可先读其摘要。阅读摘要之后，如果对论文仍感兴趣．就可以阅读论文全文；如果无法确定该文是否有用，可参阅论文后所列的参考书目，参考书目通常体现了论文作者对有关文献资料熟悉了解的程度，这可以体现论文作者的科研水平。

在阅读论文摘要及参考书目后，如果确定该论文值得认真细读，则可以采取略读、通读和研读三种阅读方法。

略读时先阅读论文前言的第二段，再略读其余各段，以及此后"结论"部分。通读是阅读论文全文，了解论文作者的结论或观点的依据。

研读是研究论文的内容。因此，需要再次认真阅读全文，对作者的论断或结论仔细分析.核实论文结论与参考资料在观点上是否一致。

总之，在阅读专业书籍和学术论文时，要注意详略得当，根据不同的需要和目标确定阅读方法。

（四）整理资料

资料的整理过程，即资料的辨析过程。在这一过程中，需要做好以下几项工作。

1. 辨析资料的真实性

资料是否真实将直接决定论文的成败。资料真实可靠，才可能获得科学的结论。

辨析资料的真实性可注意以下几个方面。

（1）尊重客观实际，避免先入为主的思想，不可根据个人好恶选择资料，不可歪曲资料本来的客观性。

（2）选择资料要有根有据，采用的第一手资料要有来历，选取的第三手资料要与原始文献认真核对，确保准确。

（3）对资料来源要进行辨别，弄清原作者的理论观点、生活背景、写作意图，同时进分析客观地进行分析与评价。

2. 辨析资料是否新颖

新颖的资料主要体现为以下两个方面。

（1）资料是之前没有的，近期才出现的新事物、新思想、新发现、新方向。

（2）资料虽早已存在，但人们尚未发现其价值。

此外，还应辨析资料的全面性和适用性，不要存在明显漏洞和不足。

（五）记笔记

收集资料时，应养成记笔记的习惯。在阅读的过程中，应摘录数据、论点等各方面的资料，摘录时应记录资料的出处及来源，这些记录是科研中原始素材的重要内容。科研笔记中所摘录的撰写论文时可能有用的资料除了包括读者可能熟悉的资料之外，更应包括那些鲜为人知的资料。在开始科研时，应尽量多摘录一些资料，随着调研的深入，有时会发现原先的思路与实际不符，这时可以根据摘录的资料加以调整，也可以另辟蹊径。所以，有必要对已有的资料进行去粗取精。资料的取舍这项工作本身就是科研的重要部分。

用卡片记录（摘录）资料是常用的记笔记的方法。随着计算机的普及，人们开始更多地采用建立文档记录资料。

按照所记录的内容划分，笔记可以分为四类：阐释型、概要型、引语型和个人评述型。

1. 阐释型

阐释型是以自己的词语对原文内容进行重述。阐释者对原文的审视角度稍有差异，但是其所进行改写的内容与基调应与原文保持一致。

与概要（梗概）相比，阐释并非着重于压缩，这是因为其长度与原文基本相同。要做好阐释，需要正确理解原文，正确选择阐释词，同时要注意在论文中要说明所阐释内容的出处。

2. 概要型

概要型是对参考资料中重要的观点和事实所进行的归纳和总结。

使用概要型记笔记法，不仅要简明扼要，而且要忠于原文。换言之，将原文内容进行压缩，但是要将原文的重要观点归纳出来。

另一种概要特称为梗概，它和一般性概要的共同之处在于都是用自己的话对原文要点进行归纳；不同点之处，前者较笼统，后者更具体，且注释忠于原文，也就是在思想、观点的叙述顺序、文字的语体风格和文章的基调等方面要与原文一致。

3. 引语型

引语型，即直接引用他人的话语。如果使用概要和阐释可

能会影响原汁原味，这时可以采用引语来记录原材料。引用内容要加引号，以区别于阐释。

确切地说，引语是"直接引语"，内容要完全准确，不允许改动或遗漏（包括词的拼写、大小写形式和标点符号）。引语既可出自第一手资料，也可来自第二手资料。

4. 个人评述型

个人评述型是对参考资料内容进行评价。

在研究分析资料时，一般会引发对某一具体内容的看法，应及时将其记录下来，避免遗忘，这样的看法可能为论文初稿撰写提供思路，也可能成为论文初稿重要的素材。

第十五章 学术英语课程教学实践与发展

学术英语教学与通用英语教学尽管都同属语言教学范畴，但各自教学的侧重点和教学目的均有不同。通用英语教学以社会语言沟通能力和文化素质培养为主，目的是使学生具有使用英语进行社会文化沟通和广泛阅读的能力；学术英语教学以学术语言表达能力和学术技能培养为主，目的是使学生能够在相关专业领域熟练利用英语进行学习和学术交流。本章节将对学术英语教学的教学环节和教学内容进行简要介绍。

第一节 教学环节

在英国，学术英语课程大致包含以下三个环节（每个环节的时间安排视课程总体时间而定）：

1. 入学介绍。在这个环节，学生将会了解到学校的相关规定、政策、措施，学习环境，学习设施，图书馆的使用，办理学生证等。同时还可以了解到在英国生活和学习的基本信息，比如到警察局登记、医疗机构登记、住宿、交通等。有些学校还会安排短途的旅行，通常为半天或一天，帮助学生了解当地的人文环境。

2. 教学环节。各学校会根据学生的不同语言程度制订相应的教学计划，大致包含以下教学内容：①词汇教学（包括学术词汇、词典的使用等）；②语法教学（常用语法）；③学术写作教学；④听、说能力教学；⑤学术阅读教学；⑥学术学习技能教学以及实用英语教学。

3. 考核环节。在学术英语课程结束之后，学生需要参加学校组织的课程考核，成绩达标者方可申请进入专业学习。

以英国爱丁堡龙比亚大学（《项目手册》，2015~2016）的一年期学术英语课程为例，其教学内容包括：

1. 词汇教学。学术词汇、词汇记忆方法、如何使用英英词典。

2. 语法教学。时态、介词、冠词、可数名词和不可数名词、从句、复句等。

3. 学术写作。学术写作中的描述、比较和对比；怎样撰写学术文章的引言和结论部分；篇章结构（主题句、论据、连接句）；使用信号词和撰写主题句的能力；学会阐释和综合信息的方法；使用语言对各种图表数据进行描述；使用正确的学术语言对可视化数据进行描述；理解什么是批判性评估；知道写作计划的重要性以及步骤；有能力撰写和编辑论文初稿。

4. 听、说能力。了解准备发言的过程；在准备小组发言时，要意识到计划和小组沟通的重要性；要知道什么是清晰的交流；要对发言中的肢体语言有意识；要明白什么是积极地听（记笔记和问问题）；要熟悉对听力要求较高的语境（比如讲座、研讨和辅导）；使用语言来表达观点和问问题；在研讨中扮演积极的角色，并使用笔记的内容支撑自己的观点；使用恰当的语言来主持研讨会；知道课堂外提高听力的方法；知道听力练习的策略；要知道什么是听要点，什么是听细节。

5. 学术阅读。知道在大学里阅读的重要性；使用诸如推测、略读、跳读和总结等阅读技巧；知道处理新词的技巧（上下文、近义词、词性）；能够确认文章的中心思想和论据；知道文章中术语的意思；知道文章中的对比论据；知道阅读时记笔记的重要性。

6. 学术学习技能。知道在大学里为什么要记笔记，什么时候和怎样记笔记；熟悉记笔记时的常用缩略语；知道参考书目的功能；知道文献引用的三种方法；正确使用文献引用方法和参考文献；明确知道避免剽窃的方法；知道什么是研究以及相关的学术任务；知道怎样使用图书馆目录；知道在研究时怎样批判性地评估资料。

由此可见，学术英语教学当中的很多教学内容是通用英语教学不会涉及或者说不作为重要内容进行讲授的，特别是在写作、阅读和学习技能环节。

第二节 主要教学内容

一、学术阅读

学术阅读是一项目的性很强的学习活动。学生阅读的目的是（Jordan, 1997）：①获取信息（事实、数据等）；②理解某个观点或理论；③发现作者的观点；④为自己的观点寻找论据，或者是引用写论文时所需要的资料。

由于阅读目的的不同，阅读过程中使用的策略也有所不同。学术英语阅读中常用的阅读策略有：①预测、跳读、略读；②区分事实信息和非事实信息、区分信息的重要程度、区分相关和不相关信息、区分显性和隐形信息、区分想法、例子和观点；③得出推论和结论；④看懂图形演示（数据、图表等）；⑤推测生词词义、了解文本的组织特征以及语言学和语义学特征（句与句之间的关系；识别话语或是语义标志词以及他们的功能等）。

在学术英语教学当中，上述阅读技能的训练融合在各种各样的阅读活动当中，可以是单项的训练也可以是综合的训练。活动形式可以是完成某项任务或是解决某个问题，阅读内容可以是以主题为单元或是以技能为单元来进行编排。学术英语的阅读资料通常都是真实的材料，以便让学生接触到地道的专业文本撰写方式和表达方式。

学术英语教师需要特别注意的是，学术英语的阅读文本是信息的载体，而非语言学的载体。所以，在学术英语阅读教学当中，语法和词汇不是教学的重点，教学的重点是语篇结构和表达方式，也就是专业文本的体裁和话语特征，以及文本所要表达的观点或是陈述的内容。在通用英语阅读领域，教师更关注词汇和语法的讲解，以帮助学生去读懂每一句话的含义，而学术英语阅读是建立在通用英语阅读技能之上的更深层次的阅读，教师更关注学生是否能够对文章所陈述的观点或是事件做出理解和判断，甚或得出自己的结论。换句话说，是一种思辨性的阅读。

二、学术写作

学术英语写作的重要地位在大学教育阶段是毋庸置疑的，尤其在西方国家，很多科目的考试都以论文的形式来完成，学生的学术写作能力直接影响到学生的考核成绩。

学术英语写作的教学方法根据教学目的不同而各有侧重。其演变和发展大致经历了以下几个阶段：首先是"控制或引导法"，教学重点在于语言结构和句子形式的教学；其次是"功能法"，教学重点从句子和段落转移到对文本篇章的逻辑安排，形成了"引言、正文、结论"三部曲的写作模式；然后是"成品法"。顾名思义，成品法关注的是文本本身，但此法由于限制了学生写作的内容和方法而备受争议。在此背景下，"过程法"应运而生，该方法关注使"成品"得以完成的过程，与以学习者为中心的教学方法相契合，鼓励学生对自己的学习承担更多的责任。

学术英语写作的教学方法随着学术英语的发展而更新变化，但不管采用何种教学方法，教师和学生都需要重点关注以下几个问题：

1. 体裁学术文章的写作体裁必须要被其所涉及的学术领域所接受，写作者需要对学术话语有着非常清晰的认知，明确知道什么才是恰当的表达。学生需要熟悉和掌握的学术文体有：专题文章、报告、案例研究、项目、文献综述、研究论文、毕业论文等。

2. 反馈反馈的方式和途径有很多，主要包括学生互评，学生自评和教师评语。在学术英语写作当中，最常见的还是教师给出的修改意见和评语。教师对于学生的写作给出的反馈可以包括以下方面：拼写和词汇使用、语法、表达、篇章结构、逻辑推理等。教师给出反馈意见不要过于笼统，要尽量具体；学生要充分重视教师的反馈意见，认真修改。对于不赞同或是不清晰的地方要与教师讨论以获得更为明确的解决方案。

3. 文本特点学术写作有别于其他类型的文章写作，具有自己的特点，主要包括（UEFAP）：

（1）复杂性：书面语比口语更为复杂，使用的词汇更加多样和专业，使用的语法形式也更加复杂。

（2）正式性：学术写作的文风正式，要避免口头化的词汇和表达方式。

（3）精确性：学术文章中的事实和数据要准确。

（4）客观性：学术英语写作中要使用客观语言，文章陈述的重点是事实以及基于事实的观点，而非作者的个人感想。

（5）清晰性：学术文章要表述清晰，逻辑分明。

（6）准确性：学术英语写作使用的词汇要准确，特别是专业词汇。

（7）谨慎性：语言使用更为谨慎，所要陈述的观点要建立在某一特定学科专业领域，不能以偏概全。

（8）责任性：在学术写作当中，作者要对所提供的论据和所陈述的观点负责。

三、学术听力和笔记

在学术英语教学当中，听力环节主要体现在听课、讲座、会议以及参与研讨会等方面。影响听力效果的因素多种多样，既有学生自己的主观原因，也有客观原因。学术听力的困难主要体现在三个主要方面：

（1）解码，即知道说了什么。

（2）理解，即明白说话人的主要和次要观点。

（3）记笔记，即快速、简洁、清晰地写下要点。

在学术听力教学当中，有意识地培养学生的听力技能将会事半功倍。就听课和听讲座而言，其中牵涉到的技能包括：确认所讲内容的目的和范围；确认主题并能够跟上主题发展；确认各部分内容之间的关系；识别组织文章结构的信号语的功能；推测讲座各部分之间的关系（如因果、结论等）；识别与主题相关的关键词；根据上下文推测词义；识别语调在突出信息方面的作用；判断说话者对所讲主题的态度；熟悉不同形式的讲座；不受语音和语速的影响；熟悉不同的讲座风格；熟悉不同的语域；识别不相关信息；识别指示性用语等。

记笔记是学术英语学习中一个至关重要的技能，它是学生听力能力和理解能力的最终体现形式。作为一项技能，记笔记要注意四个要点：第一，要区分重要的和不太重要的信息；第二，要决定记录要点的时机（以防漏掉其他要点）；第三，用自己的速记方法简要清晰地记录（可以使用缩写、符号等方法）；第四，事后要能够解码自己的笔记，并回想起讲座的要义。

由于听力和笔记在学术英语教学中的重要地位，教师的讲授方式和方法将直接影响到学生对所讲内容的理解。为了使学生能够清晰地明白所讲内容，Lynch（1994）总结了对学术英语教师在授课和讲座时的几点建议：①要大声而清晰地说但不要说得太快；②对每一讲座，每一堂课都要做充分的计划、准备和组织；③使所讲内容易于理解，通过解释、强调、重复、归纳和举例等方式帮助学生理解；④关注学生的反应和反馈，欢迎学生提问并向学生提问，鼓励学生参与到讲座当中来；⑤准备充分，但没必要面面俱到；⑥熟悉自己所讲的学科；⑦守时；⑧目光交流；⑨对学生不太容易弄懂的内容进行材料组编；⑩不要照着讲稿念；⑪幽默风趣，但不过度；⑫准备讲义。

四、学术口语

学术口语被用来描述在各种不同学术环境当中的口头交流。不同于日常生活中的口语交流，学术口语所使用的语言通常较为正式，遵循学术话语团体的表达规则。典型的学术口语语境有：在听课或听讲座时提问或回答问题；参与研讨会或是学术讨论；学术发言，对数据进行口头解释或是做出口头指示等。有效的口语交流能够鼓励学生多说，并且能够控制对话的主题方向。在实际的课堂教学或是小组讨论当中，听和说是密不可分的，听明白正在谈论的内容是有效的说的前提。在对话和讨论形式当中，影响口语表达的因素很多，比如对所讨论话题的熟悉程度、相关词汇量、个人的自信，等等。相对而言，教师更容易对学术发言进行指导。

一般而言，学术发言有五个步骤：引言—目的陈述—详细信息—结论—邀请讨论。强调成功的发言应当注重三个因素：

（1）发言者整体形象。

（2）发言结构内容和信号词的使用。

（3）视频设备的使用，特别是投影仪。

他们把发言内容结构分为三部分：引言、正文和结论。引言部分应当陈述发言的主要内容和步骤；正文部分陈述发言的要点和每一要点的内容；结论部分做出总结。对于提高学术发言的技巧，很多专家给出了自己的见解，如在发言当中使用信号词的重要性；利用学生之间的互相评估来提升发言流利度的方法。

五、学术研究

对于学术英语教学而言，学术研究环节主要是帮助学生知道怎样开展学术研究。从最基本的角度来说，教师需要指导学生掌握以下内容：学会使用工具书，特别是词典；充分利用图书馆资源，了解图书馆的索引系统和使用方法；参考书目的功能以及使用方法；文献引用的方法和如何正确使用文献引用方法和参考文献；正确使用注解以及参考书目的撰写方式；避免剽窃；在研究时怎样选择资料和批判性地评估资料；论文的基本结构和展开方式等。

此外，教师需要引导学生熟悉基本的研究流程：

（1）选择研究主题。

（2）确定研究范围和研究时间。

（3）思考在研究当中需要解决的问题，并记录下来。

（4）查找与主题相关的文献。

（5）对找到的资料进行研读、评估和筛选，并做好笔记。

（6）撰写论文大纲。

（7）撰写初稿，引用研究中需要的资料。

（8）对文稿进行修改。

（9）定稿。

（10）标明信息来源。

当然，学术英语课程的教学环节和教学内容会因时、因地、因人而异，但学术英语教师所应当拥有的核心专业素质却是一致的。对教师的专业能力要求与教学内容和教学目标息息相关，教师的专业素质和专业能力以及对教学环节和教学内容的熟悉、掌握和运用程度都直接影响着教学的效果。

第三节 学术英语在我国的发展状况

一、发展背景

作为研究成果和学术交流的国际通用语,英语是任何一所高校的大学生在查找专业文献、参加国际学术交流时必须要掌握的一门语言。学术英语不仅培养学生在英语听、说、读、写方面的学术语言技能,还注重自主学习和独立研究的能力及批判性思维能力等学术素养的培养,如分析事物因果关系、提出问题和解决问题的能力;评价和自我评估能力;使用资料和文献的能力;参加学术讨论的能力和演示陈述能力;使用恰当学术文体撰写报告、论文等能力。这些能力对于学生的学业成长和终身学习至关重要。

2010年《国家中长期教育改革和发展规划纲要》(2010—2020年)正式颁布,提出高校要"培养大批具有国际视野、通晓国际规则、能够参与国际事务和国际竞争的国际人才"。教育部提出高校大学英语教学改革要"切实提高大学生的专业英语水平和直接使用英语从事科研的能力"。

二、学术英语在国内的发展状况

从2011年起,上海举办了多次全国性学术英语教学研讨会和学术英语教师培训。清华大学、中国政法大学、北京理工大学、北京工业大学、山东大学、广西大学、成都理工大学等高校全部或部分开展了学术英语教学改革,学术英语已成为当前大学英语教学改革中的一个热门词汇。

2012年上海成立了"上海高校大学英语教学指导委员会",2013年2月该指导委员会出台了以学术英语为导向的《上海高校大学英语教学参考框架(试行)》(以下简称《参考框架》),并在全市高校中大规模地开展学术英语教学改革试点工作。该《参考框架》指出大学英语的课程性质为:"以非英语专业本科生为教学对象的公共基础课程,课程定位是为上海高校学生专业学习需求和专业人才培养总目标服务。大学英语教学的目标是:"提高学生具有较强的听、说、读、写学术英语交流能力,使他们能用英语直接从事自己的专业学习和今后的工作,在自己专业领域具有较强的国际交往能力;在提高学术交流能力和学术素质修养的同时,培养他们的人文素质修养,提升他们跨文化交流、沟通和合作,以及参与国际竞争的能力,以适应上海市和国家的社会和经济发展的需要。"根据《参考框架》,上海高校的大学英语课程体系由过渡课程、核心课程和选修课程三大模块组成。过渡课程属于通用英语课程，主要为补基础而设置，目的是使英语水平较低的新生能够尽快过渡到核心课程上来，定性为选修课；核心课程指学术英语课程，分通用学术英语课程和专门学术英语课程两类。通用学术英语课程主要培养跨学科的学术英语能力，课程包括学术听说、学术阅读、学术报告展示和学术写作等，定性为必修课。专门学术英语课程侧重于特定学科的词汇、句法、语篇、体裁和交际策略的教学。可根据学校和专业情况灵活开设。选修课程属于通识英语，主要指培养学生通晓本专业国际规则，掌握跨文化交流、合作和沟通的技能，等等。

三、中国学术英语教学研究会

2015年1月，以北京外国语大学孙有中教授为名誉会长，复旦大学蔡基刚教授为会长的"中国学术英语教学研究会"正式成立。该研究会隶属于"中国修辞学会"。其宗旨是"团结和联络国内外从事学术英语教学研究的语言教师和专家学者，开展学术英语教学研究活动"。具体为：

1. 探索学术英语理论，扩大学术英语理念在我国外语教学界的影响。
2. 积极开展学术英语教学实践，提高我国大学生专业领域内的英语交际能力。
3. 开展学术英语研究，为各高校构建经验交流与资源共享的平台。该学会是一个开展研究的学术团体，同时也是教学实践的指导机构。目前的任务是从考、教、研、学一体化来推进我国学术英语教学与研究：

（1）建设学术英语水平考试。
（2）建设学术英语教学资源平台，加强学术英语教师培训。
（3）开发学术英语科研项目。
（4）组织大学生学术英语论坛。

中国学术英语教学研究会在成立当年就推出了"通用学术英语水平考试"，并在北京、上海进行了公开考试。该考试参照《上海市大学英语教学参考框架（试行）》中的"学术英语能力等级量表"和"通用学术英语教学参考词表"命题，测试考生跨学科的口头和书面学术英语交流能力，例如听讲座、做笔记、阅读文献，写摘要，小论文和参加学术讨论等能力。考试分听、说、读和写四个部分，分笔试卷和口试卷。

中国学术教学研究会的成立标志着中国学术英语教学开始步入一个新的发展阶段，学术英语教学体系和研究发展平台正在逐步地建立和发展。

第四节　学术英语的争议

尽管学术英语的重要性毋庸置疑，但国内专家学者对于在大学英语教学阶段全面推进学术英语教学的做法存在不同的观点和见解。

一、学术英语应当取代通用英语

一些学者认为学术英语应当取代通用英语成为我国大学英语教学的发展方向。蔡基刚（2014）通过对学术英语在国际教育中的地位，我国大学英语教学现状及成效，市场对大学生英语能力需求以及学术英语教学本质和内涵等方面的分析，认为大学英语应当为专业人才培养总目标服务，培养学生用英语从事专业学习和研究的能力，大学英语教育应当由通用英语教育回归到学术英语教育上来。李丽生（2002）认为大学英语教学改革可以采用以专业学科知识的学习带动英语学习，以英语提升专业水平的方式；王海华、王同顺（2003）建议在公共英语课程设置上加大学术英语的内容，从而培养学生用英语进行学术交流的能力；张为民、张文霞和刘梅华（2011）则通过对清华大学公外本科生英语教学改革的剖析，认为"学术英语是大学英语教学改革的一个方向，是从基础英语到双语或全英语专业教学的衔接性课程"；张杰（2005）进一步认为专门用途英语教学将是我国大学英语教学的发展方向。

二、大学英语教学应仍以通用英语为主

另一些学者则对上述观点提出了质疑。胡开宝和谢丽欣（2014）对以学术英语教学取代通用英语教学提出了不同的看法。他们从学生英语语言水平，学术英语教学内容和教学对象，学术英语教学需求，学术英语在我国大学英语教学中的定位等方面进行阐释，提出学术英语不适宜作为我国大学英语教学的发展方向，我国大学英语教学的未来发展方向应是通用英语和通识英语教学为主、学术英语教学为辅。文秋芳（2014）认为学术英语替代通用英语的做法值得商榷，其效果也未必如设想般显著。她主张通用英语与专用英语（包括职业英语、学术英语和学科英语）互补，两者都能"提高学生应用英语的能力和思辨能力"，通用英语能够"培养人的跨文化交际能力和综合素养"，专用英语能够"培养用英语进行专业交流的能力和人的学术素养"，两者互不排斥，互为补充。

三、其他相关报道

外研社外语学术科研网还专门汇集了部分专家学者对此问题的见解,简要引述如下:王守仁认为,"以学术英语为导向"去进行大学英语教学改革须谨慎,要避免把大学英语教学任务设定为去服务对大多数学生来说并不存在的实际需要。大学英语是面向本科生的公共基础课程。本科教育的特点是基础性,学生要掌握基本理论、基本知识和基本技能。"学术英语的需求是存在的,但不应以偏概全,使学术英语成为大学英语全部的教学内容。我个人认为,学术英语更适合硕士、博士研究生阶段的教学。"杨惠中认为,"现在我国大学生中有相当一部分已经具有初步阅读能力,应当为他们开设高级阶段的学术英语课程,这是大学生英语水平不断提高的结果,也是社会需要所决定的。可以预见随着中学英语教学水平的提高,大学生选修学术英语课程会愈来愈多,学术英语最终将成为大学英语教学的主流。"季佩英认为,"随着国家对人才培养要求的不断提高以及各高校对人才培养的不同定位,结合英语教育的特点,我们认为有必要在大学英语(尤其是985和211高校)培养目标中加入学术英语能力培养的要求,并将这一能力培养贯穿于大学英语课程体系中。"

《2014中国外语教育年度报告》对这上述争议进行了如下总结:"首先,在大学英语的定位上,学者们展开了激烈的争论。蔡基刚发表了系列文章,提出我国大学英语教学必须重新定位,实现从通用英语向学术英语的转型。他认为经济全球化与高等教育国际化改变了外语教学的目的和性质:学习英语是为了更好地从事现在的专业学习和今后工作;大学英语不是专业,而是一门为专业配套的公共基础课程,课程设置的目的是为专业人才培养服务。文秋芳对"以学术英语替代通用英语"的主张提出了反对意见。她指出,国际化人才必须具有国际视野、通晓国际规则、能够参与国际事务与国际竞争,这些能力的培养难以单靠学术英语课程来完成。通用英语课程能够培养国际化人才所需的跨文化交际能力、传播中国文化的能力。因此,大学英语教学体系应包含通用英语与学术英语两大模块。胡开宝、谢丽欣通过分析学术英语的起源、我国大学英语教学的属性以及复合型人才培养的实际需求,指出我国大学英语教学的未来发展方向是以通用英语和通识英语教学为主、学术英语教学为辅。

四、中国大学英语教学定位

以上关于学术英语与通用英语的争论主要体现在大学英语教学阶段,实际上是对大学英语这一课程概念的重新定义,是一场有关教学改革的争论:什么是大学英语?大学英语的教学内容和教学目标是什么?

要对中国的大学英语教学定位必须要考虑以下两个因素：教学语境和需求分析。中国在高等教育中以母语为教学语言，英语有重要的辅助功能，而且大多数专业都开设了专业英语课程，某些特定的专业科目还使用英语教学，所以说中国高校是具备学术英语教学的语言环境的。与学术英语课程项目设计的第一步一样，需求分析是大学英语定位的第一步。目前，这一需求分析至少应该包含三个内容：一是市场需求。即市场需要高校提供什么样的人才，市场对这些人才在英语工作能力和专业素质方面有哪些要求？第二是学习者需求。学生进入大学时已有的英语语言能力和水平怎样？学生具备怎样的语言学习能力，学生对未来语言学习过程和成果的期望是什么？这些都是制定教学内容和教学规划的参考依据。第三是教师职业发展需求。现有的大学英语教师是否能够满足学术英语教学要求？教师需要掌握什么专业知识和拥有什么样的专业能力？教师对于教学改革的认同度怎样？在新的教学形势下教师对自我的评价是什么？以上因素将直接影响到教学改革的成效。

五、学术英语与通用英语的关联

学术英语与通用英语并非互相排斥的两个领域，而是一脉相承，紧密相关。中国高等教育界对于学术英语的作用大多持肯定态度，分歧主要在于什么时候开设学术英语课程，课程以什么形式开展等问题。

首先，学术英语不是仅仅到了研究生环节才有用的课程，它也不仅仅是一门英语课程，学术英语教学中关于学习能力、学术技能以及学术思维的训练和培养对于任何一位大学生来说都是终身受益的，因此在本科教育环节开展学术英语教学是必要的。

其次，较之通用英语而言，学术英语在教学素材方面比较局限，可能使得其阅读的趣味性有所减少，阅读的难度有所增加。所以不妨借鉴国外学术英语课程设置的经验，采用过渡性教学安排，由通用英语入手逐步增加学术英语教学内容。在《参考框架》中，过渡性的课程设置为选修课，这是因为上海高校大学新生的英语水平要好于大部分内陆高校。就全国范围而言，不建议在高校一年级第一学期就全面开展学术英语教学，可以在一年级下学期开始添加学术英语教学内容，在学生英语水平较低的高校，甚至可以在大学二年级再添加学术英语教学内容。

最后，通用英语和学术英语的教学比例也可以根据学生的英语水平来灵活设置。有学者提出教师也可以在通用英语教学过程中讲解学术技能，但是纵观我国大学英语教学，大部分高校的课程设置还是按照语言技能训练来安排的，着重听、说、读、写的能力培养，在有限的教学时间内，教师根本无暇顾及学术技能的训练和培养。也有学者提出大学开设的专业英语课程和双语专业课可以替代学术英语，这种理解是把学术英语课程当成了"英语＋专业"来看待，是对学术英语的误解。"学术英语"这一概念的核心不是英语，而是学术。那是不是只要开设一门专门培养学术能力的课程就可以代替学术英语课程了呢？也不尽然。学术英语的功能还是要放在国际教育大背景下来看待，学生要融入国际化的交流当中，英语是首要装备。学术英语课程融英语与学术于一体，在语言学习的过程中训练学术能力，在学术能力培养的过程中锻炼语言能力，可谓一举两得，尤其对于有限的大学英语教学课时而言，更是不错的选择。需要指出的是，大学英语阶段的学术英语教学应当以通用学术英语为主，与大学三年级的开设的专业英语衔接，形成从通用学术英语到专门学术英语的系统化学习。

综上所述，中国大学英语教学可以采用学术英语为主，通用英语为辅的教学模式。理由如下：

（1）在经过中学和高中六年的英语学习之后，能够进入大学阶段学习的学生都已经有了一定的英语基础（虽然基础的厚薄不同），不少学生对以考试为目的的英语学习产生了厌倦。学术英语教学可以给学生提供一片英语学习的新天地，学生在一、二年级所学到的知识在三、四年级就可以在专业课程学习中得到检验，直接关系到高年级阶段专业英语和部分用英语讲授的专业课程的学习成效。学以致用，势必会引起学生的兴趣和重视。

（2）学生的文化素养和跨文化交际意识应该是从接触英语开始就已经逐步形成了，大学阶段并非其启蒙期，通识英语也不是获取上述能力的唯一途径。中国的社会环境决定了大多数学生大学毕业以后很少有机会在生活或是社交中使用英语，但有相当一部分学生会在工作中使用英文。如果专业英语素质不过硬，看不懂设备说明书、涉外合同、商务函件，外派学习听不懂专家讲解等，将会直接影响学生的职业前途。大学阶段的英语教学应该与就业挂钩，学术英语在这方面具有不可取代的优越性。

（3）学术英语课程中强调的学习技能、学术能力以及思辨能力的培养对学生的思维模式和学习习惯具有重大影响，不仅可以提升学生在高年级的专业学习能力而且还是学生离开校园后能够终身学习的宝贵财富。

（4）作为处在发展中的一门课程，学术英语的师资培养、教材编订、教学规划等都是在探索中逐步成熟的。尽管教学语境不同，国外高校的许多优秀经验仍然值得借鉴，他山之石可以攻玉。

不管对在大学英语教学阶段开设学术英语课程持何种态度和观点，学术英语教学都将成为我国高等教育中一个不容忽视的环节。

参考文献

[1] 王晓青. 任务型教学模式在通用学术英语教学中的应用 [J]. 云南大学学报 (自然科学版), 2018, 40 (S1): 61-63.

[2] 高宝萍, 要欣茹. 大数据时代背景下学术英语写作教学：现状、问题及提升策略 [J]. 榆林学院学报, 2023, 33 (06): 103-108.

[3] 燕浩, 张艺, 赵琪, 段绪. 自主学习能力影响学术英语阅读与写作——来自眼动的证据 [J]. 解放军外国语学院学报, 2023, 46 (06): 96-103+127.

[4] 郭嘉, 吴华东, 张林锋, 何广惠, 罗晔. 化工类硕士学术英语写作能力培养模式的研究 [J]. 湖北经济学院学报 (人文社会科学版), 2023, 20 (11): 146-148.

[5] 范烨, 孙庆祥, 季佩英. "四新"建设背景下专门用途英语课程跨学科合作教学模式探究——以复旦大学学术英语 (医学) 课程为例 [J]. 外语界, 2023, (05): 8-15.

[6] 刘永厚, 龚子晴. 研究问题的类型与逻辑——基于学术新手与专家英语学术论文的对比研究 [J]. 外语界, 2023, (05): 31-39.

[7] 岳本杰. 基于产出导向法的研究生农科学术英语混合式教学模式构建与实践研究 [J]. 长春师范大学学报, 2023, 42 (10): 166-169.

[8] 罗海燕, 邓海静. "课程思政"视角下中医院校学术英语课程改革与探索 [J]. 成都中医药大学学报 (教育科学版), 2023, 25 (03): 129-132.

[9] 刘泽海, 张玉萍. 研究生学术英语论文写作能力元话语优化策略探究 [J]. 黑龙江生态工程职业学院学报, 2023, 36 (05): 155-160.

[10] 黄小军, 吴修玲. 医学研究生学术英语写作现状与需求的调查与启示 [J]. 海外英语, 2023, (17): 98-100.

[11] 宋葳. 课程改革背景下通用学术英语教师自我效能感影响因素分析 [J]. 民族高等教育研究, 2023, 11 (05): 76-81.

[12] 邱敏. 学术英语教学与语言本体特征探究——评《语料库与学术英语研究》[J]. 中国教育学刊, 2023, (09): 143.

[13] 关宁. "新工科"背景下基于 POA 的研究生学术英语教学研究 [J]. 英

语广场, 2023, (25): 85-88.

[14] 程爱丽, 石萍. 基于"产出导向法"的英语专业医学学术英语教学实证研究 [J]. 英语广场, 2023, (25): 105-108.

[15] 林琳. 以学术英语能力为导向的大学英语校本课程建设 [J]. 中国多媒体与网络教学学报 (上旬刊), 2023, (09): 217-220.

[16] 左欣, 许嘉茜. 学术英语语篇中结论部分的互动策略对比研究 [J]. 海外英语, 2023, (16): 13-16.

[17] 张东平. 矿业工程学术英语语料库的创建 [J]. 海外英语, 2023, (15): 88-91.

[18] 朱效惠, 彭翩翩. 学术英语写作小组活动中个人贡献评价研究 [J]. 语言教育, 2023, 11 (03): 76-86.

[19] 杨子涵. 中英学术英语写作在线课程的教师话语标记语对比研究 [D]. 桂林理工大学, 2022.

[20] 许晨琛. 医学学术英语论文中互动元话语的历时研究 [D]. 北京外国语大学, 2022.

[21] 刘梦晗. 活动理论视域下学术英语教师身份构建研究 [D]. 山东大学, 2022.

[22] 王莉. 理工科研究生英语学术论文写作教学的学习迁移效应研究 [D]. 武汉科技大学, 2022.

[23] 胡宇涛. 学术英语写作中介入资源的学科对比研究 [D]. 电子科技大学, 2022.

[24] 周竹颖. 雅思学术英语考试阅读部分内容效度和答题效度研究 [D]. 西南大学, 2021.

[25] 黄怡园. 学术英语写作中的复杂性、准确性和流利性发展与交互研究 [D]. 北京交通大学, 2021.

[26] 赵艳琳. 学术英语教师学科教学知识发展个案研究 [D]. 山东大学, 2021.

[27] 董雪纯. 非英语专业本科生学术英语需求分析 [D]. 华北电力大学 (北京), 2021.

[28] 王小英. 一项关于非英语专业大学生学术英语口语需求分析的实证研究 [D]. 喀什大学, 2021.